高等教育经济管理类"十四五"系列教材

会计学原理

（第三版）

主　编　吴有庆

副主编　胡毛利　袁　敏

华中科技大学出版社
http://www.hustp.com
中国·武汉

图书在版编目（CIP）数据

会计学原理 / 吴有庆主编 . — 3 版 . —武汉：华中科技大学出版社，2022.8（2024.8 重印）
ISBN 978-7-5680-8589-2

Ⅰ . ①会⋯　Ⅱ . ①吴⋯　Ⅲ . ①会计学　Ⅳ . ① F230

中国版本图书馆 CIP 数据核字（2022）第 132044 号

会计学原理（第三版）
Kuaijixue Yuanli（Di-san Ban）

吴有庆　主编

策划编辑：聂亚文

责任编辑：黄　军

封面设计：孢　子

责任校对：李　琴

责任监印：朱　玢

出版发行：华中科技大学出版社（中国·武汉）　　　电话：（027）81321913
　　　　　武汉市东湖新技术开发区华工科技园　　　邮编：430223

录　　排：武汉创易图文工作室

印　　刷：武汉开心印印刷有限公司

开　　本：787 mm × 1092 mm　1/16

印　　张：20.25

字　　数：531 千字

版　　次：2024 年 8 月第 3 版第 2 次印刷

定　　价：52.00 元

前言

————● ● ●

经济越发展,会计越重要。"会计学原理"是经济管理类各专业的一门专业基础课,对其他后续专业课程的学习起着重要的作用。为了进一步提高"会计学原理"的教学质量,我们组织具有丰富的教学经验和会计实践经验的"双师型"教师在前两版的基础上重新修订编写了这本教材。本教材在编写过程中,突出以下几个特点:

1. 准确性。本教材编写过程中,吸收了众多专家学者的意见,力求文字表达准确、清楚、通顺、科学。

2. 应用性。本教材遵循"应用技能型"人才培养理念,以培养学生应用技巧为宗旨,在理论表述后面编写了大量案例分析等例题,增强学生动手能力与分析问题能力。

3. 便捷性。本教材每章前面都写明了本章教学重难点与目的要求,后面都有本章小结,每章还附有大量的各种形式的练习题,既方便了老师教学,又为学生牢固掌握知识提供了便利。

4. 新颖性。本教材大量采用最新的案例与数据,讲述最新的理论与观点,并将这些知识融入实际中去。

此外,本教材配有丰富的立体化教学资源,习题类型多样化,微课资源随着会计准则的不断修订而更新,实现了线上与线下、理论与实践、课内和课外的多元融通,深化与拓展了混合教学模式的内涵与外延,为学生提供了高阶、创新、有挑战性的学习体验,有效地支撑了多元教学目标的实现。

课程资源

本教材由吴有庆担任主编,由胡毛利、袁敏担任副主编。

本教材在编写过程中,参阅了大量书籍与资料,参考了国内众多专家学者的观点和研究成果,引用了很多珍贵资料,还得到了一些会计师事务所的全力配合与支持,在此谨向他们表示最诚挚的谢意!

由于编者水平有限,时间紧迫,书中难免有不足和错误之处,恳请广大专家学者和读者批评指正。

编者

目录

第一章

总论

☆ **学习目的与要求**

通过本章教学,学生应该了解会计的产生与发展,掌握会计的概念及特点、会计的职能与目标、会计核算方法、会计核算的基本前提、会计处理基础及会计信息质量要求,为后续各章的学习奠定基础。

☆ **学习内容**

1.会计的概念;

2.会计的职能与目标;

3.会计核算方法;

4.会计核算的基本前提;

5.会计信息质量要求;

6.会计处理基础。

☆ **学习重点**

1.会计的概念及特点;

2.会计核算方法;

3.会计核算的基本前提;

4.会计信息质量要求;

5.会计处理基础。

☆ **学习难点**

会计核算方法及会计处理基础。

☆ **案例导入**

安然公司曾是一家位于美国得克萨斯州休斯敦市的能源类公司。安然拥有约

21 000 名雇员，是世界上最大的电力、天然气以及电讯公司之一，2000 年披露的营业额达 1 010 亿美元之巨。公司连续 6 年被《财富》杂志评选为"美国最具创新精神公司"。然而真正使安然公司在全世界声名大噪的，却是这个拥有上千亿美元资产的公司 2002 年在几周内破产和持续多年精心策划乃至制度化、系统化的财务造假丑闻。2001 年 10 月 16 日，安然公司公布该年度第三季度的财务报告，宣布公司亏损总计达 6.18 亿美元，引起投资者、媒体和管理层的广泛关注，从此，拉开了安然事件的序幕。2001 年 12 月 2 日，安然公司正式向破产法院申请破产保护，破产清单所列资产达 498 亿美元，成为当时美国历史上最大的破产企业。2002 年 1 月 15 日，纽约证券交易所正式宣布，将安然公司股票从道·琼斯工业平均指数成分股中除名，并停止安然股票的相关交易。至此，安然大厦完全崩溃。短短两个月，能源巨擘轰然倒地，实在令人难以置信。

请思考：安然事件对会计行业的影响有哪些？会计资料在企业管理中起到了怎样的作用？

第一节 会计的概念

一、会计的产生与发展

人类要生存，就要进行生产活动，生产活动是人类赖以生存和发展的基础，也是人类最基本的实践活动。在生产活动中，能创造出物质财富，同时，也必然会发生各种劳动耗费（包括人力、物力以及财力的耗费）。人们在进行各种社会活动中，必然会关心劳动成果和劳动耗费，并对它们进行比较，在比较过程中，就产生了计量、计算、记录行为，这种行为中就蕴含着会计思想、会计行为。人类早在原始社会就有了简单的"刻木记数""结绳记事"等计量记录行为，这便是会计活动的最初雏形。

会计具有悠久的历史，会计史学者的考古结果表明：会计并不是在生产活动发生伊始就产生的，而是生产发展到一定程度，劳动成果有了剩余以后，人们开始关心劳动成果和劳动耗费的比较，更关心对剩余劳动成果的管理和分配，才需要对它们进行计量、计算和记录。由此可见，会计伴随着生产活动的产生而产生，也将随着生产活动的发展而发展和完善。

纵观会计的产生与发展史，大致可划分为以下几个阶段：

（一）古代会计

从奴隶社会的繁盛时期到 15 世纪末，这一时期的会计一般被称为古代会计。这一阶段里，我国的记账方法在世界上是处于领先地位的。在我国西周时期（公元前 1046 年至公元前 771 年）就建立了官厅会计，并首现"会计"一词。《周礼·天官》篇指出："会计，以参互考日成，以月要考月成，以岁会考岁成。""日成""月要""岁会"均属报告文书，已初步具备现代会计报表的功能，相当于现在的旬报、月报和年报。同时随着生产力的不断发展和收支活动的日渐频繁，西周王朝还设置了专门管理钱粮赋税的官员——司会和单独的会计部门，掌握王朝全部会计账簿，定期对周王朝的收入和支出实行"月要""岁会",考核王朝大小官吏管理地方的情况和他们经手的财务收支。此时的会计方法主要是单式记账法。

唐宋两代是我国会计全面发展的时期。在宋朝出现了第一个会计组织机构"会计司",同时宋代在会计结账方法上采用"四柱清册",即"旧管＋新收－开除＝实在",这是我国古代会计的一个杰出成就,对我国会计的发展产生了重大影响。宋代官厅中,办理钱粮报销或移交要编造"四柱清册",通过"旧管(期初结存)＋新收(本期收入)＝开除(本期支出)＋实在(期末结存)"的平衡公式进行结账,即结算本期财产物资增减变化及其结果。这是中国会计学科发展过程中的一个重大成就。

明末清初,随着手工业和商业的发展,出现了以四柱为基础的"龙门账",它把全部账目划分为"进"(各项收入)、"缴"(各项支出)、"存"(各项资产)、"该"(各项负债)四大类,运用"进－缴＝存－该"的平衡公式进行古代账簿核算,设总账进行"分类记录",并编制"进缴表"(即利润表)和"存该表"(即资产负债表),实行双轨计算盈亏,在两表上计算得出的盈亏数应当相等,称为"合龙门",以此核对全部账目的正误。之后,又产生了"四脚账"(也称"天地合账"),这种方法是对每一笔账项既登记"来账",又登记"去账",以反映同一账项的来龙去脉。"四柱清册""龙门账"和"四脚账"显示了中国不同历史时期核算收支方式的发展,体现了传统严谨的中式特色,显示出了复式记账的雏形。

(二)近代会计

1494年,意大利数学家卢卡·帕乔利的著作《算术、几何、比及比例概要》问世,标志着近代会计的开始。

随着商品生产和商品交换的不断发展,单式记账法已不能适应日益复杂的生产经营活动的管理需要,于是复式记账法便应运而生。复式借贷记账法的产生和发展,与西方资本主义经济关系的产生和发展有着密切的联系。从13世纪到15世纪,地中海沿岸一些城市的手工业、商业和金融业发展较快,商品经济比较发达,复式借贷记账法的会计实践最早就出现在商品经济比较发达的意大利的佛罗伦萨、热那亚和威尼斯等城市,被称为"威尼斯簿记法"。《算术、几何、比及比例概要》系统介绍了威尼斯的复式记账法,使其被传到欧洲乃至全世界。复式记账法是近代会计发展史上一个重要的里程碑。从18世纪末到19世纪初,随着欧洲经济中心向英、法等国的转移,近代会计的发展中心也从意大利转移到英国,英国在"威尼斯簿记法"的基础上发展了会计报表方法,充实和完善了凭证→账簿→报表的"会计循环"内容。同时英国还出现了专门以查账和公证为职业的注册会计师,并于1854年成立了世界上第一个会计师协会——"爱丁堡会计师协会",被认为是近代会计发展史上又一个重要的里程碑。

在这一阶段,我国由于封建社会的禁锢,阻碍了生产力的发展,也使会计的发展滞后,并逐渐落后于西方。随着西方企业进入中国,资本主义会计模式也随之输入,古老的中式会计逐渐被西式会计代替。

(三)现代会计

现代会计是商品经济的产物。14、15世纪,欧洲资本主义商品货币经济的迅速发展促进了会计的发展。其主要标志有:一是利用货币计量进行价值核算;二是广泛采用复式记账法,从而形成了现代会计的基本特征和发展基石。20世纪以来,特别是第二次世界大战结束后,资本主义的生产社会化程度得到了空前的发展,现代科学技术与经济管理科学的发展突飞猛进。受社会政治、经济和技术环境的影响,传统的财务会计不断得到充实和完善,财务会计核算工作更加标准化、通用化和规范化。与此同时,会计学科在20世纪30年代成本会计的基础上,紧密配合现代管理理论和实践的需要,逐步形成了为企业内部经营管理提供信息的管理会计体系,从而使会计工作从传统的事后记账、算账、报账,转为事前的预测与决策、事中的监督与控制、事后的核算与分析。管理会计的产生与发展是会计发展史上一次伟大的变革,是近代会计发展为现代会计的重要标志。从此,现代会计形成了财务会计和管理会计两大分支。随着现代化生产的迅速发展,经济管理水平的不断提高,电子计算机技术广泛应用于会计核算,使会计信息的搜集、分类、处理、反馈等操作程序摆脱了传统的手工操作,大大地提高了工作效率,实现了会计科学的根本变革。

二、会计的概念及特点

（一）会计的概念

从会计的产生及发展来看,会计是为人类的生产经营活动服务的一项经济管理活动。从不同角度考察会计,可对会计本质得出不同的认识。这些认识可概括为:①会计是反映和监督物质资料生产过程的一种方法,是管理经济的工具;②会计是一个收集、处理和输送经济信息的信息系统;③会计是通过收集、处理和利用经济信息对经济活动进行组织、控制,通过账簿调节和指导,促使人们比较分析,讲求经济效益的一种以价值活动为对象的管理活动。综合来讲,会计的概念可以概括为:会计是以货币为主要计量单位,以提高经济效益为主要目标,运用专门的程序和方法对各单位的经济活动进行核算和监督,提供一系列财务会计信息和其他经济信息的经济管理系统。

（二）会计的特点

会计与其他的管理活动相比,具有自己独特的特点,主要表现在以下几个方面:

1.会计以货币为主要计量单位

以货币作为主要的计量单位,是会计的一个主要的特点。企业的经济活动可以用不同的尺度来量度,如实物量度、劳动量度、货币量度等,但是会计的主要计量单位只能是货币。这是因为其他量度都有一定的局限性,比如实物量度只能总计同一种类的物资,而不能总计各种不同种类的物资;劳动量度只能核算工作时间方面的劳动耗费,而不能核算价值形式的劳动耗费。因此只有货币才能为会计计量及会计记录的分类和总括反映提供统一计量标准。所以,货币是会计的基本计量单位,而其他量度则属于辅助计量单位。

2.会计对经济活动要进行全面、连续、系统、综合的计算和记录

会计要反映已发生或已完成的各项经济活动,了解和考核经济活动的过程和结果,必须对经济活动进行顺序的、不间断的记录和计算,通过分类、汇总和加工整理,取得综合性的指标。这里的全面性就是指对所有的会计对象都要计量、记录、报告,不能有任何遗漏或任意取舍;连续性就是指对会计对象的计量、记录、报告要按照经济业务发生的先后顺序不间断地进行,不能有任何中断;系统性就是保证所提供的会计资料能够成为一个系统的、有序的整体;综合性就是指对发生的经济业务

都必须以货币为单位进行统一的计量,综合地反映企业各项经济活动。这也是会计与其他管理活动如生产管理活动等相区别的重要特征之一。

3.会计具有核算职能与监督职能

随着社会生产的发展、经营规模的扩大和经济活动的日益复杂,在经营管理上,除了要求提供反映现状的核算指标外,还要提供预测未来的会计信息,使会计工作从事后反映发展到预测未来,以便为实现预期效果而采取相应的措施。所以会计不仅具有核算的职能,还有监督的职能,会计监督是会计核算的继续和补充,两者不能分离。会计的事前、事中和事后监督就是对会计核算资料的正确性、真实性和合法性进行检查和监督。随着经济的发展,参与企业预测、决策、控制、考核将成为会计的主要方面。

4.会计是为提高经济效益服务的

在现代市场经济条件下,企业是以获利和维持偿债能力为财务目的的经济组织。一切经济管理活动都是为了提高企业的经济效益。会计本身就是基于提高经济效益的客观要求而产生和发展起来的。企业提高经济效益的重要途径在于加强经济管理,经济管理的重心在于经济决策,经济决策则离不开必要的信息资料。会计正是为适应这种客观需要,运用会计预测、核算、控制、决策、检查等各种方法和手段,将企业的经济业务活动进行加工整理,转换为有用的信息资料,为企业的经营决策服务。

第二节　会计的职能与目标

一、会计的职能

所谓会计的职能是指会计在经济管理中所具有的功能。会计职能是会计本身所固有的功能,是会计本质的体现,其基本职能包括反映职能和监督职能。

（一）会计的反映职能

会计的反映职能,又称为核算职能,是指会计通过确认、计量、记录、报告,从数量上反映企业和行政事业单位已经发生或完成的经济活动,为经营管理提供经济信息的功能。反映职能是会计的最基本职能。反映职能的特点表现在如下的四个方面:

1.会计反映主要是从价值量上反映各经济主体的经济活动状况

会计以货币为主要计量单位。在商品经济条件下,会计可以通过三种经济量度来综合反映经济活动的过程和结果,即货币量度、实物量度和劳动量量度。随着社会生产力的发展,经营活动的复杂程度不断加大,人们不可能仅从实物或劳动量方面来考察主体的经济活动过程和结果,而必须获得按一定程序进行加工处理后的以价值量表现的会计信息,才能从全过程掌握经济活动的运行。也就是说，会计核算是以价值量量度为主，而实物量度和劳动量量度只是辅助量度。

2.会计反映是对各经济主体经济活动的全过程进行反映

会计是对各经济主体的经济活动进行事前、事中和事后的全过程的反映，不仅记录已经发生的经济业务，还要面向未来，为经营决策和管理控制提供依据。会计核算的基础工作是事后对发生的事项进行核算和分析，但随着经济活动的不断复杂及市场竞争的日趋激烈，事前的预测和分析已经越来越重要。

3.会计反映具有连续性、系统性和完整性

会计反映的连续性是指会计核算要对会计对象进行连续的计量、记录和报告；会计反映的系统性是指会计反映应采用科学的程序和方法，以保证所提供的会计信息及数据资料能成为一个有机的整体，从而揭示经济活动的客观规律；会计反映的完整性是指会计应对所有的会计对象进行计量、记录和报告。

4.会计反映随着物质条件的改善而进一步演化

会计反映随着物质条件的改善而进一步演化，逐步改变其表现方式。随着电子计算机在会计数据处理中的应用，会计的传统工艺同现代电子技术相结合，会计反映的方式从手工簿记系统逐步发展为电子数据处理系统，极大地加强了会计反映信息和传递信息的能力，从而使会计信息变得更为完美，更加及时、灵敏、准确，更能满足多方面、多层次会计信息使用者的需求。

（二）会计的监督职能

会计的监督职能，又称为控制职能，是指会计具有按照一定的目的和要求，利用会计反映职能所提供的经济信息，对经济主体的经济活动进行控制，使之达到预期目标的功能。会计的监督职能主要具有以下特点：

1.会计监督主要是通过价值量指标来进行监督

会计反映的主要依据是价值量指标，会计监督同样要依据这些价值量指标。企业的大部分经济活动，都会伴随着价值量的增减变化进行价值形态的转化，因此，会计监督以价值量为主要监督依据，就能更加全面、及时和有效地监督和控制企业的各项经济活动。

2.会计监督包括事前、事中和事后的全过程的监督

事前监督是在经济活动开始前进行的监督和审查，主要包括对经济可行性的审查以及对经济事项是否合法合规的审查；事中监督是对正在进行的经济活动进行监督，以纠正活动过程中的失误和偏差，使经济活动按预定的目标进行；事后监督是对已经发生的经济事项进行考核、分析和评价，为制定下期计划、预算提供资料。

（三）会计两大基本职能的关系

会计反映职能与会计监督职能是相互作用、相辅相成的。对经济活动进行会计反映的过程，也是实行会计监督的过程。会计反映是会计监督的基础，没有反映职能提供可靠、完整的会计信息，监督职能就不可能实现；会计监督是会计反映的保证，没有监督职能提供有力的保证，就不可能提供真实可靠的会计信息，反映职能也就失去了存在的意义。

（四）会计职能的发展

会计职能随着经济发展和管理理论的提高重新分化组合,除了核算和监督职能外,还有会计预测、会计决策、会计分析等职能。会计预测就是根据会计信息和其他有关信息,运用一定的技术方法,对企业资金运动各个方面的发展趋势或状况进行测算和估计,为会计决策和其他经营决策、制订计划和开展会计控制服务,以提高企业生产经营活动的综合经济效益。会计决策就是在会计预测基础上实施的一种管理过程,是面向未来的一种管理活动。会计分析是以会计信息为主要依据,结合其他有关信息,对企业的财务状况和经营过程及其结果进行分析研究,以总结经验、巩固成绩、改进工作、提高效益的一种管理活动。

二、会计的目标

会计目标亦称会计目的,是指在一定的历史环境下,人们通过会计活动应达到的境地或标准。现代会计目标至少应回答三个方面的问题:谁是会计信息的使用者? 会计信息使用者需要什么样的信息? 如何提供这些信息? 会计信息应当符合国家宏观经济管理的要求,满足有关各方了解企业财务状况和经营成果的需要,满足企业加强内部经营管理的需要。因此现代企业会计目标可以概括为以下两个方面:

（一）会计信息使用者目标

在现代市场经济条件下,每一家企业都是国民经济的组成部分,它的经济活动与外界有着千丝万缕的联系,因此它所提供的会计信息必然会为企业的有关各方所使用。与企业有关的各方主要包括以下六个方面的关系人:

1.企业投资人

企业投资人主要指产权资本的投资人,即企业的所有者,他们可以是国家、法人、个人,包括外商。企业的财务状况、经营成果、现金流量与投资人的利益密切相关,因此他们最关心企业的经营情况。而在所有权与经营权相分离的情况下,投资人需要通过会计信息来了解企业的经营情况,所以会计信息的质量非常重要,可靠的会计信息才能为他们的下一步决策提供正确的依据。比如现有投资人可以借助会计信息分析企业的过去和现在,并且预测未来,做出诸如是否追加投资、是否转让投资等重大决策。对于潜在的投资人而言,主要依赖会计信息做出是否参加企业投资的决策,如是否购买一家公司的股票或债券等。

2.企业债权人

企业债权人主要指向企业提供贷款的金融机构和非金融机构,也包括向企业提供商品或劳务未收到价款的单位和个人。债权人通过会计信息可以了解企业的经营现状和发展前景,分析其财务状况,做出诸如是否继续保持对企业的债权、是否继续对企业提供贷款、是否继续对其赊销商品或提供劳务等重大决策。对潜在债权人而言,主要是依据会计信息,做出是否对企业提供贷款或商业信用的决策等。

3.政府部门

政府部门也是企业会计信息的使用者,主要指的是政府职能管理部门,如工商、税务、财政、金融、物价等部门。这些政府职能管理部门需要通过会计信息了解各个企业的经营情况,从而进行正确的指导和处理。同时还可以为政府部门制定相应的经济政策和法令、进行合理的宏观经济调控提供依据。比如税务机关通过会计信息可以了解到企业的纳税情况,工商部门通过会计信息可以了解到企业有没有违规经营的现象,物价部门通过会计信息可以掌握各单位的产品价格是否合理等。

4.企业经营管理者

企业经营管理者主要是指企业的董事长、经理、厂长等主要负责人。在现代企业制度条件下,企业经营管理者是企业的受托责任人,对企业经营的好坏负有责任。因此他们为了管理好自己的企业,必须要非常了解自身企业的经营情况,而要做到这一点,就必须要充分利用会计信息,不仅需要定期的、规范化的财务会计信息,而且随时需要事前的预测和决策、事中的控制和监督、事后的考核和评价等方面的管理会计信息。经营管理者借助会计信息可以及时地掌握企业的财务状况、经营成果、现金流量等情况,以便更好地进行下一步生产经营决策、投资决策、筹资决策、理财决策等,加强对企业内部各部门、各环节的调控管理,从而提高企业的经济效益。

5.企业职工、工会组织和社会公众

企业职工、工会组织和社会公众也是企业会计信息的使用者。企业职工和工会组织通过会计信息可以了解本企业的经营能力、获利能力和福利开支等情况,以此分析企业的经营风险、发展前景以及提供就业机会、增加劳动报酬和提高福利待遇的能力等,可以更好地保护职工的合法权益。社会公众包括企业的广大客户等,他们与企业也存在着多方面的利益关系,如企业的经营政策和行为、生产产品的质量好坏等是否符合公众的共同利益。

6.社会中介机构

社会中介机构是指依法设立的运用专门的知识和技能,按照一定的业务规则或程序为委托人提供中介服务,并收取相应费用的组织。如会计咨询、服务机构及会计师事务所等机构,它们在履行职责时,必然需要企业会计信息。比如会计师事务所和注册会计师是会计领域公认的专业机构和人士,通过对企业会计信息质量的检查,完成中介服务。

（二）会计信息内容目标

会计信息内容目标,即应当为会计信息使用者提供的财务会计信息,主要包括以下五个方面:

1.财务状况

财务状况指的是以货币形式表示的企业某一特定时点的资源分布情况和权益构成情况。财务状况主要通过资产负债表的形式表现出来,会计信息使用者通过阅读资产负债表可以了解到企业拥有多少资源,资源的分布与结构如何,还可以了解到企业的资金来源情况。据此可以分析判断企业的资源配置与分布是否达到优化,资源的利用与实现的利润是否配比,从而估算资源的未来服务潜力和实现企业目标的可能性等。权益构成也就是权益结构,指的是资产总额中负债与所有者权益的结构比例。权益结构信息可以从一定程度上反映企业的经营风险和长期偿债能力。在企业的

权益总额中,若所有者权益比例较高,表明企业的经营风险主要由其所有者承担,长期偿债能力较强;反之,则表明企业的经营风险主要由债权人承担,长期偿债能力较弱。债权人通过了解权益结构可以判断其债权能否如期收回;所有者通过了解权益结构可分析其投资风险、投资回报等。因此财务状况是最基本的会计信息之一。

2.经营成果

经营成果,是指企业利用其拥有或控制的资源,从事生产经营活动所取得的最终结果。它通常可以用营业利润、利润总额、净利润等绝对数指标来表示,也可以用销售利润率、成本利润率、成本费用利润率、总资产报酬率等指标来反映。企业经营成果是评价企业资金收益水平和获利能力的最重要的会计信息,通过该信息可以发现企业经营状况的稳定性、面临的危机或可能出现的转机迹象。

3.偿债能力

偿债能力,是指企业偿还到期债务(包括本息)的能力。偿债能力包括短期偿债能力和长期偿债能力。短期偿债能力是指企业流动资产对流动负债及时足额偿还的保证程度,是衡量企业当前财务能力特别是流动资产变现能力的重要标志。它主要通过流动比率、速动比率和现金比率等相对指标来反映。长期偿债能力是指企业偿还长期负债的能力。它主要通过资产负债率、产权比率等相对指标来反映。偿债能力是企业债权人和债券投资人最为关心的会计信息。

4.利润分配

企业在一定时期内(通常为年度)实现的净利润,既可用于企业的积累留存,也可用于投资分红。在利润有限的情况下,如何处理留存收益和分红的比例,是处理短期利益和长期利益、企业与投资者关系的关键所在。合理的利润分配既可增加企业的积累能力,又可以吸引投资者对企业的发展进行再投资,确保企业的长期稳定发展。所以利润分配是企业相关各方十分关注的会计信息。

5.现金流量

现金流量,是指企业一定时期的现金及现金等价物的流入与流出数量。企业现金流量分为经营活动的现金流量、投资活动的现金流量、筹资活动的现金流量三大类。会计信息使用者通过对企业各类现金流量信息的了解,研究企业的经营活动、投资活动和筹资活动对现金及现金等价物的影响程度,揭示企业经营净利润与经营活动所产生的净现金流量之间的关系,评价企业的收益质量、偿债能力和支付投资者报酬的能力等。

第三节　会计核算方法

会计方法是反映和控制会计对象、完成会计任务的具体手段。一般包括会计核算方法、会计分析方法和会计检查方法。其中,会计核算方法是最基本的方法。本书主要介绍会计核算方法。会计核算方法是指对经济业务进行完整、连续和系统的记录和计算，为经营管理提供必要的信息所应用的方法，一般包括设置会计科目和账户、复式记账、填制和审核会计凭证、登记会计账簿、成本计算、财产清查、编制会计报表等方面。

一、设置会计科目和账户

设置会计科目和账户是对会计核算的具体内容进行分类核算和监督的一种专门方法。由于会计对象的具体内容复杂多样，要对其进行系统的核算和经常性的监督，就必须对经济业务进行科学的分类，划分若干会计科目，并按会计科目开设具有一定结构内容的会计账户，以便分门别类地、连续地记录，据以取得多种不同性质、满足经营管理需要的信息和指标。

二、复式记账

复式记账是指对所发生的每项经济业务，以相等的金额，同时在两个或两个以上相互联系的账户中进行登记的一种记账方法。采用复式记账法，可以全面反映每一笔经济业务的来龙去脉，而且便于检查账簿记录的正确性和完整性，是一种比较科学的记账方法。例如以银行存款购买原材料，此笔经济业务采用复式记账法，可表示为一方面在"原材料"会计账户中反映增加，另一方面在"银行存款"账户中反映减少。这样既能反映"来龙"，又能反映"去脉"。

三、填制和审核会计凭证

经济主体发生的任何会计事项，都必须填制和取得原始凭证，原始凭证要送交会计机构进行审核，审核无误后才能据以编制记账凭证。原始凭证和记账凭证统称为会计凭证。会计凭证是交易或事项的书面证明，是登记账簿的依据。正确填制和审核会计凭证，是核算和监督经济活动财务收支的基础，它能保证会计记录的完整、可靠，提高会计核算的质量，是做好会计工作的前提。

四、登记会计账簿

登记会计账簿简称记账，是以审核无误的会计凭证为依据在账簿中分类地、连续地、完整地记录和反映各项经济业务的一种专门方法，以便为经济管理提供完整、系统的会计核算资料。经济业务通过会计凭证反映，只能说明个别的、分散的经济事项，只有将会计凭证所提供的单个会计资料加以归类整理，登记到有关会计账簿，并定期进行对账和结账，才能提供系统的、完整的会计资料，从而为编制会计报表提供依据。同时账簿记录也是重要的会计资料，是进行会计分析、会计检查的重要依据。

五、成本计算

成本计算是指按照一定成本计算对象归集生产经营过程中发生的各种费用，以便确定各成本计算对象的总成本和单位成本的一种专门方法。产品成本是综合反映企业生产经营活动的一项重要指标。正确地进行成本计算，可以考核生产经营过程的费用支出水平，同时又是确定企业盈亏和制定产品价格的基础，并为企业进行经营决策提供重要数据。

六、财产清查

财产清查是指通过定期或不定期地盘点实物、核对账目,以查明各项财产物资实有数额的一种专门方法。通过财产清查,可以提高会计记录的正确性,保证账实相符。同时,还可以查明各项财产物资的保管和使用情况以及各种结算款项的执行情况,以便对积压或损毁的物资和逾期未收到的款项及时采取措施、进行清理且加强对财产物资的管理。

七、编制会计报表

编制会计报表是以特定表格的形式,定期并总括地反映企业、行政事业单位的财务状况、经营成果和现金流量的一种专门方法。会计报表主要以账簿中的记录为依据,经过一定形式的加工整理而产生一套完整的核算指标,用来考核、分析财务计划和预算执行情况,并作为编制下期财务计划和预算的重要依据。会计报表是企业、行政事业单位日常经济业务核算的总结。

以上会计核算的七种方法,虽各有特定的含义和作用,但并不是相互独立的,而是相互联系、相互依存、彼此制约的,它们构成了一个完整的方法体系。在会计核算中,应正确地运用这些方法。一般在经济业务发生后,应按规定的手续填制和审核会计凭证,并用复式记账法在有关会计账簿中进行登记。期末还要对生产经营过程中发生的费用进行成本计算和财产清查,在账证、账账、账实相符的基础上,根据账簿记录编制会计报表。整个程序如下:①按会计科目设置会计账户;②经济业务发生后,取得原始凭证,运用复式记账法填制记账凭证;③按开设的会计账户,根据会计凭证在有关会计账簿中进行登记;④对生产经营过程中各种费用进行成本计算;⑤对账簿记录通过财产清查加以核实,保证账实相符;⑥期末,根据账簿记录资料和其他资料,进行必要的加工计算,并编制会计报表(见图1-1)。

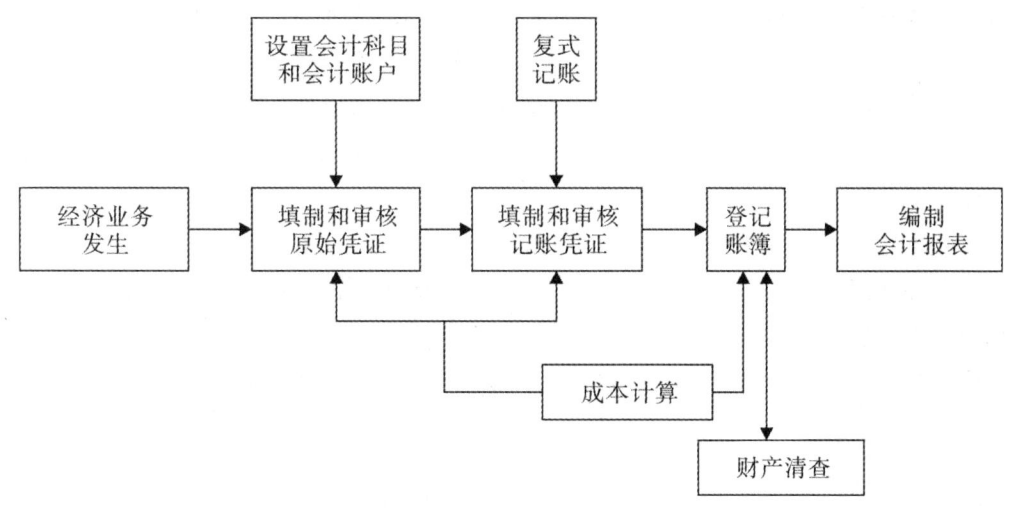

图1-1　会计核算工作程序图

第四节　会计核算的基本前提

会计核算的基本前提是指会计核算工作赖以存在的前提条件,亦称会计假设。会计核算的基本前提是人们在长期的会计实践中,逐渐认识和总结而成的。只有规定了这些会计核算的前提条件,会计核算才能得以正常进行下去。例如,企业在持续经营的前提条件下,将按照原定的用途去使用现有的资产,因而资产要按流动性质分为流动资产、固定资产等,并按实际成本计价。但如果企业破产,这个假设就不存在,企业需要编制清算资产负债表,这时的资产就不需要按流动资产、固定资产等分类,因为资产马上就要全部变卖,而资产的估价应选取清算价值而不是实际成本。

会计核算的基本前提包括会计主体、持续经营、会计分期、货币计量。

一、会计主体

会计主体是指会计人员进行核算(确认、计量、记录、报告)所采取的立场及空间活动范围。它是指会计信息所反映的单位,一个会计主体是一个独立的经济实体。其独立性表现在一个主体不仅要和其他主体相对独立,划清会计主体之间的经济关系,还必须把企业的财务活动与企业的所有者及其职工个人的财务活动划分开来。会计主体作为独立的实体,还表现为会计在核算和反映企业的经济活动时,必须从企业整体出发,企业内部各单位之间的资产转移,既不增加企业的收益或损失,也不增加企业的资产或负债。所以会计主体假设要求会计人员必须站在企业整体的角度,才能正确核算经济活动的收益或损失,正确反映资产和对外承担的债务,从而满足各方面对会计信息的需要。

会计主体不同于法律主体,会计主体可以是独立法人,也可以是非法人(如合伙经营);可以是一个特定企业,也可以是企业中的某一特定组成部分(如分公司、经营部等);可以是企业集团众多法人主体的集合。

确定会计主体的根本目的是规定会计核算的空间范围,也正是因为规定了会计的核算范围,企业的所有者、债权人、经营管理者及政府职能部门、社会公众等各方面才能从会计核算及报表中获得有用的会计信息。

企业作为一个会计主体,应当对其本身发生的交易或事项进行会计确认、计量和报告。

二、持续经营

持续经营是指企业在可预见的将来,不会破产和清算,而是持续不断地经营下去。只有不会破产清算,企业拥有的资产才能在正常的经营过程中被耗用、出售、转换等。它为正确计量财产的价值、确定收益提供了理论依据。

持续经营是企业会计核算选择、使用会计处理方法的前提条件。若无持续经营前提,一些公认的会计处理方法(如固定资产的折旧)就缺乏赖以存在的基础,从而也将无法采用。只有在这一前提条件下,企业会计在收集和处理会计信息时所使用的会计处理方法和会计程序才得以保持稳定,才得以在持续的基础上恰当地反映和报告企业的生产经营活动,从而为各方面提供有用的会计信息。

在企业的生产经营过程中,若有证据说明某个会计主体早已因不能履行其所承担的义务而难以为继,这就意味着持续经营这一前提已不复存在,从而建立在这一基础之上的各种公认的会计处理方法将不再适用,这时就应按资产评估结果或清算价格反映企业的资产、负债情况。换言之,在企业经营状况恶化、无法持续经营的情况下,可以允许企业不采用持续经营前提,而另行做出合乎情理的特殊会计处理。

三、会计分期

会计分期是指会计为了确定损益和编制财务报表,定期为使用者提供信息,必须将持续不断的经营过程划分成若干期间。

从企业再生产的角度来看,企业各生产经营环节正常的经济活动在时间上是持续不断的。为了及时向各方面提供企业的有关财务会计信息,就必须设法将经济活动定期地予以确认、计量和报告。若等到企业所有的生产经营活动结束后,再通过收入与费用的归集和结转,从而计算企业的净收益并进行利润分配,显然是行不通的。因为会计人员无法知道企业将在何时最终结束它的经营业务,而且也不能满足会计信息使用者对会计信息的及时性要求,所以只有人为地将企业全部的经营过程划分为等间距的较短期间,即会计分期。

会计分期与会计主体是相互对应的,会计主体是规定会计核算的空间范围,而会计分期是对会计工作时间范围的具体划分,主要是确定会计年度。中外各国所采用的会计年度一般都与本国的财政年度相同。我国以日历年度作为会计年度,即从公历的1月1日至12月31日为一个会计年度。会计期间分年度、半年度、季度和月度,起讫日期采用公历日期。其中,凡是短于一个完整的会计年度的报告期间均称为中期。

会计分期有着重要的意义。有了会计分期,才产生了本期与非本期的区别。只有正确地划分会计期间,才能准确地提供财务状况和经营成果的资料,才能进行会计信息的对比。

四、货币计量

货币计量是指企业在会计核算过程中采用货币为计量单位,记录反映企业的生产经营活动。企业经济活动中凡是能够用这一尺度计量的,就可以进行会计反映,反之,则不必进行会计反映。

货币计量前提包括三个方面的含义。一是货币是会计的基本计量单位。财产物资可以使用不同计量单位来度量,如实物单位、劳动单位、货币单位等,但是在商品经济条件下,会计所使用的共同尺度只能是货币。货币是会计的基本计量单位,而其他单位则属于辅助性质的计量单位。二是货币计量一般以人民币为记账本位币。在有多种货币业务的企业,由于存在多种货币,则需确定某一种货币为记账本位币,并将其他货币折合为记账本位币进行会计记录和报告。《中华人民共和国会计法》(以下简称《会计法》)规定:会计核算以人民币为记账本位币,业务收支以人民币以外的货币为主的单位,可以选定其中一种货币作为记账本位币,但是编报的财务会计报告应当折算为人民币。三是币值稳定前提。只有币值稳定,财务会计报告中的金额加总、比较和分析才具有意义。如果发生了严重的通货膨胀,币值稳定前提就和现实严重脱离,这时就需要采用特殊的会计准则加以处理。

货币计量与前三条前提结合可描述为:会计主要以货币(我国是人民币)为计量单位,为特定的会计主体在不会面临破产清算的情况下分期进行会计核算。

会计核算的四项基本前提具有相互依存、相互补充的关系。会计主体确立了会计核算的空间范围,持续经营与会计分期确立了会计核算的时间长度,而货币计量为会计核算提供了量度工具,它们共同构成了会计核算的基本前提。没有会计主体,就不会有持续经营;没有持续经营,就不会有会计分期;没有货币计量,就不会有现代会计。

第五节　会计信息质量要求

会计信息质量要求是对企业财务报告中所提供的会计信息质量的基本要求,是使财务报告中所提供的会计信息对投资者等使用者决策有用应具备的基本特征,根据《企业会计准则——基本准则》的规定,它包括可靠性、相关性、可理解性、可比性、一致性、实质重于形式、重要性、谨慎性和及时性等。

其中,可靠性、相关性、可理解性、一致性和可比性是会计信息的首要质量要求,是企业财务报告中所提供的会计信息应具备的基本质量特征;实质重于形式、重要性、谨慎性和及时性是会计信息的次级质量要求,是对可靠性、相关性、可理解性和可比性等首要质量要求的补充和完善,尤其是在对某些特殊交易或者事项进行处理时,需要根据这些质量要求来把握其会计处理原则。另外,及时性还是会计信息相关性和可靠性的制约因素,企业需要在相关性和可靠性之间寻求一种平衡,以确定信息及时披露的时间。

一、可靠性

可靠性,亦称客观性、真实性,要求企业应当以实际发生的交易或者事项为依据进行会计确认、计量和报告,如实反映符合确认和计量要求的各项会计要素及其他相关信息,保证会计信息真实可靠、内容完整。

会计信息要有用,必须以可靠为基础,如果财务报告所提供的会计信息是不可靠的,就会对投资者等使用者的决策产生误导甚至导致损失。可靠性包括公允性、中立性、完整性。

(1)公允性,即会计信息应该以实际发生的经济活动为依据,能够客观地表现企业的财务状况、经营成果和现金流动状况。

(2)中立性,即会计人员在处理会计信息时,应保持一种不偏不倚的中立态度。

(3)完整性,即要求反映在企业财务报表上的会计信息能够全面反映企业在特定时点的财务状况、特定期间的经营成果及现金流动情况,数字计算准确。

可靠性是对企业会计核算工作和会计信息在质量上提出的基本要求。由于在企业生产经营过程中,人们往往从企业本身的经济利益出发,有时难免会出现经济资料失真的情况。从这个意义上讲,就更加需要强调会计核算的客观性原则。只有真实准确的会计信息才能满足有关各方对会计信息的需求,才能有助于他们做出正确的决策。

二、相关性

相关性要求企业提供的会计信息应当与投资者等财务报告使用者的经济决策需要相关,有助于投资者等财务报告使用者对企业过去、现在或者未来的情况做出评价或者预测。

会计信息是否有用,是否具有价值,关键是看其与使用者的决策需要是否相关,是否有助于决策或者提高决策水平。相关的会计信息应当能够有助于使用者评价企业过去的决策,证实或者修正过去的有关预测,因而具有反馈价值。相关的会计信息还应当具有预测价值,有助于使用者根据财务报告所提供的会计信息预测企业未来的财务状况、经营成果和现金流量。例如区分收入和利得、费用和损失,区分流动资产和非流动资产、流动负债和非流动负债,以及适度引入公允价值等,都可以提高会计信息的预测价值,进而提升会计信息的相关性。

会计信息质量的相关性要求,需要企业在确认、计量和报告会计信息的过程中,充分考虑使用者的决策模式和信息需要。相关性是以可靠性为基础的,但是两者之间并不矛盾,不应将两者对立起来。也就是说,会计信息在可靠性前提下,应尽可能地做到相关性,以满足投资者等财务报告使用者的决策需要。

相关性原则要求会计工作在收集、加工、处理和提供会计信息的过程中,应考虑各方面的要求,能够满足各方面决策的要求。如果会计信息提供后,没有满足会计信息使用者的需要,则不具有相关性。对特定用途的信息,可以采用其他形式加以提供,不一定通过财务报告来提供。

三、可理解性

可理解性(清晰性)要求企业提供的会计信息应当清晰明了,便于投资者等财务报告使用者理解和使用。

企业编制财务报告、提供会计信息的目的在于使用,而要使使用者有效使用会计信息,应当能让其了解会计信息的内涵,弄懂会计信息的内容,这就要求财务报告所提供的会计信息应当清晰明了、易于理解。只有这样,才能提高会计信息的有用性,实现财务报告的目标,满足向投资者等财务报告使用者提供有助于决策的信息的要求。

会计信息毕竟是一种专业性较强的信息产品,在强调会计信息的可理解性要求的同时,还应假定使用者具有一定的有关企业经营活动和会计方面的知识,并且愿意付出努力去研究这些信息。对于某些复杂的信息,如交易本身较为复杂或者会计处理较为复杂,但其与使用者的经济决策相关的,企业就应当在财务报告中予以充分披露。

在会计工作中,可理解性原则要求会计记录清晰,填制凭证、登记账簿、编制会计报告要数字准确、项目齐全、文字摘要完整、钩稽关系清楚,便于使用者理解和利用。

四、可比性

为了便于投资者等财务报告使用者了解企业财务状况、经营成果和现金流量的变化趋势,比较企业在不同时期的财务报告信息,全面、客观地评价过去、预测未来,从而做出决策,会计信息质量的可比性要求同一企业不同时期发生的相同或者相似的交易或者事项,应当采用一致的会计政策,不得随意变更。但是,满足会计信息可比性要求,并非表明企业不得变更会计政策,如果按照规定或者在会计政策变更后可以提供更可靠、相关性更强的会计信息,则可以变更会计政策。有关会计政策变更的情况,应当在附注中予以说明。

五、一致性

为了便于投资者等财务报告使用者评价不同企业的财务状况、经营成果和现金流量及其变动情况,会计信息质量的一致性要求不同企业同一会计期间发生的相同或者相似的交易或者事项,应当采用规定的会计政策,确保会计信息口径一致,以使不同企业按照一致的确认、计量和报告要求提供有关会计信息。

如果企业不采用规定的会计政策处理经济业务,那数据就没有一致性,就不能为宏观经济调控和微观经济决策提供有用的会计信息。企业应严格按照国家统一的会计制度选择会计政策。

六、实质重于形式

实质重于形式要求企业应当按照交易或者事项的经济实质进行会计确认、计量和报告,而不仅仅以交易或者事项的法律表现形式为依据。

企业发生的交易或事项在多数情况下,其经济实质和法律表现形式是一致的。但在有些情况下,会出现不一致。例如,以融资租赁方式租入的固定资产,虽然从法律表现形式来讲企业并不拥有其所有权,但是由于租赁合同中规定的租赁期相当长,接近于该资产的使用寿命,租赁期结束时承租企业有优先购买该资产的选择权,在租赁期内承租企业有权支配资产并从中受益等,因此,从其经济实质来看,企业能够控制融资租入资产所创造的未来经济利益,在会计确认、计量和报告上就应当将以融资租赁方式租入的固定资产视为企业的自有资产,一并计提折旧。

如果企业反映的某项资产或费用、负债或收入仅有法律形式上的依据,但不是其经济实质,则所反映的会计信息就是虚无的,会计报告使用者就无法据此做出正确的经济决策,或造成决策者的决策失误。再比如在收入的确定上,《企业会计准则第14号——收入》中规定,确认商品销售收入应当同时满足五个条件,其中最基本的条件就是企业已将商品所有权上的主要风险和报酬转移给了买方等。如果商品所有权上的主要风险和报酬没有转移给买方,即使商品已经发出去了,也不能视同销售实现,确认收入。这都是实质重于形式原则的体现。

七、重要性

重要性要求企业提供的会计信息应当反映与企业财务状况、经营成果和现金流量有关的所有重要交易或者事项。

在实务中,如果会计信息的省略或者错报会影响投资者等财务报告使用者据此做出决策的,则该信息具有重要性。重要性的应用需要依赖职业判断,企业应当根据其所处环境和实际情况,从项目的性质和金额大小两方面加以判断。

重要性要求在会计处理时,对于重要的经济业务应当单独核算,分项反映,力求准确,并在会计报表附注和财务情况说明书中重点说明。重要性原则在会计核算中的运用表现在会计账户的设置、会计处理方法的选择和会计信息的披露等方面。比如在选择存货计价方法时,对于数量比较多、单价比较低的存货不适宜采用个别计价法,而对于那些容易识别、存货品种数量不多、单位成本较高的存货,如船舶、飞机、重型设备等贵重物品,应使用个别计价法,力求成本计算的合理和准确。

重要性原则要求对资产、负债、损益等有较大影响,进而影响财务会计报告使用者据以做出合理判断的重要会计事项,必须按照规定的会计方法和程序予以处理,在财务会计报告中予以充分、准确的披露;对于次要的会计事项,在不影响会计信息真实性和不至于误导财务会计报告使用者做出错误判断的前提下,则可适当进行简化处理。重要性判断取决于对信息使用者做出决策的影响程度。

八、谨慎性

谨慎性要求企业对交易或者事项进行会计确认、计量和报告应当保持应有的谨慎,不应高估资产或者收益、低估负债或者费用。

在市场经济环境下,企业的生产经营活动面临着许多风险和不确定性,在会计处理上就应该对面临的风险和可能发生的损失与费用做出合理预计,这就是谨慎性原则的运用。如应收款项的可收回性、固定资产的使用寿命、无形资产的使用寿命、售出存货可能发生的退货或者返修等。会计信息质量的谨慎性要求,需要企业在面临不确定性因素的情况下做出职业判断时,保持应有的谨慎,充分估计到各种风险和损失,既不高估资产或者收益,也不低估负债或者费用。例如,对于固定资产由于技术进步或遇到无形损耗提前报废的风险,就需要计提相应的减值准备;应收账款由于债务人破产或死亡,有可能遇到收不回的风险,就需要计提相应的坏账准备;对售出商品可能发生的保修义务等确认预计负债等。以上这些做法就体现了会计信息质量的谨慎性要求。

谨慎性的应用也不允许企业任意计提各项资产准备,而是必须建立在有充分依据的基础上。如果企业故意低估资产或者收益,或故意高估负债或者费用,将不符合会计信息的可靠性和相关性要求,损害会计信息质量,扭曲企业实际的财务状况和经营成果,从而对使用者的决策产生误导,这是会计准则所不允许的。

九、及时性

及时性要求企业对于已经发生的交易或者事项,及时进行确认、计量和报告,不得提前或者延后。

会计信息的价值在于帮助企业所有者或者其他方面做出经济决策,具有时效性。即使是可靠、相关的会计信息,如果不及时提供,则失去了时效性,对于使用者的效用就大大降低甚至不再具有实际意义。在会计确认、计量和报告过程中贯彻及时性,一是要求及时收集会计信息,即在经济交易或者事项发生后,及时收集整理各种原始单据或者凭证;二是要求及时处理会计信息,即按照会计准则的规定,及时对经济交易或者事项进行确认或者计量,并编制出财务报告;三是要求及时传递会计信息,即按照国家规定的有关时限,及时地将编制的财务报告传递给财务报告使用者,便于其及时使用和决策。

在实务中,为了及时提供会计信息,可能需要在有关交易或者事项的信息全部获得之前即进行会计处理,这样就满足了会计信息的及时性要求,但可能会影响会计信息的可靠性;反之,如果企业等到与交易或者事项有关的全部信息获得之后再进行会计处理,这样的信息披露可能会由于时效性问题,对投资者等财务报告使用者决策的有用性将大大降低。这就需要在及时性和可靠性之间做相应权衡,以最好地满足投资者等财务报告使用者的经济决策需要为判断标准。

第六节 会计处理基础

会计处理基础,亦称会计确认基础,是指在确认和处理一定会计期间收入和费用时,选择的处理原则和标准,其目的是对收入和支出进行合理配比,进而作为确认当期损益的依据。运用的会计处理基础不同,对同一企业、同一期间的收入、费用和财务成果,会计核算出现的结果也不同。会计处理基础主要有两种:权责发生制和收付实现制。

一、权责发生制

权责发生制,亦称应收应付制或应计制,是指企业以收入的权利和支出的义务是否归属于本期为标准来确认收入、费用的一种会计处理基础。在权责发生制下,凡是属于本期实现的收入和发生的费用,不论款项是否实际收到或实际付出,都应作为本期的收入和费用入账;凡是不属于本期的收入和费用,即使款项在本期收到或付出,也不作为本期的收入和费用处理。

权责发生制能够恰当地反映具体某一会计期间的经营成果,因而,企业会计的确认、计量和报告应当以权责发生制为基础。

二、收付实现制

收付实现制,亦称现收现付制,是以款项是否实际收到或付出作为确定本期收入和费用的标准。在收付实现制下,凡是本期实际收到的款项,不论其是否属于本期实现的收入,都作为本期的收入处理;凡是本期付出的款项,不论其是否属于本期负担的费用,都作为本期的费用处理。反之,凡本期没有实际收到款项和付出款项,即使应归属于本期,也不作为本期收入和费用处理。

收付实现制是与权责发生制相对应的一种确认基础。目前,我国的行政单位采用收付实现制,事业单位除经营业务采用权责发生制外,其他业务也采用收付实现制。

权责发生制与收付实现制的对比如表1-1所示。

表 1-1　权责发生制与收付实现制对比表

序号	经济业务	本期会计处理	
		权责发生制	收付实现制
1	本期收入本期收取	√	√
2	本期费用本期支付	√	√
3	非本期收入本期收取	×	√
4	非本期费用本期支付	×	√
5	本期收入本期未收取	√	×
6	本期费用本期未支付	√	×

【本章小结】

本章主要讲述会计的产生与发展，介绍会计的概念及特点、会计的职能与目标、会计核算方法、会计核算的基本前提及会计信息的质量要求，为后续各章的学习奠定基础。

从会计的产生与发展来看，会计经历了三个阶段，即早期的古代会计、复式记账法产生并发展的近代会计、财务会计与管理会计相结合的现代会计。会计是以货币为主要计量单位，以提高经济效益为主要目标，运用专门的程序和方法，对各单位的经济活动进行核算和监督，提供一系列财务会计信息和其他经济信息的经济管理系统。会计的特点表现在四个方面，即会计是以货币为主要计量单位；对经济活动要进行完整、连续、系统、综合的计算和记录；会计的核算职能与监督职能相结合；会计是为提高经济效益服务的。

会计的职能分为两个方面，一方面是反映职能，一方面是监督职能。会计目标亦称会计目的，是指在一定的历史环境下，人们通过会计活动应达到的境地或标准。现代会计目标至少应回答三个方面的问题：谁是会计信息的使用者？会计信息使用者需要什么样的信息？如何提供这些信息？因此，会计目标分为会计信息使用者目标和会计信息内容目标。

会计核算方法是指对经济业务进行完整、连续和系统的记录和计算，为经营管理提供必要的信息所应用的方法，一般包括设置会计科目和账户、复式记账、填制和审核会计凭证、登记会计账簿、成本计算、财产清查、编制会计报表等几个方面。

会计核算的基本前提是指会计核算工作赖以存在的前提条件，亦称会计假设，包括会计主体、持续经营、会计分期、货币计量。会计主体是指会计核算服务的对象即会计人员进行核算（确认、计量、记录、报告）所采取的立场及空间活动范围。持续经营是指企业在可预见的将来，不会破产和清算，而是持续不断地经营下去。会计分期是指会计为了确定损益和编制财务报表，定期为使用者提供信息，必须将持续不断的经营过程划分成若干期间。货币计量是指企业在会计核算过程中采用货币为计量单位，记录反映企业的生产经营活动。

会计信息质量要求是对企业财务报告中所提供的会计信息质量的基本要求，是使财务报告中所提供的会计信息对投资者等使用者决策有用应具备的基本特征，根据《企业会计准则——基本准则》的规定，它包括可靠性、相关性、可理解性、可比性、一致性、实质重于形式、重要性、谨慎性和及时性等。

会计处理基础，亦称会计确认基础，是指在确认和处理一定会计期间收入和费用时，选择的处理原则和标准，其目的是对收入和支出进行合理配比，进而作为确认当期损益的依据。运用的会计处理基础不同，对同一企业、同一期间的收入、费用和财务成果，会计核算出现的结果也不同。会计处理基础主要有两种：权责发生制和收付实现制。

【思考题】

1. 简述会计的含义及特点。

2. 什么是会计的职能？会计的基本职能有哪些特点？

3. 什么是会计目标？企业会计目标包括哪些内容？

4. 会计核算的基本前提有哪些？其作用分别是什么？

5. 我国《企业会计准则——基本准则》规定的会计信息质量要求有哪些？

6. 会计处理基础是什么？

【练习题】

一、判断题

1. 会计只有会计核算与会计监督两个职能。（　　）

2. 会计主体均为法人。（　　）

3. 我国企业会计采用的计量单位只有一种，即货币计量。（　　）

4. 我国《企业会计准则——基本准则》规定，会计核算应当以权责发生制为基础。（　　）

5. 实质重于形式原则是指对于重要的项目详细核算的要求。（　　）

6. 设置会计科目和账户是复式记账、登记账簿和编制报表的基础。（　　）

7. 持续经营是假设企业可以永久存在，即使进入破产清算也不应该改变会计核算方法。（　　）

8. 企业会计的对象就是企业的资金运用。（　　）

二、单项选择题

1. 在我国"会计"一词最早出现在（　　）时期。

A. 西周　　　　　B. 春秋　　　　　C. 唐朝　　　　　D. 宋朝

2. （　　）作为会计核算的基本前提，就是将一个会计主体持续的生产经营活动划分为若干个相等的会计期间。

A. 持续经营　　　B. 会计年度　　　C. 会计分期　　　D. 会计主体

3. 在西方会计史中，第一个较为系统、完整地对威尼斯簿记做了总结并形成了复式簿记的基本框架和思想的学者是（　　）。

A. 英国人劳伦斯·罗伯特·迪克西　　B. 英国人弗朗西丝·威廉·皮克斯利

C. 法国人乔治·利司尔　　　　　　　D. 意大利人卢卡·帕乔利

4. 会计是以（　　）为主要计量单位对某一主体的经济活动进行核算和监督的。

A 实物　　　　　B 货币　　　　　C. 工时　　　　　D. 劳动耗费

5. 下列项目中属于会计基本职能的是(　　　)。

A. 计划职能、核算职能　　　　　　　　B. 预测职能、监督职能

C. 核算职能、监督职能　　　　　　　　D. 决策职能、监督职能

6. 下列选项中,不属于会计核算方法的是(　　　)。

A. 财产清查　　　　B. 成本计算　　　　C. 会计检查　　　D. 复式记账

三、多项选择题

1. 会计核算方法包括(　　　)。

A. 设置会计科目和会计账户　　　　　　B. 登记账簿

C. 成本计算　　　　　　　　　　　　　D. 编制会计报表

2. 会计的两项基本职能是相辅相成、辩证统一的关系,下列说法正确的是(　　　)。

A. 会计监督是会计核算的基础　　　　　　B. 会计监督是会计核算质量的保证

C. 没有核算提供的信息,会计监督就失去依据　　D. 会计核算是会计监督的基础

3. 会计期间可以分为(　　　)。

A. 月度　　　　　　B. 季度　　　　　　C. 半年度　　　　　D. 年度

4. 会计核算提供的信息应具有(　　　)。

A. 完整性　　　　　　B. 前瞻性　　　　　C. 连续性　　　　　D. 系统性

5. 下列各项中,可以作为一个会计主体进行核算的有(　　　)。

A. 销售部门　　　　　B. 分公司　　　　　C. 母公司　　　　　D. 企业集团

6. 下列各项中,属于会计核算基本前提的有(　　　)。

A. 会计主体　　　　　B. 持续经营　　　　C. 会计分期　　　　D. 货币计量

7. 会计的特征包括(　　　)。

A. 会计以货币作为主要计量单位

B. 会计以真实、合法的凭证为依据

C. 会计具有专门的程序和方法

D. 会计信息具有连续性、完整性、系统性

第二章

会计科目与账户

☆ **学习目的与要求**

通过本章教学,学生应该了解会计对象的概念和内容,掌握各会计要素的定义及分类,重点掌握会计科目的概念、分类及会计科目表,熟练掌握会计账户的基本结构及内容。

☆ **学习内容**

1. 会计对象的概念和内容;
2. 会计要素的定义及分类;
3. 会计科目的概念、分类及会计科目表;
4. 会计账户的基本结构及内容。

☆ **学习重点**

1. 会计要素的定义及分类;
2. 会计科目的概念、分类;
3. 会计账户的基本结构及内容。

☆ **学习难点**

会计账户期末余额的计算。

☆ **案例导入**

张某、李某、王某三人合伙成立一家商贸公司,各投入资金50 000元,经工商部门登记注册成立,成立后租赁了办公地点,年租金20 000元。招聘了三名员工负责公司的日常事务及开展业务,三名员工工资收入共计9 800元,工资尚未发放。购置了一批办公设备,包括电脑、空调、办公桌椅等,价值30 000元。同时采购了一批货物准备出售,价值50 000元,款未付。

请思考:该公司成立所发生的这些经济业务包括哪些会计要素?涉及哪些会计科目和会计账户?

第一节 会计对象

一、会计对象的概念

会计对象是指会计核算和监督的内容。并非所有的经济活动都是会计对象,只有以货币表现的经济活动才是会计对象。具体来说,会计对象是指企事业单位在日常经营活动或业务活动中所表现出的资金运动,即资金运动构成了会计核算和会计监督的内容。以货币表现的经济活动,通常被称为价值运动或资金运动。

研究会计对象的目的,是要明确会计在经济管理中的活动范围,从而确定会计的任务,并建立和发展会计的方法体系。会计需要以货币为主要计量单位,对特定单位的经济活动进行核算和监督,因此,凡是特定单位能够以货币表现的资金运动,都是会计核算和监督的内容,也就是会计的对象。

二、会计对象的内容

工业企业为了进行生产经营活动,必须拥有一定的财产物资作为其物质基础。这些财产物资的货币表现(包括货币本身),称为经营资金(以下简称为资金)。

工业企业开展生产经营活动时,其资金运动的起点是资金投入。企业的所有者向企业投入的资本金,是企业进行生产经营活动的启动资金,另外,在生产经营过程中,企业还可以向债权人负债来形成资金投入。

企业在接受了投资者投资和负债筹集到的货币资金以后,就以货币资金购建房屋、设备等固定资产,采购生产所用的各种材料,并支付采购费用及其他开支。在生产阶段,劳动者利用劳动手段加工劳动对象,从而发生材料消耗、固定资产磨损、工人工资及水电费等其他各种生产费用,随着生产的完成,原材料被加工成了产品入库。在销售阶段,产品对外出售收到货币资金,形成产品销售收入,从中扣减产品成本及有关费用后,即为一定时期内实现的利润;再从中扣减上交给国家的税金以后,即为企业一定时期内实现的净利润;然后进行利润分配,提留下来的利润作为企业的积累,分配给投资者的利润则退出企业。至此,企业的经营资金完成了一次循环。工业企业的资金就是这样在生产经营活动过程中,不断地改变形态,经过供应、生产、销售三个阶段,由货币资金转变为储备资金,再由储备资金转变为生产资金和成品资金,最后回到货币资金,如此周而复始地循环周转。

因此,企业的会计对象是其再生产过程中的经营资金运动,即能够以货币表现的生产经营活动及其财务状况、经营成果和现金流量等。

在工业企业的供应、生产、销售这三个阶段，资金的表现形态均不同。

在供应阶段，企业要用货币资金购买各种材料、物资，这时资金从货币资金形态转化为储备资金形态。储备资金的主要表现形态有房屋及建筑物、机器设备等固定资产以及原材料、辅助材料等加工对象。

在生产阶段，工人利用机器设备对材料进行加工，这时资金从储备资金形态转化为生产资金的形态。同时，在生产过程中，一部分货币资金由于支付职工的工资和其他生产费用，也形成生产资金。此外，厂房、机器设备等劳动资料因使用而磨损，这部分磨损的价值也转移到正在加工中的产品上，形成生产资金。生产资金的主要表现形态有材料消耗形成的生产成本，工人劳动消耗形成的生产成本，还有厂房、机器磨损等其他生产费用形成的生产成本。产品制造完工以后入库，资金又从生产资金形态转化为成品资金形态，表现为库存商品形态。

在销售阶段，企业将产品销售出去，取得销售收入，这时成品资金又转化为货币资金。企业在这部分货币资金中，将一部分以税金等形式上交国家，并按规定提取公积金和分配投资者利润以后，又用以购买材料物资，支付生产费用，继续进行周转。

企业在生产经营过程中，将实现的部分纯收入以税金的形式用货币资金上交给国家。同时，还会用货币资金等形式向投资者支付投资利润。此外，也会用某种形态的资金偿还债权人的债务。这样，就形成了资金退出企业的生产经营过程。

可见，工业企业的资金运动主要包括资金投入、资金循环周转和资金退出三个方面的内容。其他各种从事物质生产的企业，如建筑安装施工企业等，其资金运动的具体内容与工业企业基本相同或相似。

在商品流通企业中，资金运动的基本内容也包括资金投入、资金循环周转和资金退出三个方面。但是，由于商品流通企业的经营活动一般只限于流通领域，其经营过程只包括采购和销售两个阶段，因此商品流通企业的资金循环周转与工业企业的资金循环周转有所不同。在采购阶段，用货币购进商品，货币资金形态转化为商品资金形态；在销售阶段，将商品销售出去，收到货币，商品资金又转化为货币资金形态，如此不断循环周转。

产品制造企业的资金运动如图 2-1 所示。

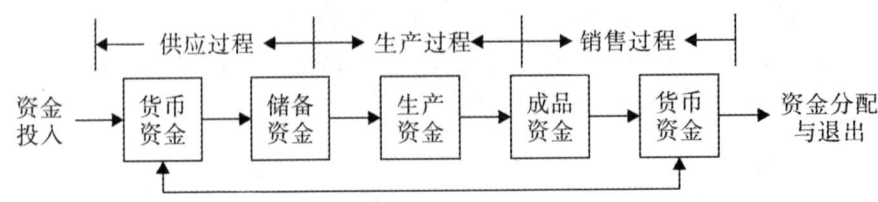

图 2-1　资金循环和周转

第二节　会计要素

会计要素是对会计对象的具体内容所做的最基本的分类,也是会计用来反映和控制企业生产经营过程、经营状况、经营成果和现金流量的重要信息元素。会计要素作为反映企业财务状况和经营成果的基本单位,又是会计报表的基本构件。我国《企业会计准则——基本准则》列示了资产、负债、所有者权益、收入、费用和利润六大会计要素。这六大会计要素划分为反映企业财务状况的会计要素和反映企业经营成果的会计要素两大类。其中资产、负债和所有者权益是反映企业财务状况的会计要素,收入、费用和利润是反映企业经营成果的会计要素。

一、资产

(一)资产的定义

资产是指企业过去的交易或者事项形成的、由企业拥有或者控制的、预期会给企业带来经济利益的资源。根据资产的定义,其具有以下特征:

1.资产应为企业拥有或者控制的资源

资产作为一项资源,应当由企业拥有或者控制。具体是指企业享有某项资源的所有权,或者虽然不享有某项资源的所有权,但该资产能被企业所控制。例如,融资租入的固定资产,按照实质重于形式的要求,也应将其作为企业资产予以确认。

2.资产预期会给企业带来经济利益

资产预期会给企业带来经济利益,是指资产直接或者间接导致现金和现金等价物流入企业的潜力。这种潜力可以来自企业日常生产经营活动,也可以是非日常活动;带来的经济利益可以是现金或现金等价物形式,也可以是能转化为现金或者现金等价物的形式,再者也可以是能够减少现金或者现金等价物流出的形式。

资产预期能为企业带来经济利益是资产的重要特征。企业采购的原材料、购置的固定资产等可以用于生产经营过程中制造商品或者提供劳务,对外出售后收回货款,货款即为企业所获得的经济利益。如果某一项目预期不能给企业带来经济利益,那么就不能将其确认为企业的资产。前期已经确认为资产的项目,如果不能再为企业带来经济利益,也不能再确认为企业的资产。例如待处理财产损失或已失效、已毁损的存货,它们已经不能给企业带来未来经济利益,就不应该再作为资产出现在资产负债表中。

3.资产是由企业过去的交易或者事项形成的

资产应当由企业过去的交易或者事项所形成,过去的交易或者事项包括购买、生产、建造行为或者其他交易或事项。换句话说，只有过去的交易或者事项才能产生资产，企业预期在未来发生的交易或者事项不形成资产。例如，企业有购买某存货的意愿或者计划，但是购买行为尚未发生，就不符合资产的定义，不能因此而确认存货资产。

（二）资产的确认条件

将一项资源确认为资产，需要符合资产的定义，还应同时满足以下两个条件：

1.与该资源有关的经济利益很可能流入企业

从资产的定义来看，预期能为企业带来经济利益是资产的一个本质特征，根据编制财务报表时所取得的证据，与资源有关的经济利益很可能流入企业，那么就应当将其作为资产予以确认，反之，不能确认为资产。与资源有关的经济利益能否流入企业或流入多少，带有较大的不确定性。例如应收账款，如果企业在销售时判断未来很可能会收到货款或者能够确定收到货款，则应将该应收账款确认为一项资产。如果企业判断在通常情况下很可能部分或全部无法收回货款，表明该应收账款已不符合资产的确认条件，应当计提坏账准备，减少资产的价值。

2.该资源的成本或者价值能够可靠地计量

财务会计系统是一个确认、计量和报告的系统，其中计量起着枢纽作用，可计量性是所有会计要素确认的重要前提，资产的确认也是如此。只有当有关资源的成本或者价值能够可靠地计量时，资产才能予以确认。在实务中，企业取得的许多资产都是发生了实际成本的，例如企业购买或者生产的存货、企业购置的厂房或者设备等资产，只要实际发生的购买成本或者生产成本能够可靠计量，即视为符合资产确认的可计量条件。

（三）资产的分类

资产按其流动性不同，分为流动资产和非流动资产。

(1)流动资产是指预计在一年内或者超过一年但在一个正常营业周期内变现、出售或耗用，或者主要以交易为目的而持有，预计在资产负债表日起一年内(含一年)变现的资产，以及自资产负债表日起一年内交换其他资产或清偿负债的能力不受限制的现金或者现金等价物。它是企业资产中必不可少的重要组成部分。流动资产主要包括货币资金、交易性金融资产、应收票据、应收账款、预付款项、应收利息、应收股利、其他应收款以及存货等。

(2)非流动资产是指流动资产以外的资产，主要包括可供出售金融资产、持有至到期投资、长期股权投资、投资性房地产、固定资产、在建工程、工程物资、无形资产、开发支出以及长期待摊费用等。

固定资产是指同时具有以下特征的有形资产：①为生产商品、提供劳务、出租或经营管理而持有的；②使用寿命超过一个会计年度。

无形资产是指企业拥有或者控制的没有实物形态的可辨认非货币性资产，例如专利权、非专利技术、商标权、著作权、土地使用权及特许权等。

二、负债

（一）负债的定义

负债是指企业过去的交易或者事项形成的、预期会导致经济利益流出企业的现时义务。根据负债的定义，其具有以下特征：

1.负债是企业承担的现时义务

负债必须是企业承担的现时义务，这是负债的一个基本特征。其中，现时义务是指企业在现行条件下已承担的义务。未来发生的交易或者事项形成的义务不属于现时义务，不应确认为负债。

这里所指的义务可以是法定义务，也可以是推定义务。其中法定义务是指具有约束力的合同或者法律法规规定的义务，通常在法律意义上需要强制执行。例如，企业购买原材料形成的应付账款，企业向银行贷入款项形成的借款，企业按照税法规定应当交纳的税款等，均属于企业承担的法定义务，需要依法予以偿还。推定义务是指根据企业多年来的习惯做法、公开的承诺或者公开宣布的政策而导致企业将承担的责任，这些责任也使有关各方形成了企业将履行义务解脱责任的合理预期。例如，某企业多年来制定有一项销售政策，对于售出商品提供一定期限内的售后保修服务，预期将为售出商品提供的保修服务即属于推定义务，应当将其确认为一项负债。

2.负债预期会导致经济利益流出企业

预期会导致经济利益流出企业也是负债的一个本质特征，只有企业在履行义务时导致经济利益流出企业的，才符合负债的定义，反之则不符合负债的定义。在履行现时义务清偿负债时，导致经济利益流出企业的形式多种多样，例如用现金偿还或以实物资产形式偿还；以提供劳务形式偿还；以部分转移资产、部分提供劳务形式偿还；将负债转为资本等。

3.负债是由企业过去的交易或者事项形成的

负债应当由企业过去的交易或者事项所形成。换句话说，只有过去的交易或者事项才形成负债，企业将在未来发生的承诺、签订的合同等交易或者事项，不形成负债。

【例2-1】某企业向银行借款600万元，即属于过去的交易或者事项所形成的负债。企业同时还与银行达成了2个月后借入1 000万元的借款意向书，该交易就不属于过去的交易或者事项，不应形成企业的负债。

（二）负债的确认条件

将一项现时义务确认为负债，需要符合负债的定义，还应当同时满足以下两个条件：

1.与该义务有关的经济利益很可能流出企业

从负债的定义来看，预期会导致经济利益流出企业是负债的一个本质特征。在实务中，履行义务所需流出的经济利益带有不确定性，尤其是与推定义务相关的经济利益通常需要依赖大量的估计。因此，负债的确认应当与经济利益流出的不确定性程度的判断结合起来。如果有确凿证据表明，与现时义务有关的经济利益很可能流出企业，就应当将其作为负债予以确认；反之，如果企业承担了现时义务，但是导致经济利益流出企业的可能性已不复存在，就不符合负债的确认条件，不应将其作为负债予以确认。

2.未来流出的经济利益的金额能够可靠地计量

负债的确认在考虑经济利益流出企业的同时，对于未来流出的经济利益的金额应当能够可靠计量。对于与法定义务有关的经济利益流出金额，通常可以根据合同或者法律规定的金额予以确定，考虑到经济利益流出的金额通常在未来期间，有时未来期间较长，有关金额的计量需要考虑货币时间价值等因素的影响。对于与推定义务有关的经济利益流出金额，企业应当根据履行相关义务所需支出的最佳估计数进行估计，并综合考虑有关货币时间价值、风险等因素的影响。

（三）负债的分类

负债按其流动性不同，分为流动负债和非流动负债。

(1)流动负债是指将在一年(含一年)或者超过一年但在一个正常营业周期内偿还，或者主要为交易目的而持有，或者自资产负债表日起一年内(含一年)到期应予以清偿，或者企业无权自主地将清偿推迟至资产负债表日后一年以上的负债。流动负债主要包括短期借款、应付票据、应付账款、预收账款、应付职工薪酬、应交税费、应付利息、应付股利及其他应付款等。

(2)非流动负债是指流动负债以外的负债，非流动负债的偿还期都超过一年或者一个正常营业周期，它主要包括长期借款、应付债券及长期应付款等。

三、所有者权益

（一）所有者权益的定义

所有者权益是指企业资产扣除负债后由所有者享有的剩余权益。股份公司的所有者权益又称为股东权益。所有者权益是所有者对企业资产的剩余索取权，它是企业资产中扣除债权人权益后应由所有者享有的部分，既可反映所有者投入资本的保值增值情况，又体现了保护债权人权益的理念。所有者权益具有以下特征：

(1)所有者权益是企业投资人对企业净资产的所有权，它受总资产和总负债变动的影响而发生增减变动；

(2)除非发生减资、清算或分派现金股利，否则企业不需要偿还所有者权益；

(3)所有者权益包含所有者以其出资额的比例分享的企业利润，与此同时，所有者也必须以其出资额承担企业的经营风险；

(4)所有者权益还意味着所有者有法定的管理企业和委托他人管理企业的权利。

（二）所有者权益的确认条件

所有者权益体现的是所有者在企业中的剩余权益。因此，所有者权益的确认主要依赖于其他会计要素，尤其是资产和负债的确认；所有者权益金额的确定也主要取决于资产和负债的计量。例如，企业接受投资者投入的资产，在该资产符合企业资产确认条件时，就相应地符合了所有者权益的确认条件；当该资产的价值能够可靠计量时，所有者权益的金额即可确定。

（三）所有者权益的来源构成

所有者权益的来源包括所有者投入的资本、直接计入所有者权益的利得和损失、留存收益等，通常由实收资本（或股本）、资本公积（含资本溢价或股本溢价、其他资本公积）、盈余公积和未分配利润构成。

所有者投入的资本是指所有者投入企业的资本部分，它既包括构成企业注册资本或者股本部分的金额，也包括投入资本超过注册资本或者股本部分的金额，即资本溢价或者股本溢价，这部分投入资本在我国企业会计准则体系中被计入了资本公积。

直接计入所有者权益的利得和损失，是指不应计入当期损益、会导致所有者权益发生增减变动的、与所有者投入资本或者向所有者分配利润无关的利得或者损失。其中，利得是指由企业非日常活动所形成的、会导致所有者权益增加的、与所有者投入资本无关的经济利益的流入，利得包括直接计入所有者权益的利得和直接计入当期利润的利得。损失是指由企业非日常活动所发生的、会导致所有者权益减少的、与向所有者分配利润无关的经济利益的流出，损失包括直接计入所有者权益的损失和直接计入当期利润的损失。直接计入所有者权益的利得和损失主要包括可供出售金融资产的公允价值变动额、现金流量套期中套期工具公允价值变动额（有效套期部分）等。

留存收益是企业历年实现的净利润留存于企业的部分，主要包括累计计提的盈余公积和未分配利润。盈余公积是指企业从税后净利润中提取的公积金，它包括法定盈余公积和任意盈余公积。盈余公积按规定可用于弥补企业亏损，也可按法定程序转增资本金。法定公积金提取率为10%。未分配利润是本年度所实现的净利润经过利润分配后所剩余的利润，等待以后分配。如果未分配利润出现负数，即表示年末未弥补的亏损，应由以后年度的利润或盈余公积来弥补。

四、收入

（一）收入的定义

收入是指企业在日常活动中形成的、会导致所有者权益增加的、与所有者投入资本无关的经济利益的总流入。根据收入的定义，其具有以下特征：

1.收入是企业在日常活动中形成的

日常活动是指企业为完成其经营目标所从事的经常性活动以及与之相关的活动。例如，工业企业制造并销售产品、商业企业销售商品、保险公司签发保单、咨询公司提供咨询服务、软件企业为客户开发软件、安装公司提供安装服务、商业银行对外贷款及租赁公司出租资产等，均属于企业的日常活动。明确界定日常活动是为了将收入与利得相区分，因为企业非日常活动所形成的经济利益的流入不能确认为收入，而应当计入利得。

2.收入会导致所有者权益的增加

与收入相关的经济利益的流入应当会导致所有者权益的增加，不会导致所有者权益增加的经济利益的流入不符合收入的定义，不应确认为收入。例如，企业向银行借入款项，尽管也导致了企业经济利益的流入，但该流入并不导致所有者权益的增加，反而使企业承担了一项现时义务。企业对于因借入款项所导致的经济利益的流入,不应将其确认为收入,应当确认为一项负债。

3.收入是与所有者投入资本无关的经济利益的总流入

收入应当会导致经济利益的流入,从而导致资产的增加。例如,企业销售商品,应当收到现金或者在未来有权收到现金,才表明该交易符合收入的定义。但是,经济利益的流入有时是所有者投入资本的增加所导致的,所有者投入资本的增加不应当确认为收入,应当将其直接确认为所有者权益。

（二）收入的确认条件

企业收入的来源渠道多种多样,不同收入来源的特征有所不同,其收入确认条件也往往存在差别,如销售商品、提供劳务、让渡资产使用权等。一般而言,收入只有在经济利益很可能流入从而导致企业资产增加或者负债减少、经济利益的流入额能够可靠计量时才能予以确认,即收入的确认至少应当符合以下三个条件:

一是与收入相关的经济利益应当很可能流入企业;

二是经济利益流入企业会导致资产的增加或者负债的减少;

三是经济利益的流入额能够可靠计量。

（三）收入的分类

收入按照重要性分类,一般可分为主营业务收入和其他业务收入。

(1)主营业务收入是指企业主要经营业务所取得的收入。主营业务收入一般占企业收入的比重较大,对企业的经济效益产生较大的影响。主营业务收入包括销售商品收入、提供劳务收入、让渡资产使用权收入。

(2)其他业务收入是指企业次要经营业务所取得的收入,是指除主营业务收入以外的其他销售或其他业务的收入,如材料销售、代购代销、包装物出租等收入。其他业务收入一般占企业收入的比重较小,对企业的经济效益的影响较小。

五、费用

（一）费用的定义

费用是指企业在日常活动中发生的、会导致所有者权益减少的、与向所有者分配利润无关的经济利益的总流出。根据费用的定义,其具有以下特征:

1.费用是企业在日常活动中形成的

费用必须是企业在其日常活动中所形成的,这些日常活动的界定与收入定义中涉及的日常活动的界定相一致。因日常活动所产生的费用通常包括销售成本(营业成本)、管理费用、销售费用等。将费用界定为日常活动所形成的,目的是将其与损失相区分,企业非日常活动所形成的经济利益的流出不能确认为费用,而应当计入损失。

2.费用会导致所有者权益的减少

与费用相关的经济利益的流出应当会导致所有者权益的减少,不会导致所有者权益减少的经济利益的流出不符合费用的定义,不应确认为费用。

3.费用是与向所有者分配利润无关的经济利益的总流出

费用的发生应当会导致经济利益的流出,从而导致资产的减少或者负债的增加(最终也会导致资产的减少)。其表现形式包括现金或者现金等价物的流出,存货、固定资产和无形资产等的流出或者消耗。鉴于企业向所有者分配利润也会导致经济利益的流出,而该经济利益的流出显然属于所有者权益的抵减项目,不应确认为费用,应当将其排除在费用的定义之外。

(二)费用的确认条件

费用的确认除了应当符合定义外,也应当满足严格的条件,即费用只有在经济利益很可能流出从而导致企业资产减少或者负债增加且经济利益的流出额能够可靠计量时才能予以确认。因此,费用的确认至少应当符合以下三个条件:

一是与费用相关的经济利益应当很可能流出企业;

二是经济利益流出企业会导致资产的减少或者负债的增加;

三是经济利益的流出额能够可靠计量。

在确认费用时,首先应当划分生产费用与非生产费用的界限。生产费用是指与企业日常生产经营活动有关的费用,如生产产品所发生的原材料费用、人工费用等;非生产费用是指不属于生产费用的费用,如用于购建固定资产所发生的费用,不属于生产费用。其次,应当分清生产费用与产品成本的界限。生产费用与一定的期间相联系,而与生产的产品无关;产品成本与一定品种和数量的产品相联系,而不论发生在哪一期。最后,应当分清生产费用与期间费用的界限。生产费用应当计入产品成本,而期间费用直接计入当期损益。

(三)费用的分类

费用按照其经济用途,可以分为应计入产品成本、劳务成本的费用和不应计入产品成本、劳务成本的费用两大类。对于应计入产品成本、劳务成本的费用,可再继续划分为直接费用、间接费用;对于不应计入产品成本、劳务成本的费用,简称为期间费用。

(1)直接费用是指企业在生产商品和提供劳务过程中所发生的直接材料费用、直接人工费用及其他直接费用。

(2)间接费用是指应由产品成本负担的、不能直接计入各产品成本、但需按一定标准分配计入产品生产成本的有关费用。如企业生产车间为组织和管理生产而发生的各种制造费用。

(3)期间费用是指企业当期发生的必须从当期收入得到补偿的费用。期间费用主要包括管理费用、销售费用和财务费用。

六、利润

(一)利润的定义

利润是指企业在一定会计期间的经营成果。通常情况下,如果企业实现了利润,表明企业的所有者权益将增加,业绩得到了提升;反之,如果企业发生了亏损(即利润为负数),表明企业的所有者权益将减少,业绩下滑了。利润往往是评价企业管理层业绩的一项重要指标,也是投资者等财务报告使用者进行决策时的重要参考。

（二）利润的确认条件

利润反映的是收入减去费用、利得减去损失后的净额,因此,利润的确认主要依赖于收入和费用以及利得和损失的确认,其金额的确定也主要取决于收入、费用、利得及损失金额的计量。

（三）利润的来源构成

利润包括收入减去费用后的净额、直接计入当期利润的利得和损失等。其中收入减去费用后的净额反映的是企业日常活动的经营业绩,直接计入当期利润的利得和损失反映的是企业非日常活动的业绩。直接计入当期利润的利得和损失,是指应当计入当期损益、最终会引起所有者权益发生增减变动的、与所有者投入资本或者向所有者分配利润无关的利得或者损失。企业应当严格区分收入和利得、费用和损失,以便更加全面地反映企业的经营业绩。

利润可以细分为营业利润、利润总额和净利润。

(1)营业利润是营业收入减去营业成本、税金及附加、期间费用(包括销售费用、管理费用和财务费用)、资产减值损失,加上公允价值变动净收益、投资净收益后的金额。这里的营业收入包括主营业务收入和其他业务收入,营业成本包括主营业务成本和其他业务成本。

(2)利润总额是指营业利润加上营业外收入、减去营业外支出后的金额。

(3)净利润是指利润总额减去所得税费用后的金额。

第三节 会计科目

一、会计科目的概念及意义

会计要素是对会计对象的基本分类,但六项会计要素仍显得过于粗略,难以满足各有关方面对会计信息的需要。因此,会计科目对会计要素进行了进一步的分类。会计科目是对会计要素按其经济内容进行分类的项目名称。它是会计制度的重要组成部分,是填制会计凭证、设置账簿、编制财务报表的依据。

经济业务的发生会引起会计要素发生增减变动,各会计要素包含着不同内容的项目,由于会计要素反映的经济内容有很大区别,在经营管理中也会有不同的要求。在会计核算中除了要考虑到各会计要素的不同特点,还应该根据经济管理的要求进行分类别、分项目的核算。为了全面、系统、连续、分门别类地记录反映会计要素项目的增减变动情况及其变动结果,提供对经济管理有用的会计信息,必须结合管理要求,对会计要素的具体内容进行科学的分类,这种分类就是通过设置会计科目来进行的,每一个会计科目都要有明确的含义和核算范围。一个企业要设置多少会计科目以及确定每一科目的核算内容,已由财政部在会计制度中做了统一规定,使会计科目的设置既能结合会计要素的特点,又能满足为经济管理提供信息的需要。每个企业必须按会计制度的要求,同时结合企业业务规模的特点,合理地确定会计科目,作为企业设置账户进行日常核算的基础。

二、会计科目的设置原则

会计科目作为向投资者、债权人、企业经营管理者等提供会计信息的重要手段,在其设置过程中应努力做到科学、合理、适用,且应遵循下列原则:

(一)合法性原则

合法性原则,是指所设置的会计科目应当符合国家统一的会计制度的规定。中国现行的统一会计制度已对企业设置的会计科目做出了规定,以保证不同企业对外提供的会计信息的可比性。企业应当参照会计制度中统一规定的会计科目,根据自身的实际情况设置会计科目,但其设置的会计科目不得违反现行会计制度的规定。对于国家统一会计制度规定的会计科目,企业可以根据自身的生产经营特点,在不影响统一会计核算要求以及对外提供统一的财务报表的前提下,自行增设、减少或合并某些会计科目。

(二)相关性原则

相关性原则,是指所设置的会计科目应当为提供有关各方所需要的会计信息服务,满足对外报告与对内管理的要求。根据企业会计准则的规定,企业财务报告提供的信息必须满足对内对外各方面的需要,而设置会计科目必须服务于会计信息的提供,且必须与财务报告的编制相协调、相关联。

(三)实用性原则

实用性原则,是指所设置的会计科目应符合单位自身特点,满足单位实际需要。企业的组织形式、所处行业、经营内容及业务种类等不同,在会计科目的设置上亦应有所区别。例如,工业企业和商品流通企业相比,在有些科目的设置上需区别开来。工业企业中有制造费用、生产成本科目,而商品流通企业则没有;商品流通企业有商品进销差价科目,而工业企业则没有。这就是在合法性的基础上,企业应根据自身特点,设置符合企业需要的会计科目。

(四)稳定性原则

为了保证会计信息的连贯性、可比性,且便于在不同时期、不同行业间的会计核算指标的分析和比较,提高会计信息的有效性,会计科目的设置应在一定时期内保持稳定,不宜经常变更。值得注意的是,强调会计科目的稳定性,并非要求会计科目绝对不能变更,当会计环境发生变化时,会计科目也应随之做相应的调整,以及时全面地反映经济活动。

三、会计科目的分类

(一)按会计科目所反映的经济内容分类

会计科目按其反映的经济内容分类与会计要素具体内容的分类基本一致,可以分为资产类、负债类、共同类、所有者权益类、成本类以及损益类会计科目。

1.资产类科目

资产类科目按照资产的流动性可分为：

(1)反映流动资产的科目,有"库存现金""银行存款""原材料""库存商品""应收账款""应收票据""预付账款""其他应收款"及"应收利息"等；

(2)反映非流动资产的科目,有"长期股权投资""固定资产""累计折旧""无形资产""累计摊销"及"长期待摊费用"等。

2.负债类科目

负债类科目按照负债的偿还期可分为：

(1)反映流动负债的科目,有"短期借款""应付票据""应付账款""预收账款""其他应付款""应付职工薪酬""应交税费""应付股利"及"应付利息"等；

(2)反映长期负债的科目,有"长期借款""应付债券"及"长期应付款"等。

3.共同类科目

共同类科目是指既有资产性质、又有负债性质的科目。共同类科目的特点是需要从其期末余额所在的方向来界定其性质。

共同类科目多为金融、保险、投资及基金等公司使用,目前新会计准则规定的"共同类"有5个科目:清算资金往来、货币兑换、衍生工具、套期工具及被套期项目。

4.所有者权益类科目

反映所有者权益的科目,有"实收资本""资本公积"及"盈余公积"等。

5.成本类科目

成本类科目包括"生产成本""制造费用""劳务成本"等,它主要反映费用的归集与分配和成本的形成,是营业成本确定补偿价值大小的依据。这些成本并不直接计入损益。

6.损益类科目

损益类科目分为收入性和费用性两类总分类科目。

(1)收入性科目是指反映收入的科目,有"主营业务收入"和"其他业务收入"等。

(2)费用性科目是指计入损益的费用科目,有"主营业务成本""其他业务成本""税金及附加""销售费用""管理费用""财务费用"及"所得税费用"等。

为了正确地运用会计科目,便于日常会计工作填制会计凭证、登记账簿、查阅账目并实行会计电算化操作,有必要对会计科目按照一定的标志进行科学分类和统一编号。我国企业会计制度对会计科目实行四位数数码编号的方法,来确定会计科目所属的类别及其在类别中的位置。具体使用会计科目编号时,不得随意改变或打乱其顺序。在填制会计凭证、登记会计账簿时,按规定应填制会计科目名称或同时填列会计科目名称和编号,不允许只填列科目编号,不填科目名称。

现将企业会计准则中常用的会计科目列出,如表2-1所示。

表 2-1　企业会计科目表（简化）

编号	名称	编号	名称
	一、资产类	2211	应付职工薪酬
1001	库存现金	2221	应交税费
1002	银行存款	2231	应付利息
1101	交易性金融资产	2232	应付股利
1121	应收票据	2241	其他应付款
1122	应收账款	2501	长期借款
1123	预付账款	2502	应付债券
1131	应收股利	2701	长期应付款
1132	应收利息		三、共同类
1221	其他应收款	3101	衍生工具
1231	坏账准备	3201	套期工具
1401	材料采购	3202	被套期项目
1402	在途物资		四、所有者权益类
1403	原材料	4001	实收资本
1404	材料成本差异	4002	资本公积
1405	库存商品	4101	盈余公积
1411	周转材料	4103	本年利润
1501	持有至到期投资	4104	利润分配
1503	可供出售金融资产		五、成本类
1511	长期股权投资	5001	生产成本
1521	投资性房地产	5101	制造费用
1601	固定资产	5201	劳务成本
1602	累计折旧		六、损益类
1604	在建工程	6001	主营业务收入
1605	工程物资	6051	其他业务收入
1606	固定资产清理	6111	投资收益
1701	无形资产	6301	营业外收入
1702	累计摊销	6401	主营业务成本
1801	长期待摊费用	6402	其他业务成本
1901	待处理财产损溢	6403	税金及附加
	二、负债类	6601	销售费用
2001	短期借款	6602	管理费用
2101	交易性金融负债	6603	财务费用
2201	应付票据	6711	营业外支出
2202	应付账款	6801	所得税费用
2203	预收账款	6901	以前年度损益调整

（二）按会计科目反映资料的详细程度分类

会计科目按其反映资料的详细程度的不同可分为总分类科目和明细分类科目。

1.总分类科目

总分类科目，是对会计要素不同经济内容做总括分类反映的科目，如"固定资产""原材料""应付账款"等均为总分类科目。总分类科目是设置总分类账户的依据。

2.明细分类科目

明细分类科目，是对总分类科目所含内容做进一步分类，反映详细、具体情况的科目。如"应付账款"科目下按具体单位分设明细科目，具体反映应付哪个单位的账款。明细科目是设置明细账户的依据。

为了适应管理工作的需要，有的总分类科目下需要设置的明细科目太多时，也可在总分类科目与明细科目之间增设二级科目（也称子目）。一般讲，会计科目分为三级，总分类科目统驭下属数个明细科目，二级科目介于总分类科目（一级科目）与三级明细科目之间，对于总分类科目来说，二级科目、三级明细科目都处于明细科目的地位。现以"原材料"科目为例，用表2-2表示总分类科目、明细科目及其二级科目之间的关系。

表2-2　会计科目级次关系

总分类科目（一级科目）	明细分类科目	
	二级科目（子目）	明细科目（细目）
原材料	主要材料	甲材料
		乙材料
	辅助材料	A 材料
		B 材料

四、会计科目编号

会计科目编号是汉字会计科目的代码，或称代号，也是会计信息化的科目编码，还是信息化处理会计数据的重要标准。科目编号一般用数值表示，我国《企业会计准则——应用指南》统一规定一级科目用四位数编号，并留有一些空号，以备扩展，如"1001"是"库存现金"的编号，"1002"是"银行存款"的编号，"4002"是"资本公积"的编号，等等。

目前我国《企业会计准则——应用指南》统一规范了资产类、负债类、共同类、所有者权益类、成本类和损益类六大类一级科目的首位编号："1"字开头的是资产类科目；"2"字开头的是负债类科目；"3"字开头的是共同类科目；"4"字开头的是所有者权益类科目；"5"字开头的是成本类科目；"6"字开头的是损益类科目。

第四节　会计账户

一、会计账户的含义与设置意义

会计科目是对会计对象的组成内容进行科学分类而规定的名称。对会计对象划分类别并规定名称是必要的,但要全面、系统地记录和反映各项经济业务所引起的会计要素变动情况,还必须在分类的基础上借助于具体的形式和方法,这就是开设和运用账户。

会计账户是根据会计科目设置的,具有一定格式和结构,用于分类反映会计要素增减变动情况及其结果的载体。设置账户是会计核算的重要方法之一,它是对各种经济业务进行分类和系统、连续地记录、反映资产、负债和所有者权益增减变动的记账实体。会计科目的名称就是账户的名称,会计科目规定的核算内容就是账户应记录反映的经济内容,因而应该根据会计科目的分类设置相应的账户。账户是对会计要素的具体内容进行分类的标志,通过设置账户的方法把错综复杂的经济活动所引起的各项资产、负债、所有者权益,还有经营过程中的收入、费用等会计要素的增减变动情况及其结果,及时地、分类地、连续地进行反映和监督,提供各种动态指标和状况指标。

账户的名称是由会计要素每一具体项目来确定的,以反映该具体项目的经济内容。每个账户必须有一定的结构,以便连续反映该会计要素具体项目的变动情况。通过设置账户的方法,可以连续、系统、完整、清晰地反映企业的经济活动。

二、账户与会计科目

会计科目是在会计制度中对会计要素具体内容规定的项目名,在实际工作中企业根据规定的会计科目设置账户,因此账户和会计科目同时具有对会计对象的具体内容进行科学的分类这一特征,会计科目所反映的经济内容也是账户所要登记的经济内容。但是,账户还具有用途和结构的特征,即账页格式,根据会计科目在账页中设置账户,才能具体反映和监督会计要素增减变动的日常动态,提供各种核算资料。而会计科目本身不具备结构问题,只是设置账户的依据,是账户名称。因此,设置账户才是会计核算的专门方法。从理论上讲,账户与会计科目既有联系又有区别。需要说明的是,在实务中账户与会计科目两者往往互相混用。

会计科目是对会计要素对象的具体内容进行分类核算的类目,设置会计科目就是对会计对象的具体内容加以科学归类,进行分类核算和监督的一种方法。

会计账户是根据会计科目开设的,具有一定结构,用来系统、连续地记载各项经济业务的一种手段。

会计科目和会计账户的联系在于会计科目是设置会计账户的依据,是会计账户的名称,会计账户是会计科目的具体运用,会计科目所反映的经济内容就是会计账户所要登记的内容。

会计科目和会计账户的区别在于会计科目只是对会计要素具体内容的分类,本身没有结构,会计账户则有相应的结构,具体反映资金运动状况,因此会计账户比会计科目分类更为明晰,内容更为丰富。此外,会计科目一般由会计制度统一规定,会计账户除了规定的之外,还可根据单位实际情况自行确定。

三、账户的基本结构

任何一个账户都有一个名称,反映这一类会计要素的具体经济内容;同时每一个账户都要求提供这一类会计要素变动情况的资料,因此它必须具有一定的结构。各项经济业务引起会计要素的变动,不外乎是数量上的增加和减少两种情况及其根据增减变动计算的结余数额。因此,账户的基本结构是将账户分为两部分或划分为左右两方,其中一方登记增加额,另一方登记减少额,增加额和减少额相抵后的差额,称为账户的余额。因此,在账户中所记的金额,可以分为期初余额、本期增加额、本期减少额和期末余额。

(1)期初余额:将上一期的期末余额转入本期,即为本期期初余额。

(2)本期增加额:一定时期(月度、季度、半年度、年度)内账户所登记的增加金额的合计,也称本期增加发生额。

(3)本期减少额:一定时期内账户所登记的减少金额的合计,也称本期减少发生额。

(4)期末余额:本期期初余额加上本期增加发生额、减去本期减少发生额后的数额。结转到下一期即为下期期初余额。

上述四项金额的关系,可以用下列等式表示:

$$期末余额＝期初余额＋本期增加发生额－本期减少发生额$$

对于资产、成本、费用类账户:

$$期末余额＝期初余额＋本期借方发生额－本期贷方发生额$$

对于负债、所有者权益和收入类账户:

$$期末余额＝期初余额＋本期贷方发生额－本期借方发生额$$

每个账户的本期增加额和本期减少额都应分别记入该账户左右两方,一方登记增加,另一方登记减少,以便于分别计算增、减发生额和余额。资产、成本、费用类账户借方登记增加额,贷方登记减少额,余额一般在借方;负债、所有者权益、收入类账户借方登记减少额,贷方登记增加额,余额一般在贷方。

在会计教学中,为了便于说明账户结构,通常使用简化的"T"形账户表示其结构,如图2-2所示。

左方	账户名称	右方

图2-2　"T"形账户

会计账户的左方登记增加额的结构,如图2-3所示。

借方	账户名称（会计科目）	贷方
期初余额		
…	…	
…	…	
本期增加发生额	本期减少发生额	
期末余额		

图 2-3　左方登记增加额的结构

会计账户的右方登记增加额的结构，如图 2-4 所示。

借方	账户名称（会计科目）	贷方
	期初余额	
…	…	
…	…	
本期减少发生额	本期增加发生额	
	期末余额	

图 2-4　右方登记增加额的结构

在会计实务中，账户的结构体现在账页上，由于所登记经济业务的不同，可以有各种各样的账页结构，但一般来说，任何一种账户结构的设计，都应当包含下列基本内容：

(1) 账户的名称（即会计科目）；

(2) 日期（表明记账时间）；

(3) 凭证号数（表明账户记录的来源）；

(4) 摘要（概要说明经济业务的内容）；

(5) 增加、减少和结余金额（在借贷记账法下为借方、贷方和余额栏）。

在会计实务中使用的账户一般结构如表 2-3 所示。

表 2-3　账户的一般结构

账户名称（会计科目）：

日期	凭证号	摘要	借方金额	贷方金额	方向（借或贷）	余额

在账户左右两方中，哪一方登记增加数，哪一方登记减少数，取决于所采用的记账方法和该账户所记录的经济业务内容。关于账户的具体结构，本书将在以后章节详细阐述。

【本章小结】

本章主要讲述会计科目与会计账户的知识,具体包括会计对象的概念和内容,各会计要素的定义及分类,会计科目的概念、分类及会计科目表,会计账户的基本结构及内容。

会计对象是指会计核算和监督的内容。凡是特定主体能够以货币表现的经济活动,都是会计核算和监督的内容,即会计的对象。简而言之,并非所有的经济活动都是会计对象,只有以货币表现的经济活动才是会计对象。企业的会计对象是其再生产过程中的经营资金运动,即能够以货币表现的生产经营活动及其财务状况、经营成果和现金流量等。

会计要素是对会计对象的具体内容所做的最基本的分类项目,也是会计用来反映和控制企业生产经营过程、经营状况、经营成果和现金流量的重要信息元素。会计要素作为反映企业财务状况和经营成果的基本单位,又是会计报表的基本构件。我国《企业会计准则——基本准则》列示了资产、负债、所有者权益、收入、费用和利润六大会计要素。这六大会计要素划分为反映企业财务状况的会计要素和反映企业经营成果的会计要素两大类。其中资产、负债和所有者权益是反映企业财务状况的会计要素,收入、费用和利润是反映企业经营成果的会计要素。

会计要素是对会计对象的基本分类,但六项会计要素仍显得过于粗略,难以满足各有关方面对会计信息的需要。因此,会计科目对会计要素进行了进一步的分类。会计科目是对会计要素按其经济内容进行分类的项目名称。它是会计制度的重要组成部分,是填制会计凭证、设置账簿、编制财务报表的依据。会计科目的设置应遵循合法性原则、相关性原则、实用性原则和稳定性原则。会计科目按其所反映的经济内容可分为资产类、负债类、共同类、所有者权益类、成本类和损益类科目;按所反映资料的详细程度可分为总分类科目和明细分类科目。

会计账户是根据会计科目设置的,具有一定结构,用于分类反映会计要素增减变动情况及其结果的载体。设置账户是会计核算的重要方法之一。它是对各种经济业务进行分类和系统、连续地记录、反映资产、负债和所有者权益增减变动的记账实体。会计科目的名称就是账户的名称,会计科目规定的核算内容就是账户应记录反映的经济内容,因而应该根据会计科目的分类设置相应的账户。

【思考题】

1. 什么是会计要素? 会计有哪些要素?

2. 什么是资产? 资产有哪些特点?

3. 什么是负债? 负债有哪些特点?

4. 所有者权益包括哪些方面?

5. 什么是收入? 收入有哪些特点?

6. 什么是费用? 费用有哪些特点?

7. 什么是账户? 账户的基本结构是怎样的?

8. 账户中应包含哪些基本内容?

9. 会计科目与账户的关系是怎样的?

10. 账户的期末余额如何计算?

【练习题】

一、单项选择题

1. 会计科目按其所反映的会计对象具体内容可分为( )。

A. 资产、负债、共同、所有者权益、收入、费用等六类

B. 资产、负债、共同、所有者权益、成本、利润等六类

C. 资产、负债、共同、所有者权益、利润、损益等六类

D. 资产、负债、共同、所有者权益、成本、损益等六类

2. 设置会计科目后,不要随意变动,要保持( )。

A. 永久性　　　　　B. 统一性　　　　　C. 全面性　　　　　D. 相对稳定性

3. 下列会计科目属于成本类科目的是( )。

A. 原材料　　　　　B. 库存商品　　　　C. 财务费用　　　　D. 生产成本

4. 会计科目与会计账户的根本区别是( )。

A. 名称不同　　　　B. 反映的经济内容不同　C. 有无结构　　　　D. 有无格式

5. 账户分为左方、右方两个方向,当某一账户左方登记增加数时,则该账户的右方( )。

A. 登记增加数　　　　　　　　　　B. 登记减少数

C. 登记增加数或减少数　　　　　　D. 不登记任何数

6. 下列对会计账户的四种金额之间基本关系的表述正确的是( )。

A. 期初余额＝期末余额＋本期增加发生额－本期减少发生额

B. 期末余额＝期初余额＋本期增加发生额－本期减少发生额

C. 期初余额＝本期增加发生额－本期减少发生额－期末余额

D. 期末余额＝本期增加发生额－本期减少发生额－期初余额

7. "应付账款"账户期初贷方余额为 35 400 元,本期贷方发生额为 26 300 元,本期借方发生额为 17 900 元,该账户期末余额为( )。

A. 借方 43 800 元　B. 借方 27 000 元　　C. 贷方 43 800 元　　D. 贷方 27 000 元

二、多项选择题

1. 反映成本费用的账户有( )。

A. 生产成本　　　　B. 制造费用　　　　C. 管理费用　　　　D. 主营业务成本

2. 下列项目中,属于会计总账科目的有( )。

A. 固定资产　　　　B. 运输设备　　　　C. 原材料　　　　　D. 未完工产品

3. 账户一般应包含( )要素。

A. 账户名称　　　　B. 日期和摘要　　　C. 凭证号数　　　　D. 增加或减少金额

4. 账户中的各项金额应包括( )。

A. 期初余额　　　　B. 期末余额　　　　C. 本期增加额　　　D. 本期减少额

5. 账户的特点可归纳为( )。

A. 按相反方向记录增加额和减少额

B. 账户的余额一般与记录的增加额在同一方向

C. 期初余额与上期的期末余额在同一方向

D. 上期的期末余额等于本期的期初余额

6. 反映非流动资产的资产类账户有(   )。

A. 固定资产　　　B. 无形资产　　　　　C. 实收资本　　　　　D. 库存商品

7. 反映负债的账户有(   )。

A. 预收账款　　　B. 预付账款　　　　　C. 应收账款　　　　　D. 应付账款

8. 反映资产情况的账户有(   )。

A. 固定资产　　　B. 本年利润　　　　　C. 应收账款　　　　　D. 利润分配

9. 反映所有者权益情况的账户有(   )。

A. 短期借款　　　B. 实收资本　　　　　C. 本年利润　　　　　D. 利润分配

10. 反映收入情况的账户有(   )。

A. 本年利润　　　B. 生产成本　　　　　C. 主营业务收入　　　D. 营业外收入

三、计算分析题

习　题　一

资料:

1. 房屋及建筑物　　　　　　　　2. 工作机器及设备

3. 运输汽车　　　　　　　　　　4. 库存生产用钢材

5. 库存燃料　　　　　　　　　　6. 未完工产品

7. 库存完工产成品　　　　　　　8. 存放在银行的款项

9. 由出纳人员保管的款项　　　　10. 应收某厂的货款

11. 暂付职工差旅费　　　　　　　12. 从银行借入的短期款项

13. 应付给某厂的材料款　　　　　14. 欠交的税金

15. 销售商品收入　　　　　　　　16. 投资者投入的资本

17. 预收的押金　　　　　　　　　18. 欠付的利润

19. 支付的销售费用　　　　　　　20. 销售产品的成本

21. 支付的办公费　　　　　　　　22. 应付给职工的工资

23. 支付的违约罚款　　　　　　　24. 收取的违约罚款

25. 提取的盈余公积　　　　　　　26. 应交的所得税

要求:根据以上项目,说明并列示其所属的会计科目,从会计要素的角度分析各会计科目的类别。

习　题　二

目的:练习账户的分类。

资料:库存现金、银行存款、应收账款、其他应收款、原材料、库存商品、预付账款、应付账款、短期借款、固定资产、累计折旧、应付职工薪酬、应交税费、应付股利、预收账款、其他应付款、实收资本、盈余公积、本年利润、利润分配、生产成本、主营业务收入、主营业务成本、税金及附加、营业外收入、营业外支出、管理费用、材料采购、销售费用、所得税费用。

要求:说明账户按会计要素分类属于哪一类。

习 题 三

确定下列各项目是属资产类、负债类,还是属所有者权益类,并分别计算三大会计要素的合计数。

内容	资产	负债	所有者权益
1. 车间里的机器设备 185 000 元			
2. 国家对企业的投资 400 000 元			
3. 企业在银行的存款 85 000 元			
4. 企业欠银行的短期借款 60 000 元			
5. 库存的原材料 125 000 元			
6. 企业应付的购料款 37 000 元			
7. 职工预借的差旅费 1 000 元			
8. 企业应收客户的货款 128 000 元			
9. 应交国家的税金 53 000 元			
10. 车间尚未完工的产品 26 000 元			
合计			

习 题 四

目的:熟悉账户的基本结构。

资料:

	记录在账户的借方	记录在账户的贷方
例:"库存现金"账户增加	√	
1."实收资本"账户金额增加		
2."应收账款"账户金额增加		
3."应付账款"账户金额减少		
4."主营业务收入"账户金额增加		
5."销售费用"账户金额增加		
6."应交税费"账户金额增加		
7."预付账款"账户金额增加		
8."库存商品"账户金额减少		
9."长期借款"账户金额减少		

要求:根据账户的基本结构,完成上表的填制。

第三章

复式记账

☆ **学习目的与要求**

通过本章教学,学生应该理解并掌握会计等式的含义及种类、会计复式记账法原理,尤其是借贷记账法的规律,掌握账户结构、分类与试算平衡的原理及方法,理解总分类账与明细分类账的关系,掌握会计分录的编制,为以后的会计工作打下基础。

☆ **学习内容**

1. 会计等式;
2. 复式记账法原理;
3. 借贷记账法原理;
4. 账户分类;
5. 会计分录。

☆ **学习重点**

1. 借贷记账法;
2. 账户的分类。

☆ **学习难点**

借贷记账法的理解、账户的结构、会计分录的编制。

☆ **案例导入**

王蓉从某财经大学会计学院毕业后,刚刚被聘任为某公司财务部的会计员,今天是她来公司上班的第一天。财务部里,同事们忙得不可开交,她一问才知道,大家正在月末结账。"我能做些什么?"财务部经理看她急于投入工作的表情,也想检验一下她的知识与能力,就问:"试算平衡表的编制方法在学校学过了吧?""学过。"王蓉很自信地回答。"那好吧,你先编一下咱们公司这个月的试算平衡表。"经理帮她找到本公司的总账账簿,让她开始工作。不到一小时,她就把试算平衡表完整地编制出来了。看到表格上那三组互相平衡的数字,王蓉激动的心情难以言表,兴冲冲地向经理交差。"呀! 昨天销售的那批产品的单据还没有记到账上去呢,这也是这个月的业务啊!"会计员张萍说道。还没等王蓉缓过神来,会计员小蒋又拿了些凭证凑过来,对经理说:"这笔账我核对过了,应当记入'应交税费'和'银行存款'账户的金额是 10 000 元,而不是 9 000 元,账上的数字要更改一下。""试算平衡表不是已经平衡了吗? 怎么还有错账呢?"王蓉心中充满了疑惑。

请思考:你对上面案例有什么看法?

第一节 会计等式

一、会计等式的含义及种类

(一)会计等式的含义

会计等式也称会计平衡公式。它是运用数学方程的原理描述会计要素之间数量关系的表达式。它既是企业财务状况的表达式,又是企业会计对象的表达式。会计等式的经济内容和数量上的等量关系是资金平衡的理论依据。

(二)会计等式的种类

1.静态会计等式

静态会计等式(也称基本会计等式),是指在会计期间的某一特定日期(通常指期初、期末)企业的资产总额等于其当日的负债总额与所有者权益总额的合计。企业为了实现其经营目标,都需要拥有一定数量与种类的、具有未来经济效益的经济资源,这些经济资源在会计上称为"资产"。而企业的资产最初进入企业的来源渠道不外乎两种,一是由投资人提供;二是由债权人提供。既然企业的投资人和债权人为企业提供了全部资产,就应该对企业的资产享有要求权。这种对企业资产的要求权,在会计上称为"权益"。其中,属于债权人的部分,称为"债权人权益",通常又称为"负债";属于投资人的部分,称为"投资人权益",又称为"所有者权益"。

资产表明企业拥有什么经济资源和拥有多少经济资源,权益则表明是谁提供了这些经济资源,谁对这些经济资源拥有要求权。既然权益是对资产的要求权,那么,资产与权益之间就是相互依存的关系。没有资产,就没有有效的权益。同样,企业所拥有的资产也完全不能脱离权益而存在。没有无资产的权益,也没有无权益的资产。而且,从数量上看,有一定数额的资产,就必定有一定数额的权益;反之,有一定数额的权益,也就必然有一定数额的资产。也就是说,一个企业的资产总额与权益总额必然相等,从任何一个时点看,两者之间都必然保持数量上的平衡关系。资产与权益的这种平衡关系,可以用下面的等式来表示:

$$资产＝负债＋所有者权益$$

此等式反映了某一特定时点的财务状况,故又称之为静态会计等式。它是设置会计科目、复式记账和编制资产负债表的理论依据,在会计核算体系中有着举足轻重的地位。

2.动态会计等式

动态会计等式是指会计主体在一定时期内,利润应该等于该期的收入与费用之差。企业的经营都是以获取利润为主要目的的。要获取利润,就必须取得收入,而在取得收入的过程中,又必然要发生一定的费用。企业在一定时期所获取的收入大于为获取收入所发生的费用,其差额即为利润;若收入小于费用,其差额即为亏损。由于企业所获得的利润属于企业的所有者,所发生的亏损最终也要由所有者承担,因而,利润在本质上讲是所有者权益的增加,亏损则是所有者权益的减少。收入、费用、利润三者之间的关系可用如下等式予以表述:

$$收入－费用＝利润$$

此等式反映了企业某一时期收入、费用和利润的恒等关系,表明了企业在某一会计期间所取得的经营成果,是编制利润表的理论依据。

3.扩展会计等式

按照收入、费用与利润(或亏损)之间的关系,收入的增加会增加利润或减少亏损,即可视同所有者权益的增加;费用的增加会减少利润或增加亏损,即可视同所有者权益的减少。从理论上讲,企业在经营中所获得的收入与发生的费用,完全可以直接作为所有者权益项目的增加或减少。但是,企业在一定时期内有关收入和费用的经济业务往往很多,这样处理会使所有者权益项目的内容复杂化,不便于区分所有者投资所引起的所有者权益的变化与收入、费用所引起的所有者权益的变化。更重要的是,企业在一定期间的收入、费用和利润数额,是企业内部管理当局决策和企业外部有关各方决策所需要的重要信息,这就要求企业必须单独核算收入与费用数额,否则,就只有根据所有者权益项目加以分析和汇总才能取得这些资料。

根据以上分析,可以得出如下结论。

(1)企业在经营开始之际(或会计期初),既无收入也无费用,因而必定表现为会计基本等式:

$$资产＝负债＋所有者权益$$

(2)随着经营活动的进行,在会计期间内,企业一方面取得收入(可视同所有者权益的增加),并因此增加资产或减少负债;另一方面要发生各种各样的费用(可视同所有者权益的减少),并因此减少资产或增加负债。因此,在会计期中(结账之前),原来的静态会计等式就和动态会计等式合并转化为下面的形式:

$$资产＝负债＋所有者权益＋(收入－费用)$$

(3)到会计期末(一般是月末),企业将费用与收入相配比,计算出利润或亏损,上式就转化为:

$$资产＝负债＋所有者权益＋利润$$

(4)在会计期末(通常是年终决算),企业按法定的程序对利润进行分配,结账之后,上式又恢复为期初的形式,即:

$$资产＝负债＋所有者权益$$

二、经济业务对会计等式的影响

经济业务是指应办理会计手续、能运用会计方法反映的经济活动,亦称作交易或事项。

经济活动分为两类:一类是应办理会计手续、能运用会计方法反映的经济活动——经济业务(交易或事项),如收到投资、借入款项、购买材料和支付费用等;另一类是不能办理会计手续、不能用会计方法反映的经济活动——非经济业务,如制订材料和设备采购计划,与客户或供应商签订购销合同等。

企业在生产经营过程中,每天都发生着大量的经济业务,任何一项经济业务的发生,都必然会导致会计要素的数额发生变化,但是不论经济业务怎样变化,都不会破坏会计等式的恒等关系。

(一)经济业务对静态(基本)会计等式的影响

经济业务对静态会计等式的影响,我们可以通过以下例子来说明。

【例3-1】东吴股份有限公司2024年6月30日的资产、负债及所有者权益的数额如表3-1所示。

表 3-1　资产、负债及所有者权益金额表

2024 年 6 月 30 日

资产	金额 / 元	负债及所有者权益	金额 / 元
库存现金	2 000	短期借款	36 000
银行存款	50 000	应付股利	14 000
应收票据	60 000	应付债券	20 000
应收账款	30 000	应付账款	52 000
库存商品	20 000	实收资本	250 000
原材料	80 000	资本公积	50 000
固定资产	200 000	盈余公积	48 000
无形资产	50 000	利润分配	22 000
资产总计	492 000	负债及所有者权益总计	492 000

表3-1表明该公司在7月份开始时,资产与负债及所有者权益是平衡的,总额均为492 000元。该公司7月份发生如下经济业务:

(1)收回应收账款10 000元,存入银行。

这项经济业务的发生,使资产类一个项目(应收账款)减少了10 000元,另一个资产类项目(银行存款)增加了10 000元。那么资产内部一个项目增加,另一个项目减少,增减金额相等,资产总额不变,不影响等式关系。

（2）从银行贷款 50 000 元，用于直接偿还前欠购货款。

这项经济业务的发生，使一个流动负债类项目（应付账款）减少 50 000 元，另一个流动负债类项目（短期借款）增加了 50 000 元。那么负债内部一个项目增加，另一个项目减少，负债总额不变，不影响等式关系。

（3）按法定程序报经批准后，将 5 000 元的资本公积转增资本。

这项经济业务的发生，使所有者权益类一个项目（实收资本）增加了 5 000 元，另一个所有者权益类项目（资本公积）减少了 5 000 元。那么所有者权益内部一个项目增加，另一个项目减少，所有者权益总额不变，不影响等式关系。

（4）经董事会批准，拟向投资者分派现金股利 10 000 元。

这项经济业务的发生，使负债类一个项目（应付股利）增加了 10 000 元，另一个所有者权益类项目（利润分配）减少了 10 000 元。那么一个负债项目增加，一个所有者权益项目减少，双方变化的金额相等，则影响负债总额和所有者权益总额，但等式关系不变。

（5）经批准，公司将已经发行的债券 10 000 元转为债权人的投资。

这项经济业务的发生，使所有者权益类一个项目（实收资本）增加了 10 000 元，另一个负债类项目（应付债券）减少了 10 000 元。那么一个所有者权益项目增加，一个负债项目减少，双方变化的金额相等，则影响所有者权益总额和负债总额，但等式关系不变。

（6）向银行借入 1 年期的借款 300 000 元，款项已划入公司银行账户。

这项经济业务的发生，使资产类一个项目（银行存款）增加了 300 000 元，另一个负债类项目（短期借款）也增加了 300 000 元。那么一个资产项目和一个负债项目同时增加，双方增加金额相等，不影响等式关系。

（7）收到某公司投资转入设备 1 台，价值 50 000 元。

这项经济业务的发生，使资产类一个项目（固定资产）增加了 50 000 元，另一个所有者权益类项目（实收资本）也增加了 50 000 元。那么一个资产项目和一个所有者权益项目同时增加，双方增加金额相等，不影响等式关系。

（8）以银行存款 20 000 元归还短期借款。

这项经济业务的发生，使一个资产类项目（银行存款）减少了 20 000 元，另一个负债类项目（短期借款）也减少了 20 000 元。那么一个资产项目与一个负债项目同时减少，双方减少金额相等，不影响等式关系。

（9）公司的一位投资人撤回投资 100 000 元，公司已办理相关手续，款项通过银行支付。

该项经济业务的发生，使一个资产类项目（银行存款）减少了 100 000 元，另一个所有者权益类项目（实收资本）也减少了 100 000 元。那么一个资产项目与一个所有者权益项目同时减少，双方减少金额相等，不影响等式关系。

上述经济业务的发生，都导致会计要素的金额发生了变化，通过经济业务增减变动表（表 3-2）可以看到，金额的变化并没有影响会计等式的恒等关系。

表 3-2　经济业务增减变动表

资产

项目	变动前金额	增加金额	减少金额	变动后金额
库存现金	2 000			2 000
银行存款	50 000	（1）10 000　（6）300 000	（8）20 000　（9）100 000	240 000
应收票据	60 000			60 000
应收账款	30 000		（1）10 000	20 000
库存商品	20 000			20 000
原材料	80 000			80 000
固定资产	200 000	（7）50 000		250 000
无形资产	50 000			50 000
资产总计	492 000	360 000	130 000	722 000

负债及所有者权益

项目	变动前金额	增加金额	减少金额	变动后金额
短期借款	36 000	（2）50 000　（6）300 000	（8）20 000	366 000
应付股利	14 000	（4）10 000		24 000
应付债券	20 000		（5）10 000	10 000
应付账款	52 000		（2）50 000	2 000
实收资本	250 000		（9）100 000	215 000
资本公积	50 000	（3）5 000　（5）10 000　（7）50 000	（3）5 000	45 000
盈余公积	48 000			48 000
利润分配	22 000		（4）10 000	12 000
负债及所有者权益总计	492 000	425 000	195 000	722 000

从整体看,该企业经过经济业务的变动,在新的基础上达到了新的平衡。同时可以得到这样一个启示,经济业务无论怎样繁多,对静态会计要素的影响,归纳起来不外乎以下九种类型:

(1)资产内部一个项目增加,另一个项目减少;

(2)负债内部一个项目增加,另一个项目减少;

(3)所有者权益内部一个项目增加,另一个项目减少;

(4)一个资产项目与一个负债项目同时增加;

(5)一个资产项目与一个负债项目同时减少;

(6)一个资产项目与一个所有者权益项目同时增加;

(7)一个资产项目与一个所有者权益项目同时减少;

(8)一个负债项目增加,一个所有者权益项目减少;

(9)一个负债项目减少,一个所有者权益项目增加。

以上九种经济业务类型的变化可用图3-1(形象图表)做形象化的表示。

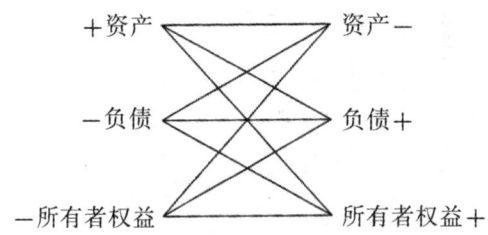

图3-1　经济业务变化形象图表

（二）经济业务对动态会计等式的影响

企业开展生产经营活动就是为了获取收入,实现盈利,企业在取得收入的同时,必然会发生相应的费用。将一定期间的收入与费用相比较,收入大于费用的差额为利润;反之,则为亏损。从数值关系上看,收入、费用的变化会使得利润在数值上也发生同样的变化,放在"收入—费用=利润"等式当中,这些经济业务的变化也不会影响会计等式的平衡关系。

（三）经济业务对扩展会计等式的影响

企业获取的利润会引起所有者权益的增加,也表现为资产的增加;反之,企业发生亏损会引起所有者权益减少,也表现为资产的减少。我们可以通过以下经济业务来说明:

(1)企业销售一批产品25 000元,货款已收,存入银行。

这项经济业务的发生,使收入类一个项目(主营业务收入)增加了25 000元,另一个资产类项目(银行存款)增加了25 000元。那么一个收入项目增加,一个资产项目增加,双方变化的金额相等,则影响收入总额和资产总额,但等式关系不变。

(2)结转已售产品实际生产成本20 000元。

这项经济业务的发生,使费用类一个项目(主营业务成本)增加了20 000元,另一个资产类项目(库存商品)减少了20 000元。那么一个费用类项目增加,一个资产项目减少,双方变化的金额相等,则影响费用总额和资产总额,但等式关系不变。

(3)根据上述两例,确定企业的经营成果。

这项经济业务的发生,使期间当中产生的收入和费用,转化为了所有者权益类项目(本年利润),收入使得本年利润增加,费用使得本年利润减少。而这种转变的金额相等,不影响等式关系。

通过以上阐述得出的结论是,随着经济活动的不断进行,经济业务的发生必然会引起资产、负债、所有者权益、收入、费用和利润这六大要素产生不同的变化,从而影响着会计等式,但无论任何时点,任何一项经济业务的发生都不会破坏会计等式的平衡关系。这种恒等关系是设置账户、复式记账、进行试算平衡和编制会计报表的理论依据。

三、经济业务影响会计等式的规律

每项经济业务发生后,至少会引起会计等式中的两个会计要素(或一个要素中的两个项目)发生增减变化,其规律为:

(1)影响会计等式双方要素,双方同增或同减,增减金额相等;

(2)只影响会计等式某一方要素,单方有增有减,增减金额相等。

可以得出结论:无论发生什么样的经济业务,都不会破坏会计等式的恒等关系。

第二节　复式记账法原理

复式记账的理论依据是会计基本等式。复式记账按记账符号、记账规则、试算平衡方法的不同,可分为借贷记账法、增减记账法和收付记账法。借贷记账法是一种复杂的、当今运用最广泛的复式记账法,也是目前我国法定的记账方法。至于哪一方记增加金额,哪一方记减少金额,则取决于账户所要反映的经济内容和业务性质。

一、会计记账方法概述

会计记账方法是指根据一定的记账原理、记账符号和记账规则,在账户中登记经济业务的方法。会计记账方法随着经济的发展和计算方法的进步而不断发展,经历了从单式记账法到复式记账法的演进。

(一)单式记账法

单式记账法是指对于相关经济业务只在一个账户中登记的记账方法。它具有以下特点:

1.账户体系不完整

在单式记账法下,企业通常只设置库存现金、银行存款、应收账款和应付账款等账户,其他账户均不设置。这样的账户体系显然不能反映经济业务的全部内容,是不完整的。

2.经济业务反映不完整

对于每笔经济业务,单式记账法下,企业通常只登记现金和银行存款的收付业务,以及应收款、应付款的结算业务,而不登记实物的收付业务。例如用库存现金 300 元购买材料,只登记库存现金减少的 300 元,而不记录原材料账户增加的 300 元。这样登记,很明显,库存现金与原材料账户之间无法形成对应关系,也不能全面反映经济业务的来龙去脉。

采用单式记账法,手续比较简单,但不能全面地、系统地反映经济业务的全貌,不便于检查账户记录的准确性,因此是一种不完整的记账方法,现已很少使用。

（二）复式记账法

复式记账法,是指以资产与权益平衡关系作为记账基础,对于每一项发生的经济业务,都要在两个或两个以上的账户中相互联系进行登记,系统地反映资金运动变化结果的一种记账方法。例如,用现金 300 元购入材料这项经济业务的发生,一方面使企业的材料增加了 300 元,另一方面使企业的现金减少了 300 元。根据复式记账法的原理,这项经济业务应以相等的金额在"原材料"和"库存现金"这两个相互联系的账户上进行登记,即一方面在"原材料"账户上登记增加 300 元,另一方面在"库存现金"账户上登记减少 300 元。

1.特点

(1)复式记账法以会计等式作为记账基础;

(2)每一笔经济业务都必须在两个或两个以上的账户中以相等的金额记录,各账户间有严密的对应关系,清晰地反映经济业务的来龙去脉;

(3)所有的账户可以进行试算平衡,便于检查账户记录的完整性和正确性;

(4)需设置一套完整的账户体系,全面反映经济活动的全过程及结果。

2.意义

(1)它可以如实地反映经济活动的来龙去脉,完整、系统地反映经济活动的过程和结果。

企业、单位的经济活动,是由繁多的经济业务所组成的,每一经济业务的发生又都要引起有关会计要素的增减变化。所有的有关会计要素的增减变化显示了资金运动的全部过程。运用复式记账法,可以通过对有关会计要素增减变化的登记,将每一项单独的经济业务连接起来,使任何一个账户都不可能脱离其他账户而独立存在,从而形成一个严密的账户体系。这样,账户中所反映的会计要素的增减变化,就可以完整地反映经济活动的来龙去脉,为经济管理提供系统的信息。

(2)它可以进行试算平衡,使账户之间保持相互对应的关系,保证账户记录的正确性。

由于复式记账法要求以相等的金额在两个或两个以上相互联系的账户中做出双重记录,这就使账户之间在数字上产生了一种互相核对、互相平衡的关系。如果记账发生遗漏、差错,这种平衡关系就会被破坏。因此,利用复式记账法所产生的这种平衡关系,可以防止记账时数字的错漏,如有数字差错发生,也可以通过试算平衡来核对,以便及时发现和更正,从而保证账户记录的正确性。

(3)复式记账法对于统一会计计量单位、建立现代会计报表体系也有着重要的意义。

复式记账法要求以相等的数量做出双重记录,必然要求被记录的对象具有相同的质,不同质的记录对象在数量上是无法对比的。因此,复式记账法对以货币作为会计的统一计量单位提出了客观的要求。同样,复式记账法的平衡关系,也为能全面、系统地反映企业、单位财务状况和经营成果的会计报表提供了理论基础。

3.内容

复式记账法按照记账符号、记账规则、试算平衡方法的不同,可以分为借贷记账法、增减记账法和收付记账法。借贷记账法是一种产生最早的、当今世界运用也最广泛的复式记账法;增减记账法是在 20 世纪 60 年代我国商业系统在改革记账方法时设计提出的一种记账方法;收付记账法是在我国传统的收付记账法的基础上发展起来的复式记账方法。我国《企业会计准则——基本准则》规定,企业记账必须采用借贷记账法。目前我国企业、单位采用的记账方法都是借贷记账法。至于哪一方记增加金额,哪一方记减少金额,则取决于账户所要反映的经济内容和业务性质。每一种复式记账法都包含以下一些基本要素:记账平衡原理、记账符号、记账规则以及试算平衡等。

二、复式簿记经历的三个阶段

复式簿记的演变,从它的萌芽到接近于完备形式,大约经历了 300 年的时间(13 世纪初至 15 世纪末)。这一演变过程都发生在中世纪末期的意大利商业城市(如威尼斯、热那亚等城市)。当时,地中海沿岸某些城市的商业和手工业发展很快,出现了马克思所说的"资本主义生产的最初萌芽"。发达的商品经济,特别是地中海沿岸某些城市中十分活跃的商业(包括海上贸易)和银钱兑换业,都迫切要求从簿记中获得有关经济往来和经营成果的重要信息。经过一段孕育时期以后,簿记的方法终于取得了重大突破,科学的复式簿记法在意大利诞生了。这一演变过程大体上经历了三个不同的发展阶段:

(1)佛罗伦萨式——复式簿记的萌芽阶段(1211 至 1340 年)。

这一阶段以 1211 年佛罗伦萨银行家采用的簿记为代表(目前保存的意大利最古老的会计账簿,现收藏于佛罗伦萨梅迪奇·拉乌莱芝纳图书馆)。

(2)热那亚式——复式簿记的改良阶段(1340 至 1494 年)。

这一阶段以 1340 年热那亚市政厅的总账为代表(会计界公认的世界上最早的一册明显具备复式记账所有特征的会计记录,现收藏于热那亚古文化馆)。

(3)威尼斯式——复式簿记的完备阶段(1494 至 1854 年)。

这一阶段以 1494 年卢卡·帕乔利(Luca Pacioli)著名的《算术、几何、比及比例概要》一书的正式出版为代表。本书的出版,使得复式簿记的优点及方法很快为世人所认识,并广为流传,因而具有划时代的意义,标志着现代会计的开始。至 1854 年,爱丁堡会计师协会的出现,使会计正式成为一门独立的职业。

三、复式记账法的种类

复式记账法按照记账符号、记账规则、试算平衡方法的不同,可以分为借贷记账法、增减记账法和收付记账法。

(一)借贷记账法

借贷记账法在 15 世纪形成于意大利,现为世界各国广泛采用。中国企业一般也用此法。其主要特点是:

（1）以"借""贷"为记账符号，每个账户分借贷两方。凡属于资金占用增加，资金来源减少，费用增加和收入减少，均分别记入有关账户的借方；凡属于资金来源增加，资金占用减少，收入增加和费用减少，均分别记入有关账户的贷方。

（2）以"有借必有贷，借贷必相等"作为记账规则。对每一项经济业务都要记入两个或两个以上账户中，并以相等的金额分别记入一个或几个账户的借方和另一个或几个账户的贷方。

（3）以资金占用总额等于资金来源总额为平衡公式，利用各个账户的借方余额合计数与各个账户的贷方余额合计数必然相等的关系，来检验账簿记录的正确性。

（二）增减记账法

1965年，中国商业系统首先推广应用增减记账法。其主要特点是：

（1）以"增""减"为记账符号，所有账户都分为增减两方，将会计科目固定分为资金来源和资金占用两大类。无论是资金占用，还是资金来源，只要是数额增加，就记入有关账户的增方，减少就记入有关账户的减方。

（2）以"两类科目记同增同减，同类科目记有增有减"为记账规则。凡涉及资金占用账户和资金来源账户同时增加（或减少）的经济业务，分别记入两类有关账户的增方（或减方）；凡涉及资金占用（或资金来源）类账户之间此增彼减的经济业务，则分别记入该类有关账户的增方和减方。

（3）用差额平衡公式检验账簿记录的正确性。

（三）收付记账法

收付记账法是用"收""付"来表示资金运用、资金来源、费用和收益变动的一种记账方法，分为单式收付记账法和复式收付记账法。中国采用复式收付记账法，主要有：

1.钱物收付记账法

钱物收付记账法是以钱和物收付为中心记录经济业务的一种记账方法，为中国农村基层生产组织所广泛采用。主要特点是：

（1）会计科目分为"钱物类"（或"结存类"）和"收付类"两大类科目。"钱物类"包括现金、存款、粮食物资和固定资产。"收付类"中的收入类科目包括农业收入、副业收入、其他收入、公积金、公益金和暂收款；付出类科目包括农业支出、副业支出、其他支出、管理费、待摊费用、基建投资和暂付款等。

（2）记账规则是"两类科目，同收同付；同类科目，有收有付"。例如，生产队收获粮食，记"收：粮食物资　收：农业收入"。又如购买化肥，记"收：粮食物资——化肥　付：存款"。

（3）根据"收入减去付出等于结存"这一平衡关系试算平衡。

2.资金收付记账法

资金收付记账法是以预算资金和预算外资金收付为中心记录经济业务的一种记账方法。中国行政事业单位广泛采用此法。其主要特点是：

（1）会计科目分为"资金来源类"（包括固定资产基金、拨入经费、应缴预算收入、经费暂存、预算外收入等）、"资金运用类"（包括经费支出、拨出经费、经费暂付、预算外支出等）和"资金结存类"（包括经费现金、经费存款、经费材料、固定资产、其他存款等）三大类。

（2）记账规则是"资金结存总额增加的业务，记同收；资金结存总额减少的业务，记同付；资金结存总额不变的业务，记有收有付"。例如，收到拨入经费，记"收：拨入经费　收：经费存款"。支付办公费，记"付：经费支出　付：经费现金"。用存款购买材料，记"收：经费材料　付：经费存款"。工作人员报销差旅费，记"收：经费暂付　付：经费支出"。预算收入转账，记"收：已缴预算收入　付：应缴预算收入"。

（3）根据"资金来源减去资金运用等于资金结存"这一平衡关系试算平衡。

第三节　借贷记账法原理

借贷记账法是以"借""贷"作为记账符号，以"有借必有贷，借贷必相等"为记账规则，反映各会计要素增减变动情况的一种复式记账方法。借贷记账法的基本内容包括：借贷记账法的理论基础、记账符号、记账规则与试算平衡等。

一、借贷记账法的理论基础及记账符号

（一）理论基础

复式记账法的对象是会计要素增减变化的过程和结果，如前所述，资产、负债和所有者权益是重要的会计要素，它们之间存在着客观的数量关系，即会计等式：

$$资产＝负债＋所有者权益$$

这个公式是借贷记账法的理论基础。在一个会计要素发生了增减变化时，另一个或几个会计要素必然随之发生增减变化，以维持平衡公式不被破坏。而要维持等式的平衡，就必须进行等额登记，并以此来保证经济业务记录的完整性，所以说，会计等式是借贷记账法的理论基础。

在借贷记账法下，任何账户都分为借方和贷方两个基本部分，通常左方为借方，右方为贷方。在会计教学中将其简化为"T 字形账户"的形式，它的基本结构如图 3-2 所示。

借方	账户名称（会计科目）	贷方

图 3-2　账户的结构

（二）记账符号

借贷记账法以"借"和"贷"作为记账符号。"借"和"贷"最初的含义与债权债务有关，后来逐步转化为抽象的记账符号，并获得了新的含义。第一，表示资金的增减。"借"表示资金运动时，一方面表示资产、成本、费用的增加，另一方面表示负债、所有者权益、收入、利润的减少；"贷"表示资金运动时，一方面表示负债、所有者权益、收入、利润的增加，另一方面表示资产、成本、费用的减

少。即一方登记增加金额,一方登记减少金额。第二,至于哪一方登记增加金额,哪一方登记减少金额,则要根据各个账户所反映的经济内容来决定,也就是说,要看经济业务涉及哪些账户及其账户性质而定。它的基本结构如图 3-3 所示。

借方	账户名称	贷方
资产的增加 成本、费用的增加 负债的减少 所有者权益的减少 收入、利润的减少		资产的减少 成本、费用的减少 负债的增加 所有者权益的增加 收入、利润的增加
本期发生额（增加额合计）		本期发生额（减少额合计）

图 3-3　借贷记账法的基本结构

二、借贷记账法的账户结构及规律

（一）账户的结构

在借贷记账法下,任何账户都分为借、贷两方。记账时,对于每一个账户来说,如果借方登记增加额,贷方必然登记减少额;如果贷方登记增加额,借方必然登记减少额。在一个会计期间里,借方登记的合计数称为借方发生额;贷方登记的合计数称为贷方发生额。如果借方发生额与贷方发生额相等,则无余额;如果借方发生额与贷方发生额不相等,则有余额。那么,账户什么时候登记借方,什么时候登记贷方,又什么时候有余额,这要根据各个账户所反映的经济内容,也就是它的性质来决定。

下面分别说明借贷记账法下各类账户的结构。

1.资产类账户的结构

资产类账户是用来核算企业各项资产增减变动及其结存情况的账户。由于通常在会计的基本平衡公式的左边列示资产,而账户的基本结构左方表示借方,所以在资产账户中,习惯在其借方登记期初余额和本期增加额,贷方登记本期减少额。一般而言,其期初余额和本期增加额之和总会大于其本期减少额,所以在正常情况下,资产账户的期末余额总是在借方。其基本结构如图 3-4 所示。

借方	账户名称	贷方
期初余额 资产增加额		资产减少额
本期发生额（增加额合计） 期末余额		本期发生额（减少额合计）

图 3-4　资产类账户结构

资产类账户的期末余额可根据下列公式计算:

借方期末余额＝借方期初余额＋借方本期发生额－贷方本期发生额

2.负债类账户的结构

负债类账户是反映企业各项债务情况的账户,也是用来核算企业各项负债增减变动及其结余情况的账户。按照会计平衡公式"资产＝负债＋所有者权益"的原理以及经济业务变化的四种情况,负债类账户结构的内容与资产类账户结构的内容必须相反,这样才能保证既可全面反映经济业务的全貌,又不影响会计等式。由于通常在会计的基本平衡公式的右边列示负债,而账户的基本结构右边表示贷方,所以在负债类账户中,习惯在其贷方登记期初余额和本期增加额,借方登记本期减少额。一般而言,在正常情况下,负债类账户的期末余额总是在贷方。其基本结构如图 3-5 所示。

借方	账户名称	贷方
负债减少额	期初余额 负债增加额	
本期发生额（减少额合计）	本期发生额（增加额合计） 期末余额	

图 3-5　负债类账户结构

负债类账户的期末余额可根据下列公式计算:

$$贷方期末余额＝贷方期初余额＋贷方本期发生额－借方本期发生额$$

3.所有者权益类账户的结构

所有者权益类账户是用来核算企业各项所有者权益增减变动及其结余情况的账户。在会计的基本平衡公式中,由于所有者权益同负债一起列在右边,因此所有者权益类账户的基本结构与负债类账户的结构相同,即在所有者权益类账户中,其贷方登记期初余额和本期增加额,借方登记本期减少额。在正常情况下,所有者权益类账户的期末余额总是在贷方。其基本结构如图 3-6 所示。

借方	账户名称	贷方
所有者权益减少额	期初余额 所有者权益增加额	
本期发生额（减少额合计）	本期发生额（增加额合计） 期末余额	

图 3-6　所有者权益类账户结构

所有者权益类账户的期末余额可根据下列公式计算:

$$贷方期末余额＝贷方期初余额＋贷方本期发生额－借方本期发生额$$

4.成本类账户的结构

成本类账户是用来反映企业存货在取得或形成的过程中,其成本归集和计算过程的账户。成本是对象化的费用,这个对象在会计核算中表现为资产,如产品生产过程中,归集的是产品的生产成本,生产完工是产成品。生产成本代表了产成品的生产过程,生产过程中的产品也是企业的资产。因此,成本类账户的结构与资产类账户的结构一致。在成本类账户中,借方登记成本的增加额,贷方登记成本的减少额(或转销额)。在正常情况下,成本类账户期末没有余额,产品完工,成本类账户将转入资产类账户,但产品的生产周期与会计核算分期的标准存在差异性,就导致了会计期末并不是产品生产周期结束时。在会计期末，成本类账户可能存在余额，如果有余额，余额在借方。其账户结构如图 3-7 所示。

借方	账户名称	贷方
期初余额 成本增加额	成本转销额	
本期发生额（增加额合计） 期末余额	本期发生额（减少额或转销额合计）	

图 3-7　成本类账户结构

5.损益类账户的结构

损益类账户是指按照损益类会计科目开设的，用以具体核算和监督企业生产经营过程中的收益和费用、损失，以便计算确定损益的账户。该类账户的特点是：其核算对象是与损益的计算确定直接相关的；主要是用来反映企业收入和费用。因此损益类账户又可分为收入类账户和费用类账户。

（1）收入类账户的结构。

收入类账户是用来核算企业各项收入取得情况的账户。收入的增加可以视同所有者权益的增加，这就决定了收入类账户的结构应与所有者权益类账户的结构保持一致。在收入类账户中，贷方登记收入的增加额，借方登记收入的减少额(或转销)。期末时，本期收入的增加额减去本期收入的减少额后的差额应转入利润账户，所以收入类账户期末没有余额。收入类账户的基本结构如图 3-8 所示。

借方	账户名称	贷方
收入减少额或转销额	收入增加额	
本期发生额（减少额或转销额合计）	本期发生额（增加额合计）	

图 3-8　收入类账户结构

（2）费用类账户的结构。

费用类账户是用来核算企业各项费用发生情况的账户。费用的增加可以视同所有者权益的减少，这就决定了费用类账户的结构应与所有者权益类账户的结构相反。在费用类账户中，借方登记费用的增加额，贷方登记费用的减少额(或转销)，期末时，本期费用的增加额减去本期费用的减少额后的差额应转入利润账户，所以费用类账户期末一般没有余额。其基本结构如图 3-9 所示。

借方	账户名称	贷方
费用增加额	费用减少额或转销额	
本期发生额（增加额合计）	本期发生额（减少额或转销额合计）	

图 3-9　费用类账户结构

6.利润类账户的结构

利润类账户是用来核算企业利润形成情况的账户。企业在其经营过程中不断地取得收入，为了取得这些收入,又不断地发生各种费用。合理地比较一定期间的收入与费用,即可确定企业在该期间所实现的经营成果。收入大于费用的差额为利润,收入小于费用的差额则为亏损。在利润账户中,贷方登记收入的增加额(即收入类账户的收入转入额),借方登记费用的增加额(即费用类账户的费用转入额)。在一般情况下(收入大于费用时),利润类账户的期末余额在贷方,表示企业实现的利润额。如出现亏损时,利润类账户的期末余额则在借方,表示企业形成的亏损额。其基本结构如图 3-10 所示。

借方	账户名称	贷方
期初余额 费用转入额	期初余额 收入转入额	
本期发生额（费用转入额合计） 期末余额（利润亏损额）	本期发生额（收入转入额合计） 期末余额（利润余额）	

图 3-10 利润类账户结构

(二)借贷记账法的记账规律

借贷记账法的记账规律是对发生的每项经济业务都严格遵循"有借必有贷,借贷必相等"的记账规则,在相互联系的账户中做双重登记。由于"借""贷"在不同性质账户中表示的含义不同,因此在运用借贷记账法登记每笔经济业务时,都要根据各会计要素之间的内在联系,以相等金额在记入一个账户借方的同时,记入另一个账户或几个账户的贷方;或者以相等金额在记入一个账户贷方的同时,记入另一个账户或几个账户的借方。

因此,采用借贷记账法记录经济业务时,应该依次考虑三个问题:首先,根据经济业务的内容,确定该笔经济业务应记入哪些账户,这些账户是资产类账户,还是权益类账户;其次,确定记入这些账户的金额是增加额还是减少额;最后,结合前面两条,根据借贷记账法的账户结构,确定应记入各有关账户的借方还是贷方。

【例 3-2】东方集团 2024 年 8 月份发生以下经济业务:

(1)从银行提取现金 600 元。

这是一项资产内部有关项目此增彼减的经济业务,它涉及"库存现金"和"银行存款"这两个资产账户,前者增加 600 元,后者减少 600 元。由于资产类账户借方表示增加,贷方表示减少,因此,增加的数额应记入"库存现金"账户的借方,减少的数额应记入"银行存款"账户的贷方。登记的结果如图 3-11 所示。

借方	库存现金	贷方	借方	银行存款	贷方
期初余额 300			期初余额 68 000		
(1) 600					(1) 600

图 3-11 例 3-2 账户记录

(2)企业开出面值 26 000 元的商业汇票,以抵付供应单位的购料欠款。

这是一项权益内部有关项目此增彼减的经济业务,它涉及"应付票据"和"应付账款"这两个权益账户,前者增加 26 000 元,后者减少 26 000 元。由于权益类账户贷方表示增加,借方表示减少,因此增加的数额应记入"应付票据"账户的贷方,减少的数额应记入"应付账款"账户的借方。登记的结果如图3-12所示。

借方	应付账款	贷方		借方	应付票据	贷方
（2）26 000	期初余额 86 000				期初余额 42 000	
					（2）26 000	

图3-12 例3-2账户记录

(3)企业从银行借入短期借款40 000元,存入银行。

这是一项资产和权益项目同时增加的经济业务,它涉及"银行存款"这个资产账户和"短期借款"这个权益账户,前者增加40 000元,后者也增加40 000元。由于资产类账户借方表示增加,权益类账户贷方表示增加,因此双方增加的数额应分别记入"银行存款"账户的借方和"短期借款"账户的贷方。登记的结果如图3-13所示。

借方	银行存款	贷方		借方	短期借款	贷方
期初余额　68 000					期初余额　30 000	
（3）　　40 000	（1）　600				（3）　　40 000	

图3-13 例3-2账户记录

(4)企业用银行存款50 000元,偿还前欠的购料款。

这是一项资产和权益项目同时减少的经济业务,它涉及"银行存款"这个资产账户和"应付账款"这个权益账户,两者数额同时减少50 000元。由于资产类账户贷方表示减少,权益类账户借方表示减少,因此双方减少的数额应分别记入"银行存款"账户的贷方和"应付账款"账户的借方。登记的结果如图3-14所示。

借方	银行存款	贷方		借方	应付账款	贷方
期初余额　68 000					期初余额　86 000	
（3）　　40 000	（1）　　600		（2）　26 000			
	（4）　50 000		（4）　50 000			

图3-14 例3-2账户记录

通过以上所举各例可以看出,每一种类型的经济业务发生后,都要在两个账户中同时进行登记,而且都要登记在一个账户的借方和另一个账户的贷方,且借贷双方登记的金额相等。

有些经济业务比较复杂,需要在两个以上账户中进行登记,即需要在一个账户的借方和几个账户的贷方进行登记,或者在几个账户的借方和一个账户的贷方进行登记。登记的结果仍然是有借有贷,借贷双方的金额也必然相等。

（三）账户对应关系

在借贷记账法下,根据记账规律登记每项经济业务时,就会在有关账户之间形成应借、应贷的相互关系。账户之间的这种相互依存关系称为账户对应关系。具有对应关系的账户称为对应账户。两个互为对应账户的账户之间存在着两种不同的账户对应关系。例如存入银行现金500元这项经济业务,形成了应记"银行存款"账户借方和应记"库存现金"账户贷方的对应关系。又如,从银行提取现金 300 元这项经济业务,形成了应记"库存现金"账户借方和应记"银行存款"账户贷方的对应关系。上述两种不同的账户对应关系所涉及的只是互为对应账户的"库存现金"账户和"银行存款"账户。通过账户的对应关系,既可以了解经济业务的具体内容,从而掌握资金运动的来龙去脉,也可以了解对经济业务处理的合理性和合法性。

账户之间的对应关系取决于所发生的经济业务的具体内容,不同的经济业务必然会形成不同的账户对应关系。某项经济业务发生后,必然会在有关账户之间形成一定的对应关系。

三、借贷记账法的试算平衡

（一）试算平衡的原理

运用借贷记账法的记账规律在账户中记录经济业务的过程中,可能发生人为错误。为了检查和验证账户记录是否正确,以便找出错误及其原因并及时予以更正,必须进行试算平衡。所谓试算平衡,就是指在结算出一定时期全部账户发生额和余额的基础上,根据资产总额等于权益总额的平衡关系和记账规律来检查和验证账户记录是否正确的一种专门方法。

由于借贷记账法以资产等于权益这一会计基本等式为依据,按照"有借必有贷,借贷必相等"的记账规律,保证了每一项经济业务所编制的会计分录的借贷双方发生额必然相等;在一定时期内,所有账户的借方发生额合计与贷方发生额合计也必然相等;所有账户的借方期末余额合计数与贷方期末余额合计数是以一定的累计发生额为基础的计算结果,它们也必然是相等的。这就形成了账户之间的一系列平衡关系。这种平衡关系主要包括以下三个方面:

(1)全部账户的借方期初余额合计数等于全部账户的贷方期初余额合计数;

(2)全部账户的借方本期发生额合计数等于全部账户的贷方本期发生额合计数;

(3)全部账户的借方期末余额合计数等于全部账户的贷方期末余额合计数。

上述三方面的平衡关系,可以用来检查账户记录的正确性。如果借贷不平衡,则表明记账有错误,必须及时找出错误的原因并加以改正。在借贷记账法下,应根据上述借贷必然相等的规律进行试算平衡,以检查每一笔经济业务的会计分录是否正确,且检查所有账户的本期发生额和期末余额是否正确。

（二）试算平衡的方法

根据试算平衡原理,可以对账户记录进行试算平衡。试算平衡的具体方法,通常是通过编制"试算平衡表"来进行的。

首先,将发生的经济业务所编制的会计分录全部登记入账;

其次,将所有账户的借方发生额和贷方发生额分别进行合计,计算出各账户借方本期发生额和贷方本期发生额;

再次,将各账户的借方本期发生额与贷方本期发生额进行比较,根据各账户的期初余额,分别计算出各账户的借方期末余额或贷方期末余额;

最后,根据所有账户的本期发生额及余额,编制成总分类账户本期发生额及余额试算平衡表。

【例 3-3】东吴股份有限公司 2024 年 6 月初相关账户余额如表 3-3 所示。

表 3-3　相关账户期初余额表

账户名称	期初余额	
	借方	贷方
库存现金	800	
银行存款	64 500	
原材料	70 340	
固定资产	324 800	
短期借款		20 000
应付账款		40 440
长期借款		100 000
实收资本		300 000
合　计	460 440	460 440

该公司6月份发生如下经济业务：

(1) 收到B企业的投资款200 000元,存入银行存款账户;

(2) 向银行借入长期借款100 000元,存入银行存款账户;

(3) 从银行存款账户提取现金2 000元备用;

(4) 采购原材料30 000元,已用银行存款支付;

(5) 采购原材料50 000元,款项尚未支付;

(6) 购置固定资产200 000元,款项已用银行存款支付;

(7) 采购原材料900元,用现金支付;

(8) 向银行借入短期借款30 000元,存入银行存款账户;

(9) 用银行存款支付前欠的货款30 440元。

账户记录如图3-15所示。

借方		库存现金		贷方
期初余额	800			
（3）	2 000		（7）	900
本期发生额	2 000		本期发生额	900
期末余额	1 900			

图 3-15　例 3-3 账户记录

借方		银行存款			贷方
期初余额	64 500				
（1）	200 000		（3）	2 000	
（2）	100 000		（4）	30 000	
（8）	30 000		（6）	200 000	
			（9）	30 440	
本期发生额	330 000		本期发生额	262 440	
期末余额	132 060				

借方		原材料			贷方
期初余额	70 340				
（4）	30 000				
（5）	50 000				
（7）	900				
本期发生额	80 900		本期发生额	0	
期末余额	151 240				

借方		固定资产			贷方
期初余额	324 800				
（6）	200 000				
本期发生额	200 000		本期发生额	0	
期末余额	524 800				

借方		短期借款			贷方
			期初余额	20 000	
			（8）	30 000	
本期发生额	0		本期发生额	30 000	
			期末余额	50 000	

借方		应付账款			贷方
			期初余额	40 440	
（9）	30 440		（5）	50 000	
本期发生额	30 440		本期发生额	50 000	
			期末余额	60 000	

借方		长期借款			贷方
			期初余额	100 000	
			（2）	100 000	
本期发生额	0		本期发生额	100 000	
			期末余额	200 000	

续图 3—15

借方		实收资本		贷方
		期初余额		300 000
		（1）		200 000
本期发生额	0	本期发生额		200 000
		期末余额		500 000

续图 3-15

根据该企业该月份的账户记录,编制总分类账户本期发生额及余额试算平衡表。试算平衡表的格式如表 3-4 所示。

表 3-4　试算平衡表

2024 年 6 月 30 日　　　　　　　　　　　　　　　　　单位：元

账户名称	期初余额		本期发生额		期末余额	
	借方	贷方	借方	贷方	借方	贷方
库存现金	800		2 000	900	1 900	
银行存款	64 500		330 000	262 440	132 060	
原材料	70 340		80 900		151 240	
固定资产	324 800		200 000		524 800	
短期借款		20 000		30 000		50 000
应付账款		40 440	30 440	50 000		60 000
长期借款		100 000		100 000		200 000
实收资本		300 000		200 000		500 000
合计	460 440	460 440	643 340	643 340	810 000	810 000

通过编制试算平衡表,如果借贷双方金额合计相等,说明账户记录和计算基本正确。如果借贷双方金额合计不相等,可以肯定账户记录或计算有错误,应及时查明原因并进行更正。

在借贷双方金额合计不相等的情况下,必须采用一定的方法,按照下列步骤寻找错误：

(1)检查试算表的编制是否有误。

主要检查抄列账户有无遗漏,抄列方向和金额有无错误以及试算表借贷方金额合计计算有无错误等。

(2)检查账户记录是否有误。

主要检查各账户的期末余额计算有无错误,借贷方本期发生额的加计有无错误,记账时一方金额和一方方向有无记错,一方金额有无重记或漏记等。

(3)检查会计分录是否有误。

主要检查会计分录中借贷方向是否对应,借贷双方的金额是否相等。

在一般情况下,按上述三大步骤检查到会计分录便能发现错误。显然,随着检查步骤的不断推进,检查更加费时费力,这就要求会计人员在会计工作中务必细心并加强复核,以便提高会计工作效率。

(三)试算平衡的局限性

前已述及,试算表中借贷双方金额合计不相等,可以肯定账户记录或计算有错误;而借贷双方金额合计相等,也只能说明账户记录或计算基本正确,并不能证明账户记录或计算肯定没有错误。若存在如下的错误,是不会影响借贷的平衡关系的:

(1)一笔经济业务全部遗漏记账;

(2)一笔经济业务全部重复记账;

(3)一笔经济业务的借贷方向颠倒;

(4)账户名称记错;

(5)借贷双方发生同金额的错误;

(6)借贷某一方发生相互抵消的错误等。

不影响借贷平衡关系的错误不易被发现,这就更加要求会计人员在进行会计处理时注意尽量避免这类错误的发生。

第四节　账户分类

一、账户分类的意义

账户是会计核算的基本元素,每一个账户都有其特定的核算内容、性质和结构,它们虽然被分别加以使用,但并非彼此孤立,而是相互联系地组成了一个完整的账户体系。为了更好地掌握账户的性质和应用,有必要对账户进行适当分类。在了解各类账户特性的基础上,概括它们的共性,了解各类账户之间的内在联系,有助于掌握各类账户在提供核算指标方面的规律性,从而正确熟练地设置和运用账户。

账户分类就是将全部账户按照账户的本质特性进行科学的概括和归类,运用不同的标志对账户进行分类,可以从不同的角度全方位观察账户体系的全貌,并把全部账户划分为各种类别。其分类标准一般包括按经济内容分类、按用途和结构分类以及按经济管理详细程度分类。

按用途分类是按内容分类的细化,反过来说,按经济内容分类是按用途分类的基础。两种分类方法是互相补充的关系,且在借贷记账法下记账方向是一致的。账户按其经济内容分类是为满足管理和会计信息使用者的需要,账户按用途和结构分类的实质是按账户在会计核算中所起的作用和账户在使用中能够反映什么样的经济指标进行的分类,即对具有相同核算特点的会计科目的分类。按经济管理详细程度分类主要是按登记经济业务的详细程度来分类。

二、账户按经济内容分类

账户按经济内容分类的实质是按照会计对象的具体内容进行的分类。如前所述,经济组织的会计对象就其具体内容而言,可以归结为资产、负债、所有者权益、收入、费用和利润六个会计要素。利润一般隐含在收入与费用的配比中,因此从满足管理和会计信息使用者需要的角度考虑,账户按其经济内容可以分为资产类账户、负债类账户、所有者权益类账户、成本类账户和损益类账户五类。

（一）资产类账户

资产类账户是用来反映资产增加、减少和期末余额的账户。资产类账户的借方记录资产的增加,贷方记录资产的减少,余额一般在借方,表示资产的实有数额。资产类账户按照反映流动性快慢的不同,可以再分为流动资产类账户和非流动资产类账户。流动资产类账户又可分为货币资金类账户、债权类账户、存货类账户和其他流动资产类账户四小类,主要有库存现金、银行存款、其他货币资金,交易性金融资产、应收账款、应收票据,原材料和库存商品等;非流动资产类账户主要有持有至到期投资、可供出售金融资产、长期股权投资、固定资产、累计折旧、无形资产、累计摊销和长期待摊费用等。

（二）负债类账户

负债类账户是用来反映负债增加、减少和期末余额的账户。负债类账户的贷方记录负债的增加,借方记录负债的减少,余额一般在贷方,表示负债的实有数额。负债类账户按照反映流动性强弱的不同可以再分为流动负债类账户和非流动负债类账户。流动负债类账户主要有短期借款、应付账款、应付职工薪酬、应交税费、应付股利和应付利息等;非流动负债类账户主要有长期借款、应付债券和长期应付款等。

（三）所有者权益类账户

所有者权益类账户是用来反映所有者权益增加、减少和期末余额的账户。所有者权益类账户的贷方记录所有者权益的增加,借方记录所有者权益的减少,余额一般在贷方,表示所有者权益的实有数额。所有者权益类账户按照来源和构成的不同可以再分为投入资本类所有者权益账户和资本积累类所有者权益账户。投入资本类所有者权益账户主要有实收资本和资本公积等;资本积累类所有者权益账户主要有盈余公积、本年利润和利润分配等。

（四）成本类账户

成本类账户是用来反映成本增加、减少和期末余额的账户。成本类账户的借方记录成本的增加,贷方记录成本的减少,余额一般在借方,表示成本的实有数额。成本类账户按照是否需要分配可以再分为直接计入类成本账户和分配计入类成本账户。直接计入类成本账户主要有生产成本(包括基本生产成本)等;分配计入类成本账户主要有制造费用和辅助生产成本等。

（五）损益类账户

损益类账户包括收入类账户和费用类账户。

收入类账户是用来反映收入增加和结转情况的账户,收入类账户的贷方记录收入的增加,借方记录收入的结转。由于收入类账户的本期发生额都要在期末结转到"本年利润"账户的贷方,所以收入类账户的余额为零。收入类账户包括主营业务收入和其他业务收入等账户。

费用类账户是用来反映费用增加和结转情况的账户。费用类账户的借方记录费用的增加,贷方记录费用的结转。由于费用类账户的本期发生额都要在期末结转到本年利润账户的借方,所以费用类账户期末余额为零。费用类账户包括主营业务成本、其他业务成本、税金及附加、销售费用、管理费用和财务费用等账户。

损益类账户按照性质和内容的不同可以再分为营业损益类账户和非营业损益类账户。营业损益类账户主要有主营业务收入、主营业务成本、税金及附加、其他业务收入、其他业务成本、销售费用、管理费用、财务费用、所得税费用和投资收益等;非营业损益类账户主要有营业外收入、营业外支出等。

三、账户按用途和结构分类

账户按用途和结构分类的实质是按账户在会计核算中所起的作用和账户在使用中能够反映什么样的经济指标进行的分类。账户的用途是指通过账户的记录能够提供什么核算资料。账户的结构是指在账户中如何提供核算资料,在采用借贷记账法的情况下,就是指账户的借方登记什么,贷方登记什么,怎样进行登记,期末余额应在哪一方,具体反映什么内容。

账户按照用途和结构可以分为盘存类账户、结算类账户、跨期摊配类账户、资本类账户、调整类账户、集合分配类账户、成本计算类账户、集合配比类账户和财务成果类账户等九类。

(一)盘存类账户

盘存类账户是指可以通过实物盘点核算和监督各种资产类账户的货币资金及财产物资的增减变化及其实存数的账户,主要有库存现金、银行存款、原材料、库存商品和固定资产等。盘存类账户的期初如果有余额在借方,本期发生额的增加数在借方,本期发生额的减少数在贷方,期末如果有余额在借方。

(二)结算类账户

结算类账户是指用来核算和监督一个经济组织与其他经济组织或个人之间以及经济组织内部各单位之间债权债务往来结算关系的账户。按照结算性质的不同,它可以分为债权结算账户、债务结算账户和债权债务结算账户等三种。

(1)债权结算账户主要有应收账款、应收票据、预付账款和其他应收款等。债权结算账户的基本格式及运用同盘存类账户,即期初如果有余额在借方,本期发生额的增加数在借方,本期发生额的减少数在贷方,期末如果有余额在借方。

(2)债务结算账户主要有应付账款、应付票据、预收账款、其他应付款和应交税费等。债务结算账户的期初如果有余额在贷方,本期发生额的增加数在贷方,本期发生额的减少数在借方,期末如果有余额在贷方。

(3)债权债务结算账户是一类比较特殊的结算类账户,它是对经济组织在与其他经济组织或个人之间同时具有债权和债务结算的情况,需要在同一账户进行核算与监督而运用的一种账户。债权债务结算账户的期初余额可能在借方(表示债权大于债务的差额),也可能在贷方(表示债务大于债权的差额);本期借方发生额表示债权的增加或债务的减少;本期贷方发生额表示债务的增加或债权的减少;期末如果是借方余额表示债权大于债务的差额,如果是贷方余额则表示债务大于债权的差额。

（三）跨期摊配类账户

跨期摊配类账户是指用来核算和监督应由若干个会计期间共同负担而又在某个会计期间一次支付的费用的账户。企业在生产经营过程中发生的费用,有些需由几个会计期间共同负担,按照权责发生制的要求,必须合理划分费用的归属期,为此,需要设置跨期摊配类账户来实现权责发生制的要求。长期待摊费用账户是典型的跨期摊配类账户。跨期摊配类账户的借方登记费用的实际发生数,贷方登记应由各期负担的摊配数。如有余额,一般在借方,表示已支付尚未摊配的待摊数。

（四）资本类账户

资本类账户是指用来核算和监督经济组织从外部取得的或内部形成的资本金增减变动情况及其实有数的账户,主要有实收资本(或股本)、资本公积、盈余公积和利润分配等。资本类账户期初如果有余额在贷方,本期发生额的增加数在贷方,本期发生额的减少数在借方,期末如果有余额在贷方。

（五）调整类账户

调整类账户是指用来调节和整理相关账户的账面金额并表示被调整账户的实际余额的账户。调整类账户按照调整方式的不同可以分为备抵调整账户、附加调整账户和备抵附加调整账户三类。

(1)备抵调整账户是指用来抵减被调整账户余额,以取得被调整账户余额的账户。备抵调整账户按照被调整账户性质的不同又可以分为资产类备抵调整账户和权益类备抵调整账户。资产类备抵调整账户与其被调整的资产类账户的运用方向相反,而同于负债类账户,如累计折旧、坏账准备等。权益类备抵调整账户与被抵减账户余额分别在借方与贷方,如利润分配,这与资产类备抵调整账户和被抵减账户的余额方向正好相反。

(2)附加调整账户是指用来增加被调整账户余额的账户。附加调整账户与其被调整的账户的运用方向相反。由于在现实中这类账户已经很少使用,因此有关它的运用不再介绍。

(3)备抵附加调整账户是指既具有备抵又具有附加调整功能的账户。比较典型的备抵附加调整账户是材料成本差异账户。

（六）集合分配类账户

集合分配类账户是指用来归集和分配经济组织经营过程中某个阶段所发生的相关费用的账户,主要有制造费用等。集合分配类账户的结构和运用方法基本同于盘存类账户,其区别在于它所记录的费用属于当期的开支,应当在当期分配完毕,因此这类账户没有期末和期初余额。

（七）成本计算类账户

成本计算类账户是指用来归集经营过程中某个阶段所发生的全部费用,并据以计算和确定出该阶段各个对象成本的账户,主要有生产成本、物资采购和在建工程等。

(八)集合配比类账户

集合配比类账户是指用来核算和监督经营过程中发生的损益,并借以在期末计算和确定其财务成果的账户。集合配比类账户按其性质不同又可以分为收入类账户和成本类账户、费用类账户、支出类账户。

收入类账户主要有主营业务收入、其他业务收入、营业外收入和投资收益等。收入类账户的结构和运用方法同于权益类账户,但是由于其核算内容属于当期结转的经济业务,故期末没有余额。

成本类账户、费用类账户、支出类账户主要有主营业务成本、其他业务成本、营业外支出、营业费用、管理费用、财务费用和所得税费用等。成本、费用、支出类账户的结构和运用同于集合分配类账户。

(九)财务成果类账户

财务成果类账户是指用来核算和监督经济组织在一定时期内财务成果的形成,并确定最终成果的账户。典型的财务成果类账户是本年利润。

四、账户按经济管理详细程度分类

账户按其所提供指标的详细程度可划分为总分类账户和明细分类账户。

(一)总分类账户

总分类账户是总括地反映各个会计要素具体项目增减变化及其结果的账户,它根据一级会计科目设置,且只用货币作为计量单位。明细分类账户是详细地反映会计要素具体项目的细项的增减变化及其结果的账户,它根据明细会计科目设置,除了以货币作为计量单位外,有时也要用实物量作为计量单位。例如,"应收账款"账户是一个总分类账户,它只能总括地反映企业全部应收账款的增减变化及其结余情况,但不能详细反映企业与各购货单位之间的上述情况。为了详细掌握企业与各购货单位之间应收账款的增减变化及其结余的具体情况,必须在"应收账款"总分类账户下,按各购货单位分别设置明细分类账户。

(二)明细分类账户

明细分类账户有时可分为二级账户和三级账户两级。

二级账户是介于总分类账户与明细账户之间的一种账户,能提供比总分类账户更为详细、比明细账户更为概括的核算资料。它是对总分类账户核算内容做进一步分类账户,如在"原材料"总分类账户下设置"原料及主要材料""辅助材料"等二级账户。

三级账户是对二级账户核算内容做进一步划分,如在"原材料"总分类账户所属的"原料及主要材料"二级账户下按材料的品种、规格设置明细账户。

总分类账户也称一级账户,可控制二级账户,再由二级账户来控制三级账户,这种逐级控制便于资料的相互核对。总分类账户与明细分类账户的核算内容是相同的,区别在于提供核算资料的详细程度。总分类账户与明细分类账户的关系是,总分类账户提供的总括核算资料起着对明细分类账户的统驭作用,每一个总分类账户对其所属的明细分类账户进行综合和控制。设有明细分类账户的总分类账户称为统驭账户。总分类账户下所设的明细分类账户称为辅助账户。明细分类账户提供的详细核算资料对总分类账户起到补充说明的作用,每一个明细分类账户又是对统驭账户核算内容的必要补充。

（三）总分类账户与明细分类账户的平行登记

由于总分类账户和明细分类账户的上述关系,在会计核算工作中,有必要应用平行登记的方法来登记总分类账户和明细分类账户。所谓平行登记就是对发生的每项经济业务,根据会计凭证一方面要在总分类账户中进行总括登记,另一方面还要在所属的明细分类账户中进行明细登记。登记总分类账户和明细分类账户的原始依据必须相同,记账方向必须一致,且金额必须相等。

1.总分类账户与明细分类账户平行登记的要点

(1)同内容。

对于每一项经济业务,既要记入有关的总分类账户,又要记入各总分类账户所属的明细分类账户。如果一项经济业务涉及某一个总分类账户所属的几个明细分类账户,则应分别记入有关的几个明细分类账户。登记总分类账户和明细分类账户的内容必须一致。

(2)同时期。

同时期登记又称双重登记,指对同一笔经济业务,在同一会计期间内(如月度内),既要记入有关的总分类账户,又要记入其所属的有关明细分类账户,不能漏记或重记。在实际工作中,对于同一笔经济业务,总分类账户与明细分类账户的具体登记时间可能有先有后,但在同一会计期间内(如一个月度内),必须全部登记入账。

(3)同方向。

对于每项经济业务,在总分类账户和所属的明细分类账户进行登记时,其记账方向(借方或贷方)必须相同,即如果总分类账户的金额记入借方,所属明细分类账户的金额也必须记入借方;总分类账户的金额记入贷方,其所属明细分类账户的金额也必须记入贷方。

(4)同金额。

对于每一项经济业务,记入总分类账户的金额必须与记入所属明细分类账户的金额之和相等。

2.总分类账户与明细分类账户平行登记的方法举例

下面以"应收账款"账户为例,采用平行登记的方法记入"应收账款"总分类账户及其所属明细分类账户,说明总分类账户与明细分类账户之间平行登记的方法。其具体做法如下例所示。

【例3-4】东吴股份有限公司2024年8月初"应收账款"账户的借方余额为8 000元,其中应收甲厂3 000元,应收乙厂5 000元。东吴公司2024年8月份发生了下列经济业务(不考虑税费):

①8月15日销售给甲厂产品,售价6 000元,货已发出,货款尚未收到;

②8月28日收到甲厂交来货款5 000元,乙厂交来货款3 000元。

(1)将月初余额分别记入"应收账款"总分类账户及其所属明细分类账户(在会计实务中,账户的月初余额即为上月月末余额,不需要另行记入,这里仅说明平行登记方法的步骤)。

(2)根据上列有关经济业务编制会计分录:

借:应收账款——甲厂　　　　　6 000

　　贷:主营业务收入　　　　　　　6 000

借:银行存款　　　　　　　　　8 000

　　贷:应收账款——甲厂　　　　　5 000

　　　　　　　　——乙厂　　　　　3 000

(3) 根据上列会计分录平行登记"应收账款"总分类账户及其所属明细分类账户,并分别计算各账户的本期发生额和期末余额。登账结果如表3-5至表3-7所示。

表3-5　总分类账

科目　应收账款

2024年		凭证		摘要	√	借方金额	贷方金额	借或贷	余额
月	日	字	号						
8	1			期初余额				借	8 000
8	15			销售产品		6 000		借	14 000
8	28			回收货款			8 000	借	6 000
				本期发生额及期末余额		6 000	8 000	借	6 000

表3-6　应收账款明细分类账(三栏式)

总账科目　应收账款
子目或户名　甲厂

2024年		凭证		摘要	借方金额	√	贷方金额	√	借或贷	余额
月	日	字	号							
8	1			期初余额					借	3 000
8	15			销售产品	6 000				借	9 000
8	28			回收货款			5 000		借	4 000
8	31			本期发生额及期末余额	6 000		5 000		借	4 000

表3-7　应收账款明细分类账(三栏式)

总账科目　应收账款
子目或户名　乙厂

2024年		凭证		摘要	借方金额	√	贷方金额	√	借或贷	余额
月	日	字	号							
8	1			期初余额					借	5 000
8	28			回收货款			3 000		借	2 000
8	31			本期发生额及期末余额			3 000		借	2 000

(四)总分类账户与明细分类账户的试算平衡

由于总分类账户和明细分类账户是平行登记的,其登记结果必然是某个总分类账户的本期发生额应等于所属各明细分类账户本期发生额合计数,某个总分类账户的期末余额应等于所属各明细分类账户期末余额之和。在会计核算工作中，通常利用这种相等关系，通过编制"明细分类账户本期发生额及余额平衡表"来检查总分类账户和所属明细分类账户的记录是否正确。

明细分类账户本期发生额及余额平衡表是根据明细分类账户来编制的。一般有两种形式：一种是既有实物数量的反映，也有货币反映，如"原材料""库存商品"的明细分类账户本期发生额及余额平衡表；另一种是只需要用货币反映的明细分类账户本期发生额及余额平衡表，如"应收账款""应付账款"等明细分类账户的本期发生额及余额平衡表。

【例3-5】现以前述东吴股份有限公司2024年8月份应收账款明细分类账户的记录为例，编制"应收账款明细分类账户本期发生额及余额平衡表"，其格式如表3-8所示。

表3-8　应收账款明细分类账平衡表

2024年8月　　　　　　　　　　　　　　　　　　　　　　　单位：元

明细分类账户名称	期初余额		本期发生额		期末余额	
	借方	贷方	借方	贷方	借方	贷方
甲厂	3 000		6 000	5 000	4 000	
乙厂	5 000			3 000	2 000	
合计	8 000		6 000	8 000	6 000	

明细分类账户本期发生额及余额平衡表中各栏的合计数，都必须与总分类账户本期发生额及余额试算表中各栏金额相核对。如果各栏金额核对一致，则说明总分类账户及其所属的明细分类账户记录基本正确；如果某栏金额核对不相一致，则说明总分类账户和所属的明细分类账户一方或双方记录、计算有误，应及时寻找错误并加以更正。

第五节　会计分录

一、什么是会计分录

将经济业务所形成的账户对应关系以书面形式明确的工作，就是编制会计分录。会计分录简称分录，即指明经济业务所应记入的账户、应借应贷的方向及金额的书面记录。在实际工作中，编制会计分录是通过编制记账凭证进行的。

在有关账户中按照每项经济业务所形成的对应关系进行登记时，必须在把经济业务记入账户之前，先将经济业务所形成的对应关系以书面的形式明确，然后再根据对应关系的书面记录去登记入账。

二、会计分录的格式

在编制会计分录时,应遵守以下惯例:

(1)先写借方,后写贷方,要求分上下行书写,借方在上,贷方在下;

(2)书写内容:"借""贷"及冒号、借方账户名称、贷方账户名称、借方金额、贷方金额;账户名称要与科目表一致,金额以元为单位,保留到小数点后面两位,但不得写货币符号或"元";

(3)书写贷方的文字和数字时要缩进一个字符;

(4)在"一借多贷""一贷多借"或"多借多贷"的情况下,只写一个"借"、一个"贷",借方或贷方的文字要对齐,金额也应对齐,账户名称左对齐,金额右对齐。

应用借贷记账法编制会计分录是会计人员的基本功,必须熟练掌握。

三、会计分录的分类

会计分录按所涉及的账户的多少,可分为简单会计分录和复合会计分录。简单会计分录是指涉及的账户数量只有两个,也就是一个账户借方与另一个账户贷方的会计分录,即一借一贷的会计分录。简单会计分录下的会计科目间的对应关系十分清晰,比较容易理解和掌握。复合会计分录是指由两个以上(不含两个)的对应账户所组成的会计分录,即"一借多贷""多借一贷"和"多借多贷"的会计分录。企业编制复合会计分录,可以全面反映经济业务的来龙去脉并简化记账手续、提高工作效率。

四、会计分录的编制程序

编制会计分录是处理经济业务的首要环节,也是一项技术性较强的工作,一般应按以下步骤进行:

(1)分析经济业务所涉及的会计账户;

(2)确定这些会计账户的金额是增加还是减少;

(3)根据会计账户借贷方结构的规定,确定各账户应借应贷方向及其金额;

(4)检查会计分录中的应借应贷账户是否正确,借贷双方金额是否相符。

编制会计分录的目的是保证账户记录的正确性,以便于事后的检查和分析。每一笔会计分录应包括三个要素,即账户名称(会计科目)、记账方向(借方或贷方)及记账金额。

五、会计分录应用举例

下面以东吴公司 2024 年 6 月发生的部分经济业务为例说明会计分录的编制方法。

【例 3-6】东吴公司收到股东投入的股款 200 000 元,款项存入银行。

分析:款项存入银行,表现为公司资产增加 200 000 元,这 200 000 元存款的来源渠道是股东投入,即公司所有者权益增加 200 000 元。它涉及"银行存款"和"实收资本"两个账户。由于资产类账户增加记在借方,所有者权益类账户增加记在贷方,因此对这项业务应编制如下会计分录(一借一贷的分录):

借:银行存款   200 000

 贷:股本(实收资本)   200 000

【例3-7】东吴公司收到 A 公司前欠的应收款项 5 000 元,款项已到账。

分析:收到 A 公司汇来的款项,说明企业的银行存款增加,同时也减少了 A 公司的应收账款,此笔业务涉及"银行存款"和"应收账款"两个资产类的账户。因为资产类账户增加在借方,减少在贷方,所以该项业务应编制如下会计分录:

借:银行存款   5 000

 贷:应收账款   5 000

【例3-8】东吴公司用银行存款归还短期借款 300 000 元。

分析:这项业务使"银行存款"(资产)减少,"短期借款"(负债)也减少 300 000 元。由于资产类账户增加在借方,负债类账户增加在贷方,所以该项业务应编制如下会计分录:

借:短期借款   300 000

 贷:银行存款   300 000

编制复合会计分录可以简化记账工作,节省记账时间,也能完整地反映一项经济业务的全貌。

复合会计分录还包括"多借多贷"会计分录,即几个账户的借方与几个账户的贷方相对应组成的会计分录。但是在一般情况下,不能把反映不同类型的经济业务合并编制"多借多贷"的会计分录。

【例3-9】东吴公司 6 月发生销售业务一笔,收到实现的主营业务收入 10 000 元,增值税 1 300元,收到银行转账支票一张,已进账。

分析:发生销售,首先实现了销售收入,其次有银行存款流入企业,而款项的流入是因为有商品作为交换,所以公司的主营业务收入增加 10 000 元,银行存款增加了 10 000 元,同时要向国家交增值税 1 300 元。由于资产类账户增加在借方,负债类账户增加在贷方,损益类账户增加收益在贷方,因此对这项业务应编制如下会计分录:

借:银行存款   11 300

 贷:主营业务收入   10 000

  应交税费——应交增值税(销项税额) 1 300

【例3-10】东吴公司结转上题销售商品的成本 7 500 元。

销售商品时,库存商品减少 7 500 元的同时,也增加了主营业务成本 7 500 元,由于资产类账户减少在贷方,损益类账户增加成本费用在借方,因此对这项业务应编制如下会计分录:

借:主营业务成本   7 500

 贷:库存商品   7 500

【例3-11】东吴公司用现金 800 元支付办公用品款,其中企业总部用了 500 元,销售部门用了300 元。

分析:购买办公用品使库存现金减少 800 元,总部领用使"管理费用"增加 500 元,销售部门领

用使"销售费用"增加 300 元,由于费用类账户增加在借方,资产类账户减少在贷方,可编制复合会计分录如下:

借:管理费用　　　　　500

　　销售费用　　　　　300

　　贷:库存现金　　　　　　800

【本章小结】

本章主要讲述复式记账的原理,主要包括会计等式的含义、会计复式记账法原理,尤其是借贷记账法的规律,账户结构、分类与试算平衡的原理及方法,总分类账与明细分类账的关系,会计分录的编制。

会计等式也称会计平衡公式。它是运用数学方程的原理描述会计要素之间数量关系的表达式。它既是企业财务状况的表达式,又是企业会计对象的表达式。会计等式的经济内容和数量上的等量关系是资金平衡的理论依据。它包括静态会计等式"资产=负债+所有者权益"和动态会计等式"收入—费用=利润"。会计等式反映了会计基本要素之间的数量关系,是设置账户、复式记账、编制资产负债表等会计核算方法的理论依据。

复式记账的理论依据是会计基本等式。复式记账按记账符号、记账规则、试算平衡方法的不同,可分为借贷记账法、增减记账法和收付记账法。借贷记账法是一种复杂的、当今运用最广泛的复式记账法,也是目前我国法定的记账方法。借贷记账法是以"借""贷"作为记账符号,以"有借必有贷,借贷必相等"为记账规则,反映各会计要素增减变动情况的一种复式记账方法。至于哪一方记增加金额,哪一方记减少金额,则取决于账户所要反映的经济内容和业务性质。借贷记账法的记账规律是对发生的每项经济业务都严格遵循"有借必有贷,借贷必相等"的记账规则,在相互联系的账户中做双重登记。

运用借贷记账法的记账规律,在账户中记录经济业务的过程中,可能发生人为错误。为了检查和验证账户记录是否正确,以便找出错误及其原因并及时予以更正,必须进行试算平衡。所谓试算平衡,就是指在结算出一定时期全部账户发生额和余额的基础上,根据资产总额等于权益总额的平衡关系和记账规律来检查和验证账户记录是否正确的一种专门方法。试算平衡正是基于资产等于权益这一基本等式来进行的,这就保证了根据每一项经济业务所编制的会计分录的借贷双方发生额必然相等;在一定时期内,所有账户的借方发生额合计与贷方发生额合计也必然相等;所有账户的借方期末余额合计数与贷方期末余额合计数也必然相等。

在借贷记账法下,任何账户都分为借方和贷方两个基本部分,通常左方为借方,右方为贷方。在会计教学中将其简化为"T 字形账户"的形式。至于哪一方登记增加金额,哪一方登记减少金额,则要根据各个账户所反映的经济内容来决定,也就是说,要看经济业务涉及哪些账户及其账户性质而定。账户分类就是将全部账户按照账户的本质特性进行科学的概括和归类,运用不同的标志对账户进行分类,可以从不同的角度全方位观察账户体系的全貌,并把全部账户划分为各种类别。其分类标准一般有按经济内容分类、按用途和结构分类以及按经济管理详细程度分类。

将经济业务所形成的账户对应关系以书面形式明确的工作,就是编制会计分录。会计分录简称分录,就是指明经济业务所应记入的账户、应借应贷的方向及金额的书面记录。在实际工作中,编制会计分录是通过编制记账凭证进行的。

【思考题】

一、名词解释

单式记账　复式记账　借贷记账法　账户对应关系　对应账户　会计分录　简单会计分录　复合会计分录　试算平衡　总分类账户　明细分类账户　平行登记

二、问答题

1.复式记账法较单式记账法有什么优点?

2.什么是借贷记账法?为什么说它是一种科学的、严密的记账方法?

3.什么是账户对应关系?为什么要编制会计分录?

4.有了总分类账户,为什么还要设置明细分类账户?它们之间有什么联系与区别?

5.什么是总分类账户和明细分类账户的平行登记?

6.借贷记账法下有哪六类账户?它们的基本结构怎样?

7.为什么要进行试算平衡?如何进行试算平衡?

8.试算平衡有什么局限性?为什么?

【练习题】

一、判断题

1.借贷记账法下账户的基本结构是:每一个账户的左边均为借方,每一个账户的右边均为贷方。(　　)

2.“资产＝负债＋所有者权益”这一会计等式是借贷记账法的理论基础,也是编制资产负债表的依据。(　　)

3.企业可以将不同类型的经济业务合并在一起,这样可以形成复合会计分录。(　　)

4.一般而言,损益类账户结构与所有者权益类账户结构相同。(　　)

5.借贷记账法的试算平衡方法包括发生额试算平衡法和余额试算平衡法。(　　)

6.损益类账户包括收入类账户和费用类账户,由于它们的性质相同,账户的结构也相同。(　　)

7.只要按“有借必有贷,借贷必相等”的记账规则记录经济业务,就能保证记录是正确无误的。(　　)

8.对于不同性质的账户,借贷的含义有所不同。(　　)

9.科目的四个金额要素之间的关系可用“期初余额＝期末余额＋本期增加发生额—本期减少发生额”等式表示。(　　)

10.企业以银行存款偿还短期借款会引起资产与负债同时减少。(　　)

二、单项选择题

1. 下列经济业务中,会引起企业资产和所有者权益同时增加的是(   )。

A. 预收购货单位货款

B. 从银行取得一笔短期借款

C. 自当期净利润中提取盈余公积

D. 收到外单位作为资本投入的机器设备

2. 以"收入−费用＝利润"这一会计等式作为编制依据的是(   )。

A. 利润表   B. 所有者权益变动表   C. 资产负债表   D. 现金流量表

3. 下列账户中,期末应无余额的是(   )。

A. 实收资本   B. 应付账款   C. 固定资产   D. 管理费用

4. 下列错误中能够通过试算平衡发现的是(   )。

A. 重记经济业务   B. 漏记经济业务

C. 借贷方向相反   D. 借贷金额不等

5. 某公司资产总额为200万元,负债总额为50万元,以银行存款20万元偿还短期借款,并以银行存款20万元购置设备(不考虑增值税)。则上述业务入账后该公司的负债总额为(   )万元。

A.20   B.250   C.30   D.150

6. 某企业本月发生管理费用开支计5万元,月末结平"管理费用"账户,则"管理费用"账户(   )。

A. 月末借方余额5万元   B. 月末贷方余额5万元

C. 本月期末余额为零   D. 以上都不对

7. 某企业2023年10月1日,"本年利润"账户的期初贷方余额为20万元,表明(   )。

A. 该企业2023年12月份的净利润为20万元

B. 该企业2023年9月份的净利润为20万元

C. 该企业2023年1—9月份的净利润为20万元

D. 该企业2023年全年的净利润为20万元

8. 下列关于"生产成本"账户的表述中,正确的是(   )。

A."生产成本"账户期末肯定无余额

B."生产成本"账户期末若有余额,肯定在借方

C."生产成本"账户余额表示已完工产品的成本

D."生产成本"账户余额表示本期发生的生产费用总额

9. 期末编制试算平衡表后,下列说法正确的是(   )。

A. 试算平衡,会计记录正确

B. 试算平衡,但会计记录不正确

C. 试算不平衡,但会计记录正确

D. 试算不平衡,会计记录不正确

10. 某企业资产总额为100万元,当发生下列三笔经济业务后:①向银行借款20万元存入银行;

②用银行存款偿还债务5万元;③收回应收账款4万元存入银行,其资产总额为(　　)万元。

A.115　　　　　　B.119　　　　　　C.111　　　　　　D.71

三、多项选择题

1. 借贷记账法中,应登记下列账户的贷方的有(　　)。

A."库存商品"的出售　　　　　　　　　　B."实收资本"的取得

C."预收账款"的取得　　　　　　　　　　D."预付账款"的付出

2. 资产类账户的特点一般包括(　　)。

A."借"表示增加

B."贷"表示减少

C. 余额一般在借方

D. 期末余额＝期初余额＋本期借方发生额—本期贷方发生额

3. 会计分录的内容包括(　　)。

A. 经济业务内容摘要　　　　　　　　　　B. 账户名称

C. 经济业务发生额　　　　　　　　　　　D. 应借应贷方向

4. 下列各项经济业务中,能引起资产和负债总额同时增加的有(　　)。

A. 从银行借款,存入企业的存款账户

B. 用银行存款偿还所欠货款

C. 企业赊购材料一批

D. 收到投资人投入的资金,存入银行

5. 在借贷记账法下,账户的贷方应登记(　　)。

A. 负债、收入的增加数　　　　　　　　　B. 负债、收入的减少数

C. 资产、成本的减少数　　　　　　　　　D. 资产、成本的增加数

6. 经济业务发生后,一般可以编制的会计分录有(　　)。

A."多借多贷"　　　B."一借多贷"　　　　C."多借一贷"　　　　D."一借一贷"

7. 以下错误不能通过试算平衡发现的有(　　)。

A. 某项经济业务借贷方金额登记了两遍

B. 漏记了一项经济业务

C. 借方金额记错,贷方金额正确

D. 借贷方向颠倒

8. 下列各项经济业务中,会导致企业资产总额和负债总额同时减少的有(　　)。

A. 用现金支付职工薪酬

B. 购买材料一批,货款未付

C. 将资本公积转增资本

D. 用银行存款偿还所欠货款

9. 下列各项经济业务中,会使企业资产总额和权益总额同时增加的有(　　)。

A. 向银行借入短期借款,存入银行

B. 赊购设备一台,设备已经交付使用

C. 收到某投资者投资,款项已存入银行

D. 用资本公积转增实收资本

10. 在借贷记账法下,可以在账户贷方登记的有(　　　)。

A. 资产的减少　　　B. 负债的增加　　　C. 收入的增加　　　D. 费用的增加

四、实务题

资料:

海星公司 2024 年 8 月份有关项目的期初余额如下:

相关账户期初余额表

账户名称	期初余额	
	借方	贷方
库存现金	2 000	
银行存款	50 000	
原材料	35 000	
库存商品	16 000	
固定资产	140 000	
短期借款		50 000
应付账款		12 000
长期借款		150 000
实收资本		31 000
合计	243 000	243 000

海星公司 2024 年 8 月份发生下列经济业务(不考虑增值税):

(1)2 日,将现金 2 000 元存入银行;

(2)2 日,从银行提取 3 000 元现金备用;

(3)3 日,收到外商投入资本 90 000 元,存入银行;

(4)7 日,向义利公司销售产品,价款 24 000 元,存入银行;

(5)7 日,向大和工厂购入原材料,价款 5 000 元,款项尚未支付;

(6)8 日,以现金购买办公用品 500 元;

(7)8 日,差旅人员预借差旅费 2 000 元,用现金支付;

(8)10 日,向大庆工厂购入原材料,价款 10 000 元,以银行存款支付;

(9)15 日,向运河工厂销售产品,价款 8 000 元,尚未收到;

(10)20 日,从银行借入 3 个月期的借款 20 000 元,款已划入银行账户;

(11)25 日,用银行存款归还长期借款 100 000 元;

(12)26 日,用银行存款归还前欠大和工厂的货款 5 000 元;

(13)30 日,收到运河工厂交来的货款 8 000 元,结清前欠货款,已存入本企业账户。

要求:

(1)分析每一笔经济业务,判断其属于什么类型的经济业务,涉及哪些会计科目;

(2)开设各有关账户,登记期初余额;

(3)根据上述经济业务编制会计分录,并登记各有关账户;

(4)结出各账户的本期发生额和期末余额;

(5)编制发生额和余额试算平衡表。

第四章

借贷记账法在工业企业中的应用

☆ **学习目的与要求**

通过本章学习,学生应该了解和掌握工业企业经营过程的主要业务内容,熟悉工业企业供应过程、生产过程、销售过程的核算,材料采购成本、产品制造成本的计算,以及财务成果形成及分配的核算。

☆ **学习内容**

1. 筹资业务的账户设置及其核算;

2. 采购业务的账户设置及其核算;

3. 生产业务的账户设置及其核算;

4. 销售业务的账户设置及其核算;

5. 财务成果的账户设置及其核算。

☆ **学习重点**

1. 工业企业生产经营过程中各阶段的账户设置及其内容的掌握;

2. 工业企业生产经营过程中各阶段主要经济业务的核算。

☆ **学习难点**

1. 生产过程中生产成本的计算;

2. 销售过程中主营业务成本的计算;

3. 财务成果形成及其分配的核算。

☆ **案例导入**

红星公司为一小型工业制造企业，由2个股东共同投资设立，收到M股东30万元货币资金投资，款项存入银行；接收N股东投入设备一台，评估确认价值为12万元，按协议记入股权金额为10万元。成立后企业从银行取得为期6个月的银行借款200 000元，年利率为6%，所借款项存入银行。同时向大发工厂购买甲材料8 000千克用作产品生产的原材料，单价6元，价款48 000元，增值税进项税额6 240元，价税合计54 240元，代垫运费600元，所有款项以银行存款支付。该企业用甲材料生产A产品，当月领用材料5 000千克，用于产品的生产，发生人工费用5 000元，生产用水电费1 000元，月末A产品完工200件，红星公司对外出售了150件；单价250元。

请思考：如果将该企业的经济业务按阶段分，应怎样对红星公司当月的经济业务进行账务处理？

第一节　主要经济业务概述

一、工业企业主要生产过程核算的意义

工业企业是指那些专门从事产品的制造、加工、生产的企业，所以也有人称工业企业为制造企业。由于工业企业会计核算涉及内容多，又有成本归集与计算问题，所以工业企业的会计核算是最复杂的，也是最具有代表意义的。工业企业为了提高经济效益，必须加强各方面的管理，包括努力增加产品产量，提高产品质量，扩大销量，满足市场需求，降低成本，增加盈利；也包括正确组织生产经营过程的核算工作，规范企业生产经营行为，这也是企业加强管理的一个重要方面。正确的核算资料可以为各方面会计信息使用者提供所需要的会计信息。其中工业企业生产过程的会计核算还涉及成本计算的问题，其成本核算的正确性、及时性意义非常重大。

成本计算是会计核算的一种专门方法。本书只做简单介绍，它的主要内容将在其他课程中专门阐述。因为工业企业在生产经营活动中经常要发生各种人力、物力和财力的耗费，这些耗费的货币表现就是企业经济利益的流出，即费用。费用按照一定产品对象进行归集和分配，构成该对象的成本。当然这些费用必须是生产过程中发生的费用，如果是行政管理、销售等活动产生的费用，则不是成本。也就是说，只有生产费用才是产品成本的基础。产品成本的准确核算主要有以下意义：①可以取得产品实际成本资料，据以确定实际成本与计划成本的差异；②分析成本升降的原因，挖掘降低成本的潜力；③可以有效地控制各项费用支出，达到预期的成本目标；④为成本预测、规划下期成本目标以及制定产品价格提供参考资料。

二、工业企业主要经济业务概述

工业企业为了进行生产经营活动，必须拥有一定的财产物资，这些财产物资的货币表现就是资

金。随着生产活动的进行,资金投入企业以后,依次经过供应、生产、销售三个过程,资金以货币资金—储备资金—生产资金—成品资金—货币资金这几种形式不断循环运动。在供应过程中,企业用货币资金采购材料、物资时所花费的费用就是材料采购成本,资金形态从货币资金形态转化成储备资金形态。在生产过程中,企业通过劳动者制造产品,发生固定资产和材料等物化劳动和劳动者活劳动的耗费,这些生产费用要归集和分配到各种产品上去,结转产品生产成本,资金形态从储备资金形态转化为生产资金形态。产品制成以后,资金形态又从生产资金形态转化为成品资金形态。在销售过程中,企业销售产品时,资金形态又从成品资金形态转化为货币资金形态。这三个过程循环往复,再加上资金的投入、调整、退出,这其中还会发生因管理企业产生的费用、因销售产品产生的费用、因融通资金产生的费用以及上缴税金并计算财务成果等,所有这些构成了企业主要生产过程核算的内容。

综合来讲,从上述工业企业的资金循环过程可以看出,工业企业的主要经济业务核算内容包括资金筹集业务的核算、供应过程的核算、生产过程的核算、销售过程的核算、财务成果的核算和资金退出业务的核算。其中生产过程中还包括成本的计算。

第二节　筹资业务核算

一、筹资业务核算概述

资金是企业生存和发展的基本前提。任何一个企业的设立、营运和发展都离不开资金,它是企业生产经营活动的基本保证。企业在正式开展生产经营之前,必须拥有足够的资金用于购建生产经营场所、生产经营设备等;在生产经营过程中,企业必须有相应的流动资金购买原材料,支付职工工资和其他各种费用的开支;企业更新设备、扩大生产经营规模等都需要相应的资金作为财力保证。因此,筹集资金既是企业正常经营的前提,又是企业进一步发展的基础。为了鼓励投资,优化营商环境,2014年2月7日,国务院颁布了《注册资本登记制度改革方案》。国务院改革方案规定,除了法律、行政法规以及国务院决定对特定行业注册资本最低限额另有规定的(采取募集方式设立的股份有限公司、金融行业、直销行业、劳务派遣行业等27类公司继续实行注册资本登记实缴制)公司外,其他公司注册资本登记制度实行认缴制,公司法人(包括有限责任公司、一人有限公司、股份有限公司)成立不再规定最低注册资本限额,取消首期出资比例限制,取消货币出资额占总注册资本最低比例限制,取消出资期限的限制等。公司实收资本不再作为工商登记事项,公司登记时,无须提交验资报告。

工业企业的资金包括所有者权益资金和负债资金,其来源主要有投资人投入和向银行及其他金融机构借入两个方面。下面分别从这两个方面的资金来源来讨论其会计核算。

二、投入资本的核算

（一）账户设置

1."实收资本（或股本）"账户

"实收资本（或股本）"账户属于所有者权益类账户,是指企业的投资者按照企业章程或合同、协议的约定,实际投入企业的资本。我国实行的是注册资本制,因而,在投资者足额缴纳资本之后,企业的实收资本应该等于企业的注册资本。所有者向企业投入的资本,在一般情况下无须偿还,可以长期周转使用。由于企业组织形式不同,所有者投入资本的会计核算方法也不同。除股份有限公司对股东投入的资本应设置"股本"科目外,其余企业均设置"实收资本"科目,核算企业实际收到的投资人投入的资本。

企业实际收到现金、银行存款、固定资产、无形资产、其他流动资产以及公积金转增资本、可转换债券转为股本、股票股利分配等记入账户的贷方;企业资本金通常不得随意变动,企业若按法定程序减少注册资本,则记入该账户的借方;余额在贷方,反映实收资本(或股本)的实有数额。该账户应按投资人、投资单位设置明细账户。若是中外合作企业在合作期间归还投资者的投资,应在该账户下设置"已归还投资"明细账户进行核算。"实收资本(或股本)"账户的结构如图4-1所示。

借方	实收资本（或股本）	贷方
实收资本按法定程序减少额	实收资本增加额	
	余额：实收资本（或股本）的实有数额	

图 4-1　"实收资本（或股本）"账户结构

2."资本公积"账户

"资本公积"账户属于所有者权益类账户,是指企业收到投资者超出其在注册资本或股本中所占份额的投资以及直接计入所有者权益的利得和损失等。资本公积包括资本(股本)溢价以及直接计入所有者权益的利得和损失等。

企业资本(股本)溢价、股权投资准备、接受捐赠非现金资产准备(在相关资产处置时)等增加的资本公积记入账户的贷方;资本公积转增资本等所发生的资本公积减少额记入该账户的借方;余额在贷方,反映资本公积的实有数额。该账户下设两个明细账户:资本(股本)溢价和其他资本公积。"资本公积"账户的结构如图4-2所示。

借方	资本公积	贷方
资本公积减少额	资本公积增加额	
	余额：资本公积的实有数额	

图 4-2　"资本公积"账户结构

3."银行存款"账户

"银行存款"账户属于资产类账户,用以核算、监督企业存入银行和其他金融机构的各种存款的增减变动情况及其结果。账户借方登记企业银行存款的增加额;账户贷方登记企业银行存款的减少额;余额在借方,反映企业银行存款的实有数额。该账户应按开户银行和其他金融机构、存款币种等,分别设置"银行存款日记账"进行序时核算。"银行存款"账户的结构如图4-3所示。

借方	银行存款	贷方
银行存款增加额	银行存款减少额	
余额:银行存款的实有数额		

图4-3　"银行存款"账户结构

4. "固定资产"账户

"固定资产"账户属于资产类账户,用以核算、监督企业固定资产原始价值的增减变动情况及其结果。账户借方登记企业因购置、建造、接受投资者投入、融资租入、接受捐赠、盘盈等增加的固定资产原价;账户贷方登记企业因投资转出、捐赠转出、盘亏、出售、报废、毁损等减少的固定资产原价;余额在借方,反映企业固定资产原价的实有数额。该账户应按固定资产类别、使用部门和每项固定资产等设置明细账户,并建立"固定资产登记簿"和"固定资产卡片"进行辅助核算。"固定资产"账户的结构如图4-4所示。

借方	固定资产	贷方
固定资产原价增加额	固定资产原价减少额	
余额:固定资产原价的实有数额		

图4-4　"固定资产"账户结构

5. "累计折旧"账户

"累计折旧"账户属于资产类的备抵调整账户,指一定时期内为弥补固定资产损耗按照规定的固定资产折旧率提取的固定资产折旧,它反映了固定资产在当期生产中的转移价值。其结构与一般资产类账户的结构刚好相反,累计折旧是贷方登记固定资产折旧额的增加,借方登记固定资产因投资转出、捐赠转出、盘亏、出售、报废、毁损等减少而注销的累计折旧额;余额在贷方,反映企业计提的累计折旧的实有数额。该账户只进行总分类核算,不进行明细分类核算。"累计折旧"账户的结构如图4-5所示。

借方	累计折旧	贷方
注销的累计折旧减少额	计提的累计折旧增加额	
	余额:累计折旧的实有数额	

图4-5　"累计折旧"账户结构

6. "原材料"账户

"原材料"账户属于资产类账户,用以核算企业库存的各种材料,包括原料及主要材料、辅助材料、外购半成品(外购件)、修理用备件(备品备件)、包装材料、燃料等的计划成本或实际成本。账户借方登记各种入库材料的成本；贷方登记各种出库材料的成本；余额在借方，反映企业库存原材料的成本额。该账户应按材料的保管地点(仓库)以及材料的类别、品种和规格等设置明细账，进行明细核算。"原材料"账户的结构如图4-6所示。

借方	原材料	贷方
入库材料成本的增加额	出库材料成本的减少额	
余额：库存材料的成本额		

图4-6 "原材料"账户结构

7. "应交税费"账户

"应交税费"账户属于负债类账户，用来核算企业应缴纳的各种税费，包括增值税、消费税、所得税等。贷方登记按规定应交的税费；借方登记实际缴纳的各项税费；余额若在借方，反映多交或尚未抵扣的税费；余额若在贷方，表示企业尚未缴纳的税费。该账户应按税金的种类设置明细账，进行明细核算。其中，"应交税费——应交增值税"账户，是用以核算和监督企业增值税应交和实交的情况及其结果的明细账户，其借方登记企业采购材料、接受投资转入材料等所发生的增值税进项税额；其贷方登记企业销售商品、提供应税劳务等所发生的增值税销项税额。"应交税费"账户的结构如图4-7所示。

借方	应交税费	贷方
实际缴纳的各项税费	应缴纳的各项税费	
余额：多交或尚未抵扣的税费	余额：企业尚未缴纳的税费	

图4-7 "应交税费"账户结构

8. "无形资产"账户

"无形资产"账户属于资产类账户，用以核算、监督企业拥有或者控制的没有实物形态的可辨认非货币性资产，包括专利权、非专利技术、商标权、著作权、特许权、土地使用权等。账户借方反映取得的无形资产的实际成本，账户贷方反映因报废或转让、出售等原因而减少的无形资产的成本。余额在借方，反映期末无形资产的成本。注意，因摊销或贬值而导致无形资产的减少应通过"累计摊销"和"无形资产减值准备"进行核算。累计摊销和累计折旧均作为调整账户出现，累计摊销是无形资产的调整账户。"无形资产"账户应按无形资产的类别设置明细账，进行明细核算。"无形资产"账户的结构如图4-8所示。

借方	无形资产	贷方
无形资产增加额	无形资产减少额	
余额：无形资产摊余价值实有额		

图4-8 "无形资产"账户结构

（二）投入资金的核算

投入资本是指投资者实际投入企业生产经营活动的资本金，包括货币和实物，它是所有者权益的主要来源和表现形式，是投资者拥有的根本权益，对企业盈余分配和净资产处置权利起着直接影响作用。资本金是指企业在工商行政管理部门登记的注册资本。企业的资本金按照投资主体的不同，可分为国家资本金、法人资本金、个人资本金以及外商资本金四种。

1.投入资金入账金额的确定

企业收到投资者投入的货币资金，应以实际收到的金额或企业开户银行的金额登记入账。投资者投入的资金中只有按投资者占被投资者实收资本比例计算的部分才作为实收资本。当公司收到新股东的出资时，应按出资协议，即经投资各方确认的金额作为实收资本入账，而对于实际收到投资额与应确认的实收资本之间的差额应当确认为资本公积。在一般情况下，原出资者会要求新出资者的出资高于其所占有被投资单位的所有者权益额，这时就需要确认因此而形成的资本公积。

2.投入货币资金的核算举例

【例4-1】某企业是一家有限责任公司，由几个法人单位投资入股成立，属于工业企业一般纳税人，主要生产A、B两种产品，以下业务均为该公司2023年12月份的业务。根据公司章程和协议的规定，该企业收到国家投资5 000 000元，甲公司投资2 000 000元，已全部存入银行。

分析：该项经济业务的发生，一方面反映银行存款增加，以实际收到的金额记入"银行存款"账户的借方；另一方面反映投入资本增加，应记入"实收资本"账户的贷方。其会计分录如下：

借：银行存款　　　　　　　　　　　7 000 000
　　贷：实收资本——国家　　　　　　　5 000 000
　　　　　　——甲公司　　　　　　　2 000 000

（三）投入实物的核算

1.投入实物入账金额的确定

企业收到投资者投入的实物资产，应以双方合同、协议约定的价值或评估的价值入账。

2.投入实物的核算举例

【例4-2】根据公司章程和协议的规定，该企业接受乙公司一台不需安装设备的投资，原值为150 000元，该设备的公允价值为120 000元，在注册资本中所占的份额为100 000元。

分析：该项经济业务的发生，一方面反映乙公司以固定资产作为资本投入，说明固定资产增加，应按其公允价值记入"固定资产"账户的借方；另一方面以其在注册资本中所占的份额记入"实收资本"账户的贷方；按评估的固定资产公允价值与确认的实收资本的差额贷记"资本公积"账户。其会计分录如下：

借：固定资产——不需安装设备　　120 000
　　贷：实收资本——乙公司　　　　　100 000
　　　　资本公积——资本溢价　　　　　20 000

【例4-3】根据公司章程和协议的规定，该企业接受乙公司投入的甲材料一批，该材料的公允价值为40 000元，应交增值税额为5 200元，与注册资本中所占份额相等，收到了增值税专用发票。

分析:该项经济业务的发生,反映乙公司以原材料作为资本投入,应按原材料的公允价值借记"原材料"账户;按应计的增值税进项税额借记"应交税费"账户;按确认的投入资本贷记"实收资本"账户。其会计分录如下:

```
借:原材料                              40 000
    应交税费——应交增值税(进项税额)        5 200
  贷:实收资本——乙公司                          45 200
```

【例4-4】根据公司章程和协议的规定,该企业接受乙公司投入的专利权一项,该专利权的评估价值为135 000元,在注册资本中所占的份额为110 000元。

分析:该项经济业务的发生,反映乙公司以无形资产作为资本投入,应按无形资产的评估价值借记"无形资产"账户;按确认的投入资本贷记"实收资本"账户;按上述两者之差贷记"资本公积"账户。其会计分录如下:

```
借:无形资产——专利权                   135 000
  贷:实收资本——乙公司                          110 000
    资本公积——资本溢价                          25 000
```

三、借入资本的核算

（一）账户设置

1."短期借款"账户

"短期借款"账户属于负债类账户,用以核算、监督企业各种短期借款的取得、偿还和结欠情况。账户贷方登记取得的短期借款额及应付利息;账户借方登记到期偿还的短期借款额及应付利息;余额在贷方,反映尚未偿还的短期借款本息。该账户应按债权人设置明细账并进行明细核算。"短期借款"账户的结构如图4-9所示。

借方	短期借款	贷方
偿还的短期借款额及利息	取得的短期借款额及应付利息	
	余额：尚未偿还的短期借款本息	

图4-9　"短期借款"账户结构

2."长期借款"账户

"长期借款"账户属于负债类账户,用以核算、监督企业各种长期借款的取得、偿还和结欠情况。账户贷方登记取得的各种长期借款额和应付利息;账户借方登记到期偿还的长期借款额的本金及利息;余额在贷方,反映尚未偿还的长期借款本金与利息。该账户应按债权人设置明细账,并按贷款种类进行明细核算。"长期借款"账户的结构如图4-10所示。

借方	长期借款	贷方
偿还的长期借款额及利息	取得的长期借款额及应付利息	
	余额：尚未偿还的长期借款本息	

图4-10　"长期借款"账户结构

3."应付债券"账户

"应付债券"账户属于负债类账户,用以核算、监督企业债券的发行、应计利息的计算、本息的偿还和结欠情况。账户贷方登记发行债券的面值、债券溢价、应计利息和债券折价摊销额等;账户借方登记到期偿还的债券面值和应付利息、债券折价和债券溢价摊销额等;余额在贷方,反映尚未偿还的债券本息。该账户应按债券种类设置"债券面值""债券溢价""债券折价"和"应计利息"等明细账户并进行明细核算。"应付债券"账户的结构如图4-11所示。

借方	应付债券	贷方
偿还的债券面值和应付利息、债券折价、债券溢价摊销额等	发行债券的面值、债券溢价、应计利息、债券折价摊销额等	
	余额:尚未偿还的债券本息	

图4-11 "应付债券"账户结构

(二)借入资金的核算

【例4-5】因生产周转需要,该企业向工商银行借入流动资金100 000元,期限3个月,月利率为5‰,到期一次还本付息,当即存入银行。

分析:该项经济业务的发生,表明企业取得短期借款并当即存入银行,使得企业的资产与负债同时增加。应按实际金额借记"银行存款"账户,贷记"短期借款"账户。其会计分录如下:

借:银行存款   100 000

 贷:短期借款——工商银行   100 000

【例4-6】向建设银行借入期限2年、年利率为6%、到期一次还本付息的长期借款2 000 000元,当即转存建设银行。

分析:该项经济业务的发生,表明企业取得长期借款并当即转存银行,使得企业的资产与负债同时增加。应按实际金额借记"银行存款"账户,贷记"长期借款"账户。其会计分录如下:

借:银行存款   2 000 000

 贷:长期借款——建设银行   2 000 000

【例4-7】经批准发行3年期的长期债券,债券面值300 000元,票面年利率6%,每年计息一次,到期一次还本付息。债券发行成功,发行价款转存开户银行。

分析:该项经济业务的发生,表明企业通过发行债券筹措到长期资金,使得企业的资产与负债同时增加。应按发行的实收金额借记"银行存款"账户;按债券面值贷记"应付债券"账户。其会计分录如下:

借:银行存款   300 000

 贷:应付债券——债券面值   300 000

第三节　采购业务核算

一、采购业务核算概述

采购业务其实是企业供应过程中的一项业务,是企业生产经营循环中的一个重要阶段,其主要经济业务是以货币资金从其他单位采购生产经营所用的材料物资,形成储备资金的过程。它是工业企业取得劳动对象的阶段,是生产的准备阶段。

采购业务的主要采购对象包括原料及主要材料、辅助材料、外购半成品(外购件)、修理用备件(备品备件)、包装材料、燃料等。企业要进行正常的生产经营,就必须采购和储备一定品种和数量的材料物资,必须根据市场需求和生产计划来组织生产活动,因此要有计划地组织材料物资的采购,既要保证及时、按质按量地满足生产的需要,又要避免材料物资的超储积压、影响资金周转的现象发生。

采购业务的具体核算内容包括材料采购业务、材料价款和增值税额结算业务、材料采购成本的计算和材料验收入库业务等。其任务还包括检查材料采购计划执行情况、检查与监督储备资金占用量等。

二、采购业务的核算

（一）账户设置

1.“在途物资”账户

“在途物资”账户属于资产类账户,企业采用实际成本(进价)进行材料、商品等物资的日常核算时,应设置该账户,用来核算企业货款已付、尚未验收入库的各种物资的采购成本。账户借方登记采购材料、商品的购价与采购费用;账户贷方登记验收入库材料的实际采购成本;余额在借方,反映企业已付款或已开出、承兑商业汇票,但尚未到达或尚未验收入库的在途材料、商品的采购成本。该账户应按供应单位和物资品种进行明细核算。“在途物资”账户的结构如图4-12所示。

借方	在途物资	贷方
采购材料、商品的购价与采购费用	验收入库材料成本	
余额：在途材料、商品的实际采购成本		

图4-12　“在途物资”账户结构

2."应付账款"账户

"应付账款"账户属于负债类账户,用以核算、监督企业因购买材料、商品和接受劳务供应等经营活动应支付的款项。账户贷方登记应付供应单位的款项;账户借方登记已偿还供应单位的款项;余额在贷方,反映尚未偿还供应单位的款项;余额在借方,反映按购货合同预付供应单位的款项。该账户应按供应单位分别设置明细账,进行明细核算。"应付账款"账户的结构如图4-13所示。

借方	应付账款	贷方
已偿还供应单位的款项	应付供应单位的款项	
余额:预付供应单位的款项	余额:尚未偿还供应单位的款项	

图 4-13　"应付账款"账户结构

3."预付账款"账户

"预付账款"账户属于资产类账户,用以核算、监督企业按照购货合同规定预付给供应单位款项的增减变动情况及其结果。账户借方登记预付的货款和补付的货款;账户贷方登记收到采购材料物资所附发票上列明的金额和退回的多付货款;余额在借方,反映企业尚未收到材料物资的预付款项;余额在贷方,反映尚未补付的材料物资采购款项。该账户应按供应单位分别设置明细账,进行明细核算。"预付账款"账户的结构如图4-14所示。

借方	预付账款	贷方
预付供应单位的款项	收到材料物资冲销预付款项和退回的多付款项	
余额:尚未收到材料物资的预付款项	余额:尚未补付的材料物资采购款项	

图 4-14　"预付账款"账户结构

4."应付票据"账户

"应付票据"账户属于负债类账户,用以核算、监督企业购买材料、商品和接受劳务供应而开出、承兑的商业汇票,包括银行承兑汇票和商业承兑汇票的增减变动情况及其结果。账户贷方登记企业开出并承兑的抵付货款的商业汇票;账户借方登记票据到期支付的票据款;余额在贷方,反映企业持有的尚未到期的应付票据本息。企业应设置"应付票据备查簿"进行登记。"应付票据"账户的结构如图4-15所示。

借方	应付票据	贷方
到期支付的应付票据款	开出并承兑的应付票据款	
	余额:持有的尚未到期的应付票据款	

图 4-15　"应付票据"账户结构

（二）采购过程主要经济业务的核算

【例4-8】某公司购入甲材料6 000千克，单价8元，增值税税率13%，价税款未付。另以银行存款1 600元支付采购甲材料的外地运杂费（以下各业务均不考虑运费进项税）。

分析：该项经济业务的发生，一方面，反映企业采购材料尚未支付价款和增值税额，应按实际采购价款借记"在途物资"账户，按应计的增值税进项税额借记"应交税费"账户；另一方面，应按尚未支付的价税款贷记"应付账款"账户，按以银行存款支付的运杂费贷记"银行存款"账户。其会计分录如下：

借：在途物资——甲材料	49 600
应交税费——应交增值税（进项税额）	6 240
贷：应付账款	54 240
银行存款	1 600

【例4-9】该公司购入乙材料5 200千克，单价10元，增值税税率13%，价税合计58 760元，按合同规定开出期限3个月的不计息商业承兑汇票一张。

分析：该项经济业务的发生，反映企业购进材料未以货币资金结算，但开出并承兑了金额为58 760元的商业承兑汇票，因此形成了一种负债，使得材料采购成本和应付票据债务同时增加。应按材料实际采购价款借记"在途物资"账户，按应计的增值税进项税额借记"应交税费"账户；按商业承兑汇票票面金额贷记"应付票据"账户。其会计分录如下：

借：在途物资——乙材料	52 000
应交税费——应交增值税（进项税额）	6 760
贷：应付票据	58 760

【例4-10】该公司购进丙材料2 800千克，含税单价9.04元，丁材料10 000千克，含税单价5.65元，税率13%，款项均已通过银行付清。

分析：该项经济业务的发生，一方面反映企业以货币资金购进材料，表明材料采购成本增加，应按实际采购价款借记"在途物资"账户，按应计的增值税进项税额借记"应交税费"账户；另一方面表明货币资金减少，应按实付材料价款和增值税额贷记"银行存款"账户。其会计分录如下：

借：在途物资——丙材料	22 400
——丁材料	50 000
应交税费——应交增值税（进项税额）	9 412
贷：银行存款	81 812

【例4-11】该公司以银行存款支付采购乙、丙、丁材料的外地运费共2 970元（共同性运杂费按采购重量分配）。

分析：共同费用通常是指几种对象共同发生，且管理上要求进行对象化分摊的费用。共同费用的特点为：①费用要分摊，进行对象化；②费用分配标准要适当（体积、重量、价值、工时、台时、约当产量等）；③既可能是间接费用，也可能是直接费用。共同费用的分配原则为：谁受益，谁承担。通

常情况下,共同费用的分配步骤有五步:

(1)计算待分配费用总额。

(2)确定分配标准。

(3)计算标准总数。

(4)计算费用分配率:

$$费用分配率=待分配费用总额÷标准总数$$

(5)计算各对象应分配的费用额:

$$某对象应分配额=该对象标准数×费用分配率$$

本例4-11中的经济业务的发生,表明乙、丙、丁三种材料的共同性运杂费应按采购重量进行分配,然后按分配额计入各材料的采购成本,借记"在途物资"账户,按实付货币资金贷记"银行存款"账户。其分配金额的计算及会计分录如下:

$$费用分配率=2\,970÷(5\,200+2\,800+10\,000)=0.165(元/千克)$$

$$乙材料应分配费用=5\,200×0.165=858(元)$$

$$丙材料应分配费用=2\,800×0.165=462(元)$$

$$丁材料应分配费用=10\,000×0.165=1\,650(元)$$

借:在途物资——乙材料　　　858

　　　　——丙材料　　　462

　　　　——丁材料　　　1 650

　　贷:银行存款　　　2 970

【例4-12】该公司以银行存款偿还之前购买甲材料所欠货款及增值税进项税额54 240元。

分析:该项经济业务的发生,表明以货币资金偿还购买甲材料所欠货款及增值税进项税额,使得其负债与货币资金同时减少。应按偿付的材料价税款借记"应付账款"账户,按实付货币资金贷记"银行存款"账户。其会计分录如下:

借:应付账款　　　54 240

　　贷:银行存款　　　54 240

【例4-13】该公司采购业务员王成经过审批,预借材料采购差旅费2 000元,签发现金支票支付。

分析:该项经济业务的发生,表明采购业务员预借差旅费,签发现金支票支付,使得应收债权资产增加,货币资产减少。应按应收债权借记"其他应收款"账户,按实付货币资金贷记"银行存款"账户。其会计分录如下:

借:其他应收款——王成　　　2 000

　　贷:银行存款　　　2 000

【例4-14】该公司用银行存款30 000元预付订购A材料款。

分析:该项经济业务的发生,表明预付供应单位材料价款形成一笔预付债权,使得其预付账款资产增加,货币资金减少。应按预付供应单位款项借记"预付账款"账户,按实付货币资金贷记"银行存款"账户。其会计分录如下:

借:预付账款　　　　　　　　　　　　　30 000
　贷:银行存款　　　　　　　　　　　　　　30 000

【例4-15】上述已预付款30 000元的A材料到货,并验收入库,价税款合计45 200元,增值税税率为13%,已用银行存款补付尾款。

分析:该项经济业务的发生,采购的材料验收入库,表明库存材料成本增加,同时预付的债权资产减少,货币资金减少。应按实际材料采购价款借记"原材料"账户,按应计的增值税进项税额借记"应交税费"账户;按冲销的预付款项贷记"预付账款"账户,按补付的差额款项贷记"银行存款"账户。其会计分录如下:

借:原材料——A材料　　　　　　　　　　40 000
　应交税费——应交增值税(进项税额)　　　5 200
　贷:预付账款　　　　　　　　　　　　　　30 000
　　银行存款　　　　　　　　　　　　　　15 200

【例4-16】该公司采购业务员王成报销材料采购的差旅费2 560元,以现金支票补付差额560元。

分析:该项经济业务的发生,表明采购业务员王成报销材料采购的差旅费,使得费用增加,同时收回债权,使得应收债权资产减少,且货币资金减少。应按报销的差旅费金额借记"管理费用"账户;按收回的债权金额贷记"其他应收款"账户,按补付的货币金额贷记"银行存款"账户。其会计分录如下:

借:管理费用——差旅费　　　　　　　　　2 560
　贷:其他应收款——王成　　　　　　　　　　2 000
　　银行存款　　　　　　　　　　　　　　560

[例4-17]本月购入的甲、乙、丙、丁材料均已验收入库,结转其成本。

分析:该项经济业务的发生,表明甲、乙、丙、丁材料的采购手续已经完成,使得其库存材料成本增加,材料采购成本结转后减少。应按这四种采购材料的实际成本借记"原材料"账户,贷记"在途物资"账户。其会计分录如下:

借:原材料——甲材料　　　　　　　　　　49 600
　　　　　——乙材料　　　　　　　　　　52 858
　　　　　——丙材料　　　　　　　　　　22 862
　　　　　——丁材料　　　　　　　　　　51 650
　贷:在途物资——甲材料　　　　　　　　　49 600
　　　　　　　——乙材料　　　　　　　　　52 858
　　　　　　　——丙材料　　　　　　　　　22 862
　　　　　　　——丁材料　　　　　　　　　51 650

第四节 生产业务核算

一、生产业务核算概述

生产业务是工业企业生产过程中的基本经济业务,是工业企业资金循环的第二个阶段。在工业企业的生产过程中,工人借助劳动资料对劳动对象进行加工,制成劳动产品。因此,生产过程既是产品制造过程,又是物化劳动(劳动资料和劳动对象)和活劳动的消耗过程,同时还是价值增值的过程。

工业企业要生产出符合社会需要的产品,就必须在生产阶段发生各种生产耗费。这些在生产过程中所发生的各种耗费称为生产费用,主要包括生产资料中的劳动手段,如厂房、机器设备等固定资产的耗费,劳动对象如原材料、辅助材料、燃料和动力等的耗费,劳动力如职工工资、福利费等的耗费,以及为管理和组织生产为生产服务而发生的各种费用。这些生产费用最终都要按一定种类的产品进行归集汇总并计算分配到一定种类、一定数量的产品上去,以形成各种产品的成本。

因此,生产业务核算的主要内容包括生产费用的归集与计算分配、产品生产成本的计算与结转等。

二、生产业务的核算

(一)账户设置

1."生产成本"账户

"生产成本"账户属于成本类账户,用以核算、监督企业进行工业性生产发生的各项生产成本,包括生产各种产品(产成品、自制半成品等)、自制材料、自制工具、自制设备等所发生的各项生产费用的增减变动情况及其结果。账户借方登记直接材料、直接人工和月终分配转入的制造费用等成本项目金额;账户贷方登记已生产完工入库的产成品及自制半成品等的实际成本;余额在借方,反映尚未完工的各项在产品的实际成本。该账户可按基本生产成本和辅助生产成本进行明细核算。基本生产成本应当分别按照基本生产车间和成本核算对象(产品的品种、类别、订单、批别、生产阶段等)设置明细账(或成本计算单),并按照规定的成本项目设置专栏。

企业发生的各项生产费用,应按成本核算对象和成本项目分别归集。凡属直接材料、直接人工等直接费用,应直接计入基本生产成本和辅助生产成本;凡属其他间接费用,应先在"制造费用"账户归集,月度终了再按一定的分配标准,分配计入有关的产品生产成本。"生产成本"账户的结构如图 4-16 所示。

借方	生产成本	贷方
为生产产品归集的各项生产费用	生产完工入库的产品成本	
余额：尚未完工的在产品的成本		

图 4-16　"生产成本"账户结构

2."制造费用"账户

"制造费用"账户属于成本类账户，用以核算、监督企业生产车间、部门为生产产品和提供劳务而发生的各项间接费用，包括生产车间发生的车间管理人员工资和福利费、机物料消耗、劳动保护费、固定资产折旧、车间支付的办公费和水电费、季节性的停工损失等。账户借方登记本期发生的各项制造费用；账户贷方登记月末分配转入"生产成本"账户借方的制造费用；除季节性的生产性企业外，期末在制造费用分配结转后，本账户一般无余额。该账户应按不同的生产车间、部门和费用项目进行明细核算。"制造费用"账户的结构如图 4-17 所示。

借方	制造费用	贷方
本期归集的各项间接费用	期末分配转入产品生产成本的各项间接费用	
余额：期末分配结转后为零		

图 4-17　"制造费用"账户结构

3."应付职工薪酬"账户

"应付职工薪酬"账户属于负债类账户，用以核算、监督企业为获得职工提供的服务而给予的各种形式的报酬以及其他相关支出，包括职工工资、奖金、津贴和补贴；职工福利费；医疗保险费、养老保险费、失业保险费、工伤保险费和生育保险费等社会保险费；住房公积金；工会经费和职工教育经费；非货币性福利；因解除与职工的劳动关系给予的补偿；其他与获得职工提供的服务相关的支出。账户贷方登记本月发生的应付职工薪酬数额；账户借方登记本月实际支付给职工的薪酬额；余额在贷方，反映本月应付职工薪酬大于实发职工薪酬的差额，即应付未付的职工薪酬；余额在借方，反映本月实发职工薪酬大于应付职工薪酬的差额，即多支付的职工薪酬额。该账户应当按照"工资""职工福利""社会保险费""住房公积金""工会经费""职工教育经费""解除职工劳动关系补偿"等应付职工薪酬项目进行明细核算。"应付职工薪酬"账户的结构如图 4-18 所示。

借方	应付职工薪酬	贷方
本月实际支付给职工的薪酬额	本月发生的应付职工薪酬数额	
余额：实发职工薪酬大于应付职工薪酬的差额	余额：应付未付的职工薪酬额	

图 4-18　"应付职工薪酬"账户结构

4."库存商品"账户

"库存商品"账户属于资产类账户，用以核算、监督企业库存的各种商品的实际成本（或进价）或计划成本（或售价）的增减变动情况及其结果，包括库存产成品、外购商品、存放在门市部准备出售的商品、发出展览的商品以及寄存在外的商品等。接受来料加工制造的代制品和为外单位加工修理的代修品,在制造和修理完成验收入库后,视同企业的产成品,通过本科目核算。工业企业的库存商品主要指产成品,即已完成全部生产过程并验收入库,合乎标准规格和技术条件,可以按照合同规定的条件送交订货单位,或者可以作为商品对外出售的产品。账户借方登记生产完工已验收入库产成品的成本;账户贷方登记发出或销售产成品的成本;余额在借方,反映各种库存商品的成本。该账户应按库存商品的种类、品种和规格进行明细核算。"库存商品"账户的结构如图4-19所示。

借方	库存商品	贷方
生产完工已验收入库产成品的成本	发出或销售产成品的成本	
余额:库存商品的成本		

图4-19 "库存商品"账户结构

(二)产品生产成本的计算

产品生产成本的计算,就是按照生产的各种产品,归集和分配在生产过程中所发生的各种生产费用,并按成本项目计算各种产品的总成本和单位成本。

1.设置的主要成本核算账户

"生产成本"账户核算企业生产各种产品和提供劳务所发生的生产费用。企业发生的各项费用,能直接确认为某一成本计算对象的,应记入该账户的借方;不能直接记入成本计算对象的,应按一定标准分配转入该账户的借方。产品生产完工验收入库时,应按其实际成本借记"库存商品""自制半成品"等有关账户而贷记生产成本账户。该账户期末借方余额反映尚未完工的各项在产品的成本。一般设置"基本生产成本"和"辅助生产成本"两个明细分类账户,分别核算基本生产车间和辅助生产车间生产产品和提供劳务所发生的生产费用。

"制造费用"账户核算生产企业内的各个生产单位为生产产品和提供劳务所发生的各项间接费用,包括生产车间发生的车间管理人员工资和福利费、机物料消耗、劳动保护费、固定资产折旧、车间支付的办公费和水电费、季节性的停工损失等。各项间接费用发生时借记该账户,月末,该账户所汇集的制造费用要从贷方结转到"生产成本"账户的借方,期末结转后该账户通常无余额。"制造费用"账户可以根据企业的实际需要,按不同的车间及项目分设明细账。

2.产品生产成本的构成项目

构成产品生产成本的项目主要有"直接材料""直接人工"和"制造费用",企业还可以根据需要增设"废品损失""燃料及动力"等项目。

直接材料是指在生产产品和提供劳务过程中所消耗的直接用于产品生产并构成产品实体的原料、主要材料、外购半成品,以及有助于产品形成的辅助材料和其他直接材料。

直接人工是指企业在生产产品和提供劳务过程中,直接从事产品生产的工人的工资、津贴、补贴和福利费等。由于生产工人直接从事产品生产,人工费用的发生能够判明应由哪种产品负担,因此,这些费用发生后直接归集到各产品成本中去。

制造费用是指为生产产品和提供劳务而发生的各项间接费用,包括生产车间发生的车间管理人员工资和福利费、机物料消耗、劳动保护费、固定资产折旧、车间支付的办公费和水电费、季节性的停工损失等。

3.产品生产成本的计算

在计算产品生产成本时,应将生产过程中发生的各项生产费用按产品的名称或类别分别进行归集和分配,以便计算各种(类)产品的生产总成本和单位成本。对于直接费用,直接计入各种产品的成本;对于间接费用,需要先进行归集和分配,再分别计入各种产品的生产成本中。其分配标准一般有按生产工人工资、按生产工人工时、按机器工时、按直接材料成本和按直接总成本等。

经过生产费用的归集和分配,就构成本期各产品的生产费用。这时,需要将生产成本明细账上归集的期初在产品成本和本期生产费用之和,在完工产品和期末在产品之间进行分配,从而计算出本期完工产品和期末在产品的成本。生产费用在完工产品和期末在产品之间常用的分配方法有不计算在产品成本法、在产品按固定成本计算法、在产品按所耗原材料费用计价法、约当产量比例法、在产品按定额成本计价法和定额比例法等。在不同类型的生产企业中,因生产组织和工艺过程各有特点,可采用不同的产品成本计算方法。企业应根据自身的生产特点和实际情况,选择适合的方法计算产品成本。

(三)生产过程主要经济业务的核算

【例4-18】某企业根据当月领料凭证,编制材料领用汇总表,见表4-1。

表4-1　材料领用汇总表

单位:元

项目	甲材料	乙材料	丙材料	丁材料	合计
生产 A 产品领用	56 000	30 000	8 000	25 000	119 000
生产 B 产品领用	16 000	10 000	4 000	3 000	33 000
小计	72 000	40 000	12 000	28 000	152 000
车间一般耗用	2 400	2 500	1 600	1 000	7 500
管理部门领用			800	500	1 300
合计	74 400	42 500	14 400	29 500	160 800

分析:该项经济业务的发生,表明企业生产经营活动领用材料一方面引起库存材料资产的减少,另一方面使得产品生产成本和相关费用增加。应按产品生产实际耗用材料金额借记"生产成本"账户,对于车间一般耗用的材料,应按其实际耗用材料金额借记"制造费用"账户,对于管理部门领用的材料,应按其实际耗用材料金额借记"管理费用"账户;按上述四种材料的本月实际耗用额贷记"原材料"账户。其会计分录如下:

借：生产成本——A 产品（直接材料）　　119 000

　　　　——B 产品（直接材料）　　　33 000

　　制造费用——物料消耗　　　　　　　7 500

　　管理费用——物料消耗　　　　　　　1 300

　　贷：原材料——甲材料　　　　　　　74 400

　　　　——乙材料　　　　　　　　42 500

　　　　——丙材料　　　　　　　　14 400

　　　　——丁材料　　　　　　　　29 500

【例4-19】该企业结算分配本月应付职工工资36 000元,其中,基本生产车间产品生产工人工资30 000元,要求按产品生产工时进行分配(A产品生产工时400小时,B产品生产工时200小时);基本生产车间管理人员工资4 000元;公司管理人员工资2 000元。

分析:该项经济业务的发生,表明企业月末结算分配应付职工工资总额,使得其相关的成本费用和对职工的负债同时增加。应按直接分配计入产品成本的生产工人工资额借记"生产成本"账户,按基本生产车间管理人员工资额借记"制造费用"账户,按公司行政管理人员工资额借记"管理费用"账户;按本月计算分配的应付职工工资总额贷记"应付职工薪酬"账户。其产品生产工人工资的分配及会计分录如下:

$$人工费用分配率＝30 000÷（400＋200）＝50（元/时）$$

$$A产品应分配直接人工＝400×50＝20 000（元）$$

$$B产品应分配直接人工＝200×50＝10 000（元）$$

借：生产成本——A 产品（直接人工）　　20 000

　　　　——B 产品（直接人工）　　　10 000

　　制造费用——工资费　　　　　　　　4 000

　　管理费用——工资费　　　　　　　　2 000

　　贷：应付职工薪酬——工资费　　　　36 000

【例4-20】根据规定,该企业按本月职工工资总额的2%、1.5%分别计提工会经费和职工教育经费。

分析:该项经济业务的发生,其业务性质与上述业务基本相同,企业相关的成本费用和对职工的负债同时增加。应按产品生产工人经费额借记"生产成本"账户,按基本生产车间管理人员经费额借记"制造费用"账户,按公司行政管理人员经费额借记"管理费用"账户;按本月计提的工会经费和职工教育经费总额贷记"应付职工薪酬"账户。其会计分录如下:

借：生产成本——A 产品（直接人工）　　700

　　　　——B 产品（直接人工）　　　350

　　制造费用——经费　　　　　　　　　140

　　管理费用——经费　　　　　　　　　70

　　贷：应付职工薪酬——工会经费　　　720

　　　　——职工教育经费　　　　540

【例4-21】该企业从银行存款中提取现金36 000元,准备发放职工工资。

分析:该项经济业务的发生,表明企业从银行存款中提取现金,使得现金资产增加,银行存款资产减少。应按签发现金支票提取的现金额借记"库存现金"账户,贷记"银行存款"账户。其会计分录如下:

借:库存现金　　　　　　　36 000
　贷:银行存款　　　　　　　　　36 000

【例4-22】该企业以现金36 000元发放职工工资。

分析:该项经济业务的发生,表明现金资产减少,对职工的工资负债也同时减少。应按实际发放的工资金额借记"应付职工薪酬"账户,按减少的现金额贷记"库存现金"账户。其会计分录如下:

借:应付职工薪酬　　　　　36 000
　贷:库存现金　　　　　　　　　36 000

【例4-23】该企业签发转账支票结算支付基本生产车间生产A产品耗用电费2 400元,生产B产品耗用电费1 600元,车间一般耗用400元,公司管理部门耗用200元,发票进项税额为598元,合计5 198元。

分析:该项经济业务的发生,一方面使得银行存款减少,另一方面使得企业生产成本、相关费用增加。应按生产产品耗用的电费金额借记"生产成本"账户,按车间一般耗用的电费金额借记"制造费用"账户,按公司管理部门耗用的电费金额借记"管理费用"账户,按支付的增值税进项税额借记"应交税费"账户;按转账支票实际支付金额贷记"银行存款"账户。其会计分录如下:

借:生产成本——A产品(燃料及动力)　　　2 400
　　　　　　——B产品(燃料及动力)　　　1 600
　制造费用——电费　　　　　　　　　　　　400
　管理费用——电费　　　　　　　　　　　　200
　应交税费——应交增值税(进项税额)　　　　598
　贷:银行存款　　　　　　　　　　　　　　　　5 198

【例4-24】该企业以银行存款支付行政管理部门办公用品费1 000元,车间办公用品费600元。

分析:该项经济业务的发生,表明企业以银行存款支付各部门的办公用品费,使得其相关成本费用增加,银行存款资产减少。应按行政管理部门领用办公用品金额借记"管理费用"账户,按车间领用办公用品金额借记"制造费用"账户;按购买办公用品实际支付的银行存款金额贷记"银行存款"账户。其会计分录如下:

借:管理费用——办公费　　　　1 000
　制造费用——办公费　　　　　　600
　贷:银行存款　　　　　　　　　　　1 600

【例4-25】该企业按照规定的固定资产折旧率,计提本月固定资产折旧9 000元,其中车间固定资产折旧6 000元,公司行政管理部门固定资产折旧3 000元。

分析:该项经济业务的发生,表明企业固定资产在使用过程中发生价值转移,按规定应计入相关成本费用,同时固定资产的累计折旧费用增加。应按基本生产车间固定资产折旧额借记"制造费用"账户,按行政管理部门固定资产折旧额借记"管理费用"账户;按本月固定资产计提的折旧总额贷记"累计折旧"账户。其会计分录如下:

借:制造费用——折旧费   6 000

    管理费用——折旧费   3 000

  贷:累计折旧   9 000

【例4-26】月末,该企业按生产 A、B 两种产品生产工人工资比例分配制造费(尾差由最后的费用项目负担)。

分析:该项经济业务的发生,表明企业基本生产车间本月归集的制造费用总额,应按生产两种产品的工人工资比例进行分配,然后按分配额分别计入各产品的生产成本中,因此应借记"生产成本"账户,贷记"制造费用"账户。其制造费用的分配计算及会计分录如下:

制造费用总额=7 500(例4-18)+4 000(例4-19)+140(例4-20)

                +400(例4-23)+600(例4-24)+6 000(例4-25)

                =18 640(元)

制造费用分配率=18 640÷30 000=0.6213

A产品应负担的制造费用=20 000×0.6213=12 426(元)

B产品应负担的制造费用=10 000×0.6213=6 214(元)

借:生产成本——A 产品(制造费用)   12 426

          ——B 产品(制造费用)   6 214

  贷:制造费用   18 640

【例4-27】月末,该企业计算结转本月完工并验收入库产品的实际生产成本,其中:本月投产 A 产品 1 500 件,全部完工入库;本月投产 B 产品 500 件,本月完工入库 450 件,期末在产品 50 件。原材料于生产开始时一次投入,期末在产品成本的"直接人工"和"制造费用"成本项目按完工产品的 50% 计算。其成本计算单如表 4-2 和表 4-3 所示。

表4-2 A产品成本计算单

产品名称：A产品   单位：元

成本项目	期初在产品成本	本期发生费用	合计	期末在产品成本	完工产品成本	
					总成本	单位成本
直接材料	—	119 000	119 000	—	119 000	79.33
直接人工	—	20 700	20 700	—	20 700	13.8
燃料及动力	—	2 400	2 400	—	2 400	1.6
制造费用	—	12 426	12 426	—	12 426	8.28
合计	—	154 526	154 526	—	154 526	103.01

表4-3　B产品成本计算单

产品名称：B产品　　　　　　　完工产量：450件　　　　　　　单　位：元
　　　　　　　　　　　　　　　在产品产量：50件

成本项目	期初在产品成本	本期发生费用	合计	期末在产品成本	完工产品成本	
					总成本	单位成本
直接材料	—	33 000	33 000	3 300	29 700	66
直接人工	—	10 350	10 350	544.74	9 805.26	21.79
燃料及动力	—	1 600	1 600	84.21	1 515.79	3.37
制造费用	—	6 214	6 214	327.05	5 886.95	13.08
合计	—	51 164	51 164	4 256	46 908	104.24

　　分析：该项经济业务的发生，表明企业本月完工产品验收入库，使得库存商品金额增加，生产过程中占用的成本金额减少。应按完工产品成本借记"库存商品"账户，按从生产过程中转出的完工产品成本贷记"生产成本"账户。未完工产品成本继续保留在"生产成本"账户上，作为期末在产品成本结转到下一期。其会计分录如下：

　　　借：库存商品——A产品　　　　　154 526
　　　　　　　　　——B产品　　　　　　46 908
　　　　贷：生产成本——A产品　　　　　154 526
　　　　　　　　　——B产品　　　　　　46 908

第五节　销售业务核算

一、销售业务核算概述

　　销售业务是工业企业销售阶段的主要经济业务，是企业按照销售合同规定向购货单位和接受劳务供应单位销售商品与提供劳务，并按销售价格结算，收回销售价款，实现产品价值的过程。销售阶段是工业企业资金循环的第三个阶段，也是企业再生产过程的最后一个阶段。工业企业经过前面两个阶段将产品生产出来以后，必须经过销售阶段将产品销售出去，才能将生产资金转换为货币资金，才能实现产品的价值增值，进而实现生产的不断运转，实现企业的持续经营。

　　在产品销售过程中，企业要确认产品销售收入的实现，与购买单位办理结算，收回货款；结转产品销售成本；支付产品销售费用；计算和交纳产品销售税金；确定产品销售利润。上述业务便构成了企业产品销售过程业务核算的主要内容。企业在销售过程中发生的费用主要有包装费、装卸费、运输费、保险费、展览费和广告费,以及为销售本企业商品而专设的销售机构的职工工资及福利费、类似工资性质的费用、业务费等。销售费用应计入当期损益。

产品销售取得的收入扣除产品销售税金及附加,补偿已销产品的销售成本、产品销售费用等后的余额即为产品销售利润或亏损。

二、销售业务的核算

(一)账户设置

1."主营业务收入"账户

该账户属于损益类账户,是用来核算和监督企业销售产品或提供劳务所取得的收入的账户。借方登记发生销售退回和销售折让时应冲减的本期产品收入,以及期末转入"本年利润"账户的本期产品销售收入和劳务收入;贷方登记企业已经实现的产品销售收入、劳务收入;期末结转后应无余额。该账户应按产品类别设置明细账并进行明细核算。"主营业务收入"账户的结构如图4-20所示。

借方	主营业务收入	贷方
应冲减的本期产品收入和期末转入"本年利润"账户的产品销售收入、劳务收入	已经实现的产品销售收入、劳务收入	
	余额:期末结转后应无余额	

图4-20 "主营业务收入"账户结构

2."主营业务成本"账户

该账户属于损益类账户,主要用来核算和监督企业因销售产品、提供劳务等所发生的实际成本的计算和结转情况。账户借方登记从"库存商品"账户结转的本期已销售产品的生产成本数额和对外提供劳务所发生的成本;贷方登记期末转入"本年利润"账户的已销售产品的生产成本和对外提供劳务的成本;期末结转后应无余额。该账户应按产品类别设置明细账户并进行明细分类核算。"主营业务成本"账户的结构如图4-21所示。

借方	主营业务成本	贷方
从"库存商品"账户结转的本期已销售产品的生产成本数额和对外提供劳务所发生的成本	期末转入"本年利润"账户的已销售产品的生产成本和对外提供劳务的成本	
余额:期末结转后应无余额		

图4-21 "主营业务成本"账户结构

3."税金及附加"账户

该账户属于损益类账户,主要用来核算和监督应由销售产品和提供劳务等负担的各种销售税金(如消费税、城市维护建设税等)和教育费附加。账户借方登记按规定标准计算出的应负担的税金及附加；贷方登记期末转入"本年利润"账户的产品销售税金及附加；期末结转后应无余额。该账户应按业务种类设置明细账户并进行明细分类核算。"税金及附加"账户的结构如图4-22所示。

借方	税金及附加	贷方
按规定标准计算出的应负担的销售税金及附加	期末转入"本年利润"账户的产品销售税金及附加	
余额：期末结转后应无余额		

图4-22　"税金及附加"账户结构

4."应收账款"账户

该账户属于资产类账户，主要用来核算和监督企业因销售产品、提供劳务等向购买单位或接受劳务单位收取货款的结算情况及其结果。账户借方登记由于销售产品、提供劳务等而发生的应收账款；贷方登记已收回的应收账款；期末余额在借方，表示尚未收回的应收账款数额；期末余额在贷方，则反映企业预收的账款。该账户应按购买单位或接受劳务单位设置明细账户，进行明细分类核算。"应收账款"账户的结构如图4-23所示。

借方	应收账款	贷方
销售产品、提供劳务等而发生的应收账款	（1）已收回的应收账款 （2）向购货单位或接受劳务单位预收的款项	
余额：尚未收回的应收账款	余额：向购货单位或接受劳务单位预收的款项	

图4-23　"应收账款"账户结构

5."预收账款"账户

该账户属于负债类账户。企业有时会发生预收购买单位货款的业务，这时需设置"预收账款"账户，用来核算和监督企业预收货款的发生及偿付情况。因此，该账户借方登记用产品或劳务抵偿的预收货款数额和退回购货单位多付的款项；贷方登记已收到的预付货款数额和商品销售后购货单位补付的款项；期末余额在贷方，表示尚未用产品或劳务偿付的预收账款数额；余额在借方，反映应由购货单位补付的款项。该账户需按购买单位设置明细账并进行明细分类核算。"预收账款"账户的结构如图4-24所示。

借方	预收账款	贷方
（1）用产品或劳务抵偿的预收货款数额 （2）退回购货单位多付的款项	（1）向购货单位预收的款项 （2）商品销售后购货单位补付的款项	
余额：应由购货单位补付的款项	余额：向购货单位预收的款项	

图4-24　"预收账款"账户结构

6."应收票据"账户

该账户属于资产类账户，用来核算和监督企业因销售产品、提供劳务等而收到的购买单位开出的商业汇票（包括银行承兑汇票和商业承兑汇票）的结算情况及其结果。账户借方登记企业收到购货单位开出的商业汇票的账面余额;贷方登记收到到期购货单位购货款项的数额或未到期向银行申请贴现的票面金额;期末账户如有余额,一般在借方,表示尚未到期或未贴现的票据的应收款项。企业为详细了解应收票据的结算情况,在实务中,应设置"到期应收票据备查簿",并逐笔登记每笔应收票据的详细相关信息。"应收票据"账户的结构如图 4-25 所示。

借方	应收票据	贷方
收到购货单位开出的商业汇票账面余额	收到到期购货单位购货款项的数额或未到期向银行申请贴现的票面金额	
余额:尚未到期或未贴现的票据的应收款项		

图 4-25　"应收票据"账户结构

7."其他业务收入"账户

该账户属于损益类账户,用来核算和监督企业除主营业务收入以外的其他销售或其他业务的收入,如材料销售、无形资产出租、包装物出租等收入。账户贷方登记当期实现的其他业务收入;账户借方登记期末转入"本年利润"账户的其他业务收入;期末结转利润后应无余额。该账户应按其他业务的种类,如"材料销售""无形资产出租"及"包装物出租"等设置明细账,进行明细核算。"其他业务收入"账户的结构如图 4-26 所示。

借方	其他业务收入	贷方
期末转入"本年利润"账户的其他业务收入	当期实现的其他业务收入	
	余额:期末结转后应无余额	

图 4-26　"其他业务收入"账户结构

8."其他业务成本"账户

该账户属于损益类账户,用来核算和监督企业除主营业务活动以外的其他经营活动所发生的成本,包括销售材料成本、出租固定资产折旧额、出租无形资产摊销额、出租包装物成本或摊销额。账户借方登记本期其他经营活动所发生的成本;账户贷方登记期末转入"本年利润"账户的其他业务成本;期末结转利润后应无余额。该账户应按其他业务的种类,如"材料销售""无形资产出租""包装物出租"等设置明细账并进行明细核算。"其他业务成本"账户的结构如图 4-27 所示。

借方	其他业务成本	贷方
本期其他经营活动所发生的成本	期末转入"本年利润"账户的其他业务成本	
余额:期末结转后应无余额		

图 4-27　"其他业务成本"账户结构

(二)销售过程主要经济业务的核算

1.产品销售收入的核算

【例 4-28】某企业销售给华星公司 A 产品 400 件,单位售价 130 元,共计 52 000 元,增值税为 6 760 元。产品已经发出,款项已经收到并存入银行。

分析：这项经济业务的发生，一方面企业银行存款增加 58 760 元，应记入"银行存款"账户的借方；另一方面，企业因产品销售增加收入 52 000 元，应记入"主营业务收入"账户的贷方，同时，应向购货方收取的增值税 6 760 元应记入"应交税费——应交增值税"账户的贷方。具体会计分录为：

借：银行存款 58 760
 贷：主营业务收入——A 产品 52 000
  应交税费——应交增值税（销项税额） 6 760

【例 4-29】该企业销售给南方公司 A 产品 500 件，单位售价 130 元，价款共计 65 000 元，增值税销项税额为 8 450 元。产品已发出，但款项尚未收到。

分析：这项经济业务的发生，一方面企业尚未收到款项增加 73 450 元，应记入"应收账款"账户的借方；另一方面，企业因产品销售增加的收入 65 000 元，应记入"主营业务收入"账户的贷方，同时，应向购货方收取的增值税 8 450 元应记入"应交税费——应交增值税"账户的贷方。具体会计分录为：

借：应收账款——南方公司 73 450
 贷：主营业务收入——A 产品 65 000
  应交税费——应交增值税（销项税额） 8 450

【例 4-30】该企业向春江公司销售 B 产品 450 件，每件售价 135 元，增值税税率为 13%，收到对方开出的 6 个月到期的商业汇票，面额为 68 647.5 元，产品已发出。

分析：这项经济业务的发生，一方面企业收到商业汇票增加 68 647.5 元，应记入"应收票据"账户的借方；另一方面，企业因产品销售增加收入 60 750 元，应记入"主营业务收入"账户的贷方，同时，应向购货方收取的增值税 7 897.5 元应记入"应交税费——应交增值税"账户的贷方。具体会计分录为：

借：应收票据 68 647.5
 贷：主营业务收入——B 产品 60 750
  应交税费——应交增值税（销项税额） 7 897.5

【例 4-31】该企业预收东方公司购买 A 产品货款 50 000 元，款项收存银行。

分析：这项经济业务的发生，一方面使企业的银行存款增加 50 000 元，应记入"银行存款"账户的借方；另一方面使企业的预收账款增加 50 000 元，应记入"预收账款"账户的贷方。具体会计分录为：

借：银行存款 50 000
 贷：预收账款——东方公司 50 000

【例 4-32】该企业向东方公司发出 A 产品 600 件，每件售价 130 元，价款共计 78 000 元，增值税销项税额为 10 140 元，冲销原预收账款 50 000 元，其余货款已收回并存入银行。

分析：这项经济业务的发生，一方面企业冲销原预收账款 50 000 元，预收账款的减少，应记入"预收账款"账户的借方，收回余款 38 140 元使企业银行存款增加，应记入"银行存款"的借方；另一方面,企业因产品销售增加收入 78 000 元,应记入"主营业务收入"账户的贷方,同时,应向购货方收取的增值税 10 140 元应记入"应交税费——应交增值税"账户的贷方。具体会计分录为:

借:预收账款   50 000

  银行存款   38 140

  贷:主营业务收入——A 产品   78 000

    应交税费——应交增值税(销项税额) 10 140

【例 4-33】该企业向海城公司让售乙材料 1 000 千克,单价 15 元,价税合计 16 950 元;让售丁材料 600 千克,单价 10 元,价税合计 6 780 元。收到转账支票一张,当即进账。该乙材料单位成本为 10 元,丁材料单位成本为 5 元。

分析:这项经济业务的发生,一方面使企业的银行存款增加 23 730 元,应记入"银行存款"账户的借方;另一方面,企业因让售材料使得其他业务收入增加 21 000 元,应记入"其他业务收入"账户的贷方,应向购货方收取的增值税 2 730 元应记入"应交税费——应交增值税"账户的贷方。同时,结转该项让售材料的成本 13 000 元,应借记"其他业务成本"账户;减少的原材料金额,应贷记"原材料"账户。具体会计分录为:

借:银行存款   23 730

  贷:其他业务收入——乙材料   15 000

      ——丁材料   6 000

    应交税费——应交增值税(销项税额) 2 730

借:其他业务成本——乙材料   10 000

     ——丁材料   3 000

  贷:原材料   13 000

2.产品销售成本、费用、税金的核算

企业出售商品后,应计算和结转产品的销售成本,其计算公式如下:

$$某产品的销售成本=某产品销售数量×某产品单位生产成本$$

企业完工入库的产成品,由于各月的费用水平不同,因而各月生产的同一种产成品的单位成本也不一定相同,所以,对这些不同批别的产成品销售成本,必须采用一定的存货计价方法来计算,如加权平均法、移动平均法、先进先出法和个别计价法等。这里介绍一下加权平均法的运用。

加权平均法是以期初和本期入库产成品的数量为权数的计价方法,即用期初产品和本期入库产品的总成本除以总数量,计算产品的加权平均单位成本,并据此对本期销售产品和期末库存产品进行计价。其计算公式如下:

$$加权平均单位成本=(期初产品成本+本期入库产品成本)$$
$$÷(期初产品数量+本期入库产成品的数量)$$

但本例中由于该企业是新成立的企业,故本月销售的产品均为本月生产的产成品,根据本月产品成本计算单编制已销产品成本计算表,如表 4-4 所示。

表 4-4　已销产品成本计算表

单位：元

产品种类	本月销售数量	单位成本	总成本
A 产品	1 500	103.02	154 526
B 产品	450	104.24	46 908
合计	—	—	201 434

【例 4-34】该企业结转本月已销售 A 产品的成本 154 526 元，B 产品成本 46 908 元，共计 201 434 元。

分析：这项经济业务的发生，一方面使企业的库存产品减少了 201 434 元，其中 A 产品减少了 154 526 元，B 产品减少了 46 908 元，应记入"库存商品"账户的贷方；另一方面，销售成本增加了 201 434 元，其中 A 产品增加了 154 526 元，B 产品增加了 46 908 元，应记入"主营业务成本"账户的借方。具体会计分录为：

借：主营业务成本——A 产品　　　154 526
　　　　　　　　——B 产品　　　 46 908
　　贷：库存商品——A 产品　　　154 526
　　　　　　　　——B 产品　　　　　 46 908

【例 4-35】该企业以银行存款支付产品广告费 3 600 元。

分析：这项经济业务的发生，一方面，企业的银行存款减少 3 600 元，应记入"银行存款"账户的贷方；另一方面，产品销售费用增加 3 600 元，应记入"销售费用"账户的借方。具体的会计分录为：

借：销售费用——广告费　　　　　3 600
　　贷：银行存款　　　　　　　　 3 600

【例 4-36】计算该企业当月应交城市维护建设税和教育费附加。

应交城市维护建设税和教育费附加的计算公式如下：

应交城市维护建设税＝（应交增值税＋应交消费税）×7%

应交教育费附加＝（应交增值税＋应交消费税）×3%

本月应交增值税＝35 977.5（销项税额）－33 410（进项税额）＝2 567.5（元）

本月应交城市维护建设税＝（2 567.5＋0）×7%＝179.725（元）

本月应交教育费附加＝（2 567.5＋0）×3%＝77.025（元）

这项经济业务的发生，一方面使企业的税金及附加增加，应记入"税金及附加"账户的借方；另一方面使企业应交的税金和附加这两项的负债增加，应记入"应交税费"账户的贷方。具体的会计分录为：

借：税金及附加　　　　　　　　　　　256.75
　　贷：应交税费——应交城市维护建设税　　179.725
　　　　　　　　——应交教育费附加　　　　 77.025

第六节　财务成果核算

一、财务成果核算概述

财务成果是指企业在一定时期内进行生产经营活动最终在财务上所实现的结果,即利润总额或净利润,它是将一定期间的各项收入与各项费用支出相抵后形成的最终经营成果。企业在产品销售过程中所取得的销售利润,还不能算是最终的利润,因为企业在经营活动中,还会发生一些其他的期间费用、投资收益、营业外收入和营业外支出等,当收入大于费用时为盈利,当费用大于收入时为亏损。净利润是指企业一定期间的利润总额扣除所得税后的财务成果。

利润总额是由营业利润、营业外收支净额两部分组成的。按其构成的不同层次可将其分解为以下各项指标:

$$利润总额＝营业利润＋营业外收入－营业外支出$$

营业收入减去营业成本、税金及附加、销售费用、管理费用、财务费用、资产减值损失,加上公允价值变动收益、投资收益,即为营业利润。其中营业收入由主营业务收入和其他业务收入组成,营业成本由主营业务成本和其他业务成本组成。

企业实现的利润,首先应按规定的税率计算并交纳企业所得税。利润总额扣除所得税后为净利润或税后利润。税后利润留归投资者或为企业留存,按照有关规定或公司章程进行分配,其分配程序一般为:弥补以前年度亏损,提取法定盈余公积和任意盈余公积,向投资者分配利润等。所以企业财务成果的核算,就是应用会计核算的专门方法来反映和监督企业一定会计期间经营成果的形成和分配过程及其结果。其具体核算内容包括企业利润的形成、企业利润的分配过程及其结果。

二、财务成果的核算

（一）账户设置

1."本年利润"账户

该账户属于所有者权益类账户,是用来核算和监督企业一定会计期间的各项收支,并据以确定企业最终财务成果的账户。"本年利润"是一个汇总类账户,其贷方登记企业期末从各收入类账户转入的本期各项收入,包括主营业务收入、其他业务收入、投资收益、营业外收入等;借方登记企业期末从各费用类账户转入的本期所发生的各项费用与支出,包括主营业务成本、其他业务成本、税金及附加、销售费用、管理费用、财务费用、投资收益(净损失)、营业外支出、所得税费用等。借贷方发生额相抵后,若为贷方余额,则表示企业本期经营活动实现的净利润;若为借方余额,则表示企业本期发生的亏损。"本年利润"账户的余额表示年度内累计实现的净利润或净亏损,该账户平时不结转,年终一次性地转至"利润分配——未分配利润"账户。年度终了,应将本年收入和支出相抵后结出的本年实现的净利润转入"利润分配"科目,借记本科目,贷记"利润分配——未分配利润"科目;如为净亏损,则做相反的会计分录。结转后本科目应无余额。"本年利润"账户的结构如图4-28所示。

借方	本年利润	贷方
期末从各费用类账户转入的本期所发生的各项费用 与支出 （1）主营业务成本 （2）其他业务成本 （3）税金及附加 （4）销售费用 （5）管理费用 （6）财务费用 （7）投资净损失 （8）营业外支出 （9）所得税费用等	期末从各收入类账户转入的本期各项收入 （1）主营业务收入 （2）其他业务收入 （3）投资收益 （4）营业外收入	
余额：累计发生的净亏损；年终转入"利润分配" 账户借方，年终结转后应无余额	余额：累计实现的净利润；年终转入"利润分配" 账户贷方，年终结转后应无余额	

图4-28　"本年利润"账户结构

2."营业外收入"账户

该账户属于损益类账户,用来核算和监督企业发生的与其生产经营活动无直接关系的各项收入。如非流动资产处置利得、政府补助、盘盈利得、捐赠利得、非货币性资产交换利得、债务重组利得以及罚没净收入等。账户贷方登记企业本期发生的各项营业外收入,账户借方登记期末结转"本年利润"账户的营业外收入,期末结转后本账户应无余额。该账户可以按收入项目设置明细分类账并进行明细分类核算。"营业外收入"账户的结构如图4-29所示。

借方	营业外收入	贷方
期末结转"本年利润"账户的营业外收入	企业本期发生的各项营业外收入	
	余额：期末结转后应无余额	

图4-29　"营业外收入"账户结构

3."营业外支出"账户

该账户属于损益类账户,用来核算和监督企业发生的与其生产经营活动无直接关系的各项支出。如固定资产盘亏、报废、毁损和出售的净损失,非季节性和非修理期间的停工损失,非常损失,公益救济性的捐赠,赔偿金,违约金等。账户借方登记企业本期发生的各项营业外支出,账户贷方登记期末结转"本年利润"账户的营业外支出,期末结转后本账户应无余额。该账户可以按支出项目设置明细分类账并进行明细分类核算。"营业外支出"账户的结构如图4-30所示。

借方	营业外支出	贷方

借方		贷方
企业本期发生的各项营业外支出		期末结转"本年利润"账户的营业外支出
余额：期末结转后应无余额		

图 4-30　"营业外支出"账户结构

4."投资收益"账户

该账户属于损益类账户,用来核算和监督企业在一定的会计期间对外投资所取得的回报。投资收益包括对外投资所分得的股利和收到的债券利息,以及投资到期收回的或到期前转让债权取得的款项高于账面价值的差额等。投资活动也可能遭受损失,如投资到期收回的或到期前转让所得款低于账面价值的差额,即为投资损失,投资收益减去投资损失则为投资净收益。账户贷方登记企业获得的投资收入;账户借方登记企业对外投资所发生的各种投资损失。余额在贷方,表示对外投资的净收益,期末应转入"本年利润"账户的贷方;余额在借方,表示对外投资的净损失,期末应转入"本年利润"账户的借方。期末结转后本账户应无余额。该账户应按投资收益种类设置明细分类账并进行明细分类核算。"投资收益"账户的结构如图 4-31 所示。

借方	投资收益	贷方
企业对外投资所发生的各种投资损失		企业获得的投资收入
余额：对外投资的净损失，期末转入"本年利润"账户的借方；期末结转后应无余额		余额：对外投资的净收益，期末转入"本年利润"账户的贷方；期末结转后应无余额

图 4-31　"投资收益"账户结构

5."管理费用"账户

"管理费用"账户属于损益类账户,用以核算、监督企业为组织和管理生产经营活动所发生的各种费用,包括企业在筹建期间发生的开办费、董事会和行政管理部门在企业的经营管理中发生的或者应由企业统一负担的公司经费(包括行政管理部门职工工资及福利费、修理费、物料消耗、低值易耗品摊销、办公费和差旅费等)、工会经费、董事会费(包括董事会成员津贴、会议费和差旅费等)、聘请中介机构费、咨询费(含顾问费)、诉讼费、业务招待费、房产税、车船使用税、土地使用税、印花税、技术转让费、矿产资源补偿费、研究费用、排污费等。账户借方登记本期发生的各项管理费用;账户贷方登记月末转入"本年利润"账户的管理费用;期末结转利润后,本账户应无余额。该账户应按费用项目进行明细核算。"管理费用"账户的结构如图 4-32 所示。

借方	管理费用	贷方
本期确认发生的各项管理费用		期末结转"本年利润"账户的管理费用
余额：期末结转利润后应无余额		

图 4-32　"管理费用"账户结构

6."销售费用"账户

"销售费用"账户属于损益类账户,用以核算、监督企业销售商品和材料、提供劳务的过程中发生的各种费用,包括销售部门和销售人员发生的费用支出,包括工资、福利费、运输费、装卸费、保险费、包装费、展览费、广告费、商品维修费、质量三包费、业务费、折旧费等经营费用。账户借方登记本期发生的各项销售费用;账户贷方登记月末转入"本年利润"账户的销售费用;期末结转利润后,本账户应无余额。该账户应按费用项目进行明细核算。"销售费用"账户的结构如图4-33所示。

借方	销售费用	贷方
本期确认发生的各项销售费用	期末结转"本年利润"账户的销售费用	
余额:期末结转利润后应无余额		

图 4-33 "销售费用"账户结构

7."财务费用"账户

"财务费用"账户属于损益类账户,用以核算、监督企业为筹集生产经营所需资金而发生的筹资费用,包括利息支出(减利息收入)、汇兑损益以及相关的手续费、企业发生的现金折扣或收到的现金折扣等。但在企业筹建期间发生的利息支出应计入开办费;与购建固定资产或者无形资产有关的,在资产尚未交付使用或者虽已交付使用但尚未办理竣工决算之前的利息支出,计入购建资产的价值;清算期间发生的利息支出应计入清算损益。账户借方登记本期发生的各项财务费用;账户贷方登记月末转入"本年利润"账户的财务费用;期末结转利润后,本账户应无余额。该账户应按费用项目进行明细核算。"财务费用"账户的结构如图4-34所示。

借方	财务费用	贷方
本期确认发生的各项财务费用	（1）本期确认发生的应冲减财务费用额 （2）期末结转"本年利润"账户的财务费用	
余额:期末结转利润后应无余额		

图 4-34 "财务费用"账户结构

8."所得税费用"账户

该账户属于损益类账户,用来核算和监督企业按规定从本期损益中减去的所得税费用。企业所得税是根据税法规定,按企业应纳税所得额和适用的所得税税率计算的一种费用支出,必须从企业当期实现的收益中得到补偿。账户借方登记企业本期核定出的应交纳的所得税,账户贷方登记期末结转"本年利润"账户的所得税费用,期末结转后本账户应无余额。"所得税费用"账户的结构如图4-35所示。

借方	所得税费用	贷方
企业本期核定出的应交纳的所得税	期末结转"本年利润"账户的所得税费用	
余额:期末结转后应无余额		

图 4-35 "所得税费用"账户结构

9."利润分配"账户

该账户属于所有者权益类账户,用以核算企业净利润的分配或亏损的弥补情况以及历年净利润分配(或亏损弥补)后的结存余额,其主要用途是调整"本年利润"科目。账户借方登记各项利润分配数额;账户贷方登记以盈余公积弥补亏损的转入数。年度终了,企业应将全年实现的净利润,自"本年利润"科目转入本科目,借记"本年利润"科目,贷记本科目的未分配利润明细科目,若为净亏损的,则做相反的会计分录;同时,将"利润分配"科目所属其他明细科目的余额转入本科目的"未分配利润"明细科目。结转后,本科目除"未分配利润"明细科目外,其他明细科目应无余额。本账户年末余额反映企业历年积存的未分配利润(或未弥补亏损)。该账户应当分别对"提取法定盈余公积""提取任意盈余公积""应付现金股利或利润""转作股本的股利""盈余公积补亏"和"未分配利润"等进行明细核算,外商投资企业还应分别对"提取储备基金""提取企业发展基金""提取职工奖励及福利基金"进行明细核算,中外合作经营企业在合作期间归还投资者的投资,应在本科目设置"利润归还投资"明细科目进行核算。"利润分配"账户的结构如图4-36所示。

借方	利润分配	贷方
(1)利润分配数额 　提取法定盈余公积 　提取任意盈余公积 　应付现金股利或利润 　转作股本的股利 　提取储备基金 　提取企业发展基金 　提取职工奖励及福利基金 　利润归还投资等 (2)年末自"本年利润"科目转入的全年发生的净亏损	(1)盈余公积弥补亏损的转入数 (2)年末自"本年利润"科目转入的全年实现的净利润	
余额:企业历年积存的未弥补亏损	余额:企业历年积存的未分配利润	

图4-36 "利润分配"账户结构

10."盈余公积"账户

该账户属于所有者权益类账户,用来核算和监督企业从净利润中提取的盈余公积的增减变动及其结果。账户贷方登记从企业净利润中提取的盈余公积;账户借方登记企业盈余公积的支用数额,如盈余公积弥补亏损、盈余公积分配股利及转增资本等;余额在贷方,反映企业提取的盈余公积余额。该账户应当分别对"法定盈余公积""任意盈余公积"进行明细核算。外商投资企业还应分别对"储备基金""企业发展基金"进行明细核算。中外合作经营企业在合作期间归还投资者的投资,应在本科目设置"利润归还投资"明细科目进行核算。"盈余公积"账户的结构如图4-37所示。

借方	盈余公积	贷方
盈余公积的支用数额 （1）弥补亏损 （2）分配股利 （3）转增资本等	从企业净利润中提取的盈余公积	
	余额：提取的盈余公积余额	

图 4-37　"盈余公积"账户结构

11."应付股利"账户

该账户属于负债类账户,用来核算和监督企业经董事会、股东大会或类似机构决议确定分配的现金股利或利润。企业在宣告给投资者分配股利或利润时,一方面将冲减企业的所有者权益,另一方面也形成"应付股利"这样一笔负债;企业向投资者实际支付利润时该项负债即消失。企业应设置"应付股利"科目核算企业分配的现金股利或利润。企业分配的股票股利不通过本科目核算。账户贷方登记根据股东大会或类似机构通过的利润分配方案,按规定应支付的现金股利或利润;账户借方登记实际支付的现金股利或利润;余额在贷方,反映企业尚未支付的应付现金股利和利润。"应付股利"账户的结构如图 4-38 所示。

借方	应付股利	贷方
实际支付的现金股利或利润	按规定应支付的现金股利或利润	
	余额：企业尚未支付的应付现金股利或利润	

图 4-38　"应付股利"账户结构

（二）财务成果的核算

1.利润形成的核算

【例 4-37】该企业以银行存款 100 000 元从二级市场上购入某公司发行的债券,准备随时变现出售,因此将其划分为交易性金融资产。

分析:这项经济业务的发生,一方面表明企业从二级市场上购入某公司发行的债券,其交易性金融资产增加 100 000 元,应记入"交易性金融资产"账户的借方;另一方面其银行资金减少 100 000 元,应记入"银行存款"账户的贷方。具体会计分录为:

借:交易性金融资产　　　　100 000
　贷:银行存款　　　　　　　100 000

【例 4-38】月末,该企业将购入的债券出售,取得价款 100 750 元。

分析:这项经济业务的发生,一方面表明企业将购入的债券出售,其银行资金增加 100 750 元,应记入"银行存款"账户的借方;另一方面,其所购交易性金融资产减少 100 000 元,应记入"交易性金融资产"账户的贷方,同时投资收益增加 750 元,应记入"投资收益"账户的贷方。具体会计分录为:

借:银行存款　　　　　　　100 750
　贷:交易性金融资产　　　　100 000
　　投资收益　　　　　　　　　750

【例4-39】该企业以银行存款5 000元捐赠希望工程。

分析:这项经济业务的发生,一方面表明企业以银行存款捐赠希望工程,其捐赠作为企业的一项营业外的支出,增加了营业外支出5 000元,应记入"营业外支出"账户的借方;另一方面,其银行资金减少5 000元,应记入"银行存款"账户的贷方。具体会计分录为:

借:营业外支出　　　　　5 000

　　贷:银行存款　　　　　5 000

【例4-40】月末,经批准,该企业结转确实无法支付的南华公司应付账款22 000元。

分析:这项经济业务的发生,一方面表明企业结转确实无法支付的南华公司应付账款,其应付的一项负债减少22 000元,应记入"应付账款"账户的借方;另一方面,其减少的一项负债作为企业的一项营业外收入增加22 000元,应记入"营业外收入"账户的贷方。具体会计分录为:

借:应付账款　　　　　22 000

　　贷:营业外收入　　　　　22 000

【例4-41】该企业开出转账支票支付企业业务招待费2 000元。

分析:这项经济业务的发生,一方面表明企业开出转账支票支付企业业务招待费,其管理费用增加了2 000元,应记入"管理费用"账户的借方,另一方面,其银行资金减少2 000元,应记入"银行存款"账户的贷方。具体会计分录为:

借:管理费用——招待费　　　2 000

　　贷:银行存款　　　　　　　2 000

【例4-42】该企业结算并支付银行贷款利息1 500元。

分析:这项经济业务的发生,一方面表明企业结算并支付银行贷款利息,其财务费用增加了1 500元,应记入"财务费用"账户的借方;另一方面,其银行资金减少1 500元,应记入"银行存款"账户的贷方。具体会计分录为:

借:财务费用——银行贷款利息　　1 500

　　贷:银行存款　　　　　　　　　1 500

2.利润结转及分配的核算

【例4-43】月末,该企业将损益类各账户(不含所得税)的本月发生额转入"本年利润"账户,计算本期利润总额。

分析:这项经济业务表明企业在月末,应将当月实现的收入总额与当月发生的费用总额进行配比,以计算当月的财务成果。为了清晰地反映收入与利润、费用与利润的相互对应关系,该项经济业务应编制两组会计分录。按收入类账户结转利润金额借记"主营业务收入""其他业务收入""投资收益""营业外收入"等账户,贷记"本年利润"账户;按费用类账户结转利润金额借记"本年利润"账户,贷记"主营业务成本""其他业务成本""税金及附加""销售费用""管理费用""财务费用"以及"营业外支出"等账户。具体会计分录为:

(1)借:主营业务收入　　　　　255 750

　　　　其他业务收入　　　　　21 000

　　　　投资收益　　　　　　　　750

营业外收入　　　　　　　　　　22 000

　　贷:本年利润　　　　　　　　　　　299 500

　(2)借:本年利润　　　　　　　236 920.75

　　贷:主营业务成本　　　　　　　　　201 434

　　　税金及附加　　　　　　　　　　256.75

　　　销售费用　　　　　　　　　　　3 600

　　　管理费用　　　　　　　　　　　12 130

　　　财务费用　　　　　　　　　　　1 500

　　　其他业务成本　　　　　　　　　13 000

　　　营业外支出　　　　　　　　　　5 000

【例4-44】该企业按利润总额(假如不需调整)计算和结转本月应交所得税(所得税税率为25%)。

应纳所得税额＝应纳税所得额×适用税率＝（299 500－236 920.75）×25%＝15 644.81（元）

分析:这项经济业务的发生,计算企业本月应交纳的企业所得税为15 644.81元,一方面表明企业所得税费用的增加,应记入"所得税费用"账户的借方;另一方面,其应交税费作为一项负债,应记入"应交税费"账户的贷方。具体会计分录为:

　借:所得税费用　　　　　　　　　　15 644.81

　　贷:应交税费——应交企业所得税　　　　　　15 644.81

【例4-45】该企业将"所得税费用"账户本月发生额转入"本年利润"账户。

分析:这项经济业务表明企业在期末,应将当期的所得税费用结转入当期利润。所得税费用作为企业的一项税费,也是当期收益的抵减项目,据以计算出企业的净利润。应按结转的所得税费用额借记"本年利润"账户,贷记"所得税费用"账户。具体会计分录为:

　借:本年利润　　　　　　　　　　　15 644.81

　　贷:所得税费用　　　　　　　　　　　15 644.81

【例4-46】年末,该企业将本年实现的净利润结转至"利润分配——未分配利润"账户。

　借:本年利润　　　　　　　　　　　46 934.44

　　贷:利润分配——未分配利润　　　　　　　46 934.44

【例4-47】年末,该企业将结转到未分配利润账户的净利润进行分配(法定盈余公积按净利润的10%计提,任意盈余公积按净利润的5%计提,投资者利润按净利润的50%分配)。

分析:企业实现盈利并将本年实现的净利润结转至"利润分配——未分配利润"账户以后,按照公司规定就应进行利润分配。提取盈余公积和向投资者分配都是利润分配的项目。一方面,计提的盈余公积和应付股利使得"利润分配"的金额减少,应借记"利润分配"各明细账户;另一方面,企业的盈余公积增加,应付投资者利润的负债增加,应贷记"盈余公积"和"应付股利/应付利润"账户。具体会计分录为:

　借:利润分配——提取法定盈余公积　　4 693.44

　　　　　　——提取任意盈余公积　　　2 346.72

	——应付股利或应付利润	23 467.22

贷:盈余公积——法定盈余公积　　　　4 693.44

　　　　——任意盈余公积　　　　2 346.72

应付股利/应付利润　　　　23 467.22

【例4-48】该企业结转利润分配各明细账余额至"利润分配——未分配利润"账户。

分析:这项经济业务的发生,表明企业按照企业会计准则的规定,结转全年实际分配的利润,计算历年积存的未分配利润(或未弥补亏损)。应按利润分配额借记"利润分配——未分配利润"账户,按分配的项目贷记"利润分配"所属有关分配的各明细账户。结转后,"利润分配"账户除了"未分配利润"明细账户外,其余的明细账户均无余额,"未分配利润"明细账户的余额表示的就是企业历年积存的未分配利润(或未弥补亏损)。具体会计分录为:

借:利润分配——未分配利润　　　　30 507.38

贷:利润分配——提取法定盈余公积　　　　4 693.44

　　　　——提取任意盈余公积　　　　2 346.72

　　　　——应付股利/应付利润　　　　23 467.22

【本章小结】

本章主要讲述借贷记账法在工业企业中的应用,包括工业企业主要经营过程的主要业务内容:工业企业资金筹集、供应过程、生产过程、销售过程的核算,材料采购成本、产品制造成本的计算,以及财务成果形成及分配的核算。

工业企业为了进行生产经营活动,必须拥有一定的财产物资,这些财产物资的货币表现就是资金。随着生产活动的进行,资金投入企业以后,依次经过供应、生产、销售三个过程,资金以"货币资金—储备资金—生产资金—成品资金—货币资金"这几种形式不断循环运动。从工业企业的资金循环过程可以看出,工业企业的主要经济业务核算内容包括资金筹集业务的核算、供应过程的核算、生产过程的核算、销售过程的核算、财务成果的核算及资金退出业务的核算。其中生产过程中还包括成本的计算。

工业企业的资金包括所有者权益资金和负债资金,其来源主要有投资人投入和向银行及其他金融机构借入两个方面。投入资本是指投资者实际投入企业生产经营活动的资本金,包括货币和实物,它是所有者权益的主要来源和表现形式,是投资者拥有的根本权益,对企业盈余分配和净资产处置权利起直接影响作用。其会计核算主要包括实收资本和资本公积等账户的应用和账务处理。向银行及其他金融机构借入资金的会计核算主要包括短期借款和长期借款等账户的应用和账务处理。

采购业务其实是企业供应过程中的一项业务,是企业生产经营循环中的一个重要阶段,其主要经济业务是以货币资金从其他单位采购生产经营所用的材料物资,形成储备资金的过程。它是工业企业取得劳动对象的阶段,是生产的准备阶段。采购业务的具体核算内容包括材料采购业务、材料价款和增值税额结算业务、材料采购成本的计算和材料验收入库等业务的账户应用和账务处理。

生产业务是工业企业生产过程中的基本经济业务,是工业企业资金循环的第二个阶段。在工业企业的生产过程中,工人借助劳动资料对劳动对象进行加工并制成劳动产品。因此,生产过程既是产品制造过程,又是物化劳动(劳动资料和劳动对象)和活劳动的消耗过程,同时还是价值增值的过程。因此,生产业务核算的主要内容包括生产费用的归集与计算分配、产品生产成本的计算与结转等业务的账户应用和账务处理。

销售业务是工业企业销售阶段的主要经济业务,是企业按照销售合同规定向购货单位和接受劳务供应单位销售商品与提供劳务,并按销售价格结算,收回销售价款,实现产品价值的过程。销售阶段是工业企业资金循环的第三个阶段,也是企业再生产过程的最后一个阶段。产品销售过程业务核算的主要内容包括确认产品销售收入的实现,与购买单位办理结算和收回货款,结转产品销售成本,支付产品销售费用,计算和交纳产品销售税金,确定产品销售利润等业务的账户应用和账务处理。

财务成果是指企业在一定时期内进行生产经营活动最终在财务上所实现的结果,即利润总额或净利润。利润总额是由营业利润、营业外收支净额两部分组成的。按其构成的不同层次可将其分解为以下各项指标:

$$利润总额=营业利润+营业外收入-营业外支出$$

营业收入减去营业成本、税金及附加、销售费用、管理费用、财务费用、资产减值损失,加上公允价值变动收益、投资收益即为营业利润。其中营业收入由主营业务收入和其他业务收入组成,营业成本由主营业务成本和其他业务成本组成。

企业实现的利润,首先应按规定的税率计算并交纳企业所得税。利润总额扣除所得税后为净利润或税后利润。其具体核算内容包括企业利润的形成、企业利润的分配过程及其结果等业务的账户应用和账务处理。

【思考题】

1. 企业筹资业务主要包括哪些方面? 主要应设置哪几个账户进行核算?

2. 企业采购业务内容主要包括哪些方面? 应如何进行核算?

3. 如何理解材料采购成本的构成? 怎样计算和结转材料采购成本?

4. 如何理解生产成本? 怎样进行制造费用的归集与分配?

5. 企业销售业务内容主要包括哪些方面? 主要应设置哪几个账户进行核算?

6. 财务成果如何形成? 其数量关系如何用计算公式表示?

7. 年终如何进行本年利润的结转以及利润分配的结转?

【练习题】

一、判断题

1. 企业生产经营过程中发生的各项耗费构成产品的成本。 因此,成本是对象化的费用。(　　)

2. 直接费用可直接归集到产品成本中,而间接费用则要通过分配之后才能归集到产品成本中。(　　)

3. 会计期末,为了正确计算损益,应把"制造费用"账户的余额转入"本年利润"账户。 (　　)

4. 企业必须设置"预收账款"科目来反映预收货款的情况。（　　）

5. 应收账款、应收票据、预收账款都是产品销售过程中涉及的结算类账户,它们都是资产类账户。（　　）

6. 计算出本期应由主营业务和其他业务负担的税金及附加后,应借记"税金及附加",贷记"应交税费"。（　　）

7. 当企业投资收益大于投资损失时,应将投资净收益从"投资收益"账户借方转入"本年利润"账户贷方。（　　）

8. 公司应交所得税是根据利润总额按规定税率计算求得的。（　　）

9. 盈余公积可用于弥补亏损或转增资本。（　　）

10."本年利润"账户的月末余额表示该企业当月所实现的净利润数额。（　　）

二、单项选择题

1. 下列费用不应计入产品成本,而应列作期间费用的是（　　）。

A. 直接材料费用　　　　　　　　　　B. 直接人工费用

C. 厂部企业管理部门的费用　　　　　D. 车间间接费用

2. 与一个成本计算对象有关的生产费用称为（　　）。

A. 间接费用　　　B. 直接费用　　　C. 制造费用　　　D. 期间费用

3. 对于产品生产过程中所发生的间接耗费,先归入（　　）,然后计入有关产品成本中去。

A. 生产成本　　　B. 直接费用　　　C. 制造费用　　　D. 期间费用

4. 某企业某月的制造费用共计 6 000 元,月末按工时在甲、乙两种产品之间进行分配。其中甲产品 10 000 工时,乙产品 20 000 工时,则甲产品应分配的制造费用为（　　）。

A.2 000 元　　　B.4 000 元　　　C.1 000 元　　　D.3 000 元

5. 企业生产的产品完工,应将其成本转入（　　）账户。

A. 主营业务成本　　B. 生产成本　　　C. 库存商品　　　D. 本年利润

6. 结转已销售产品的生产成本时,应贷记（　　）账户。

A. 生产成本　　　B. 本年利润　　　C. 主营业务成本　　　D. 库存商品

7. "生产成本"账户期末借方余额反映的是（　　）。

A. 完工产品成本　　　　　　　　　　B. 期末在产品成本

C. 本月生产费用合计　　　　　　　　D. 已入库产品成本

8. 广告宣传费应计入（　　）。

A. 管理费用　　　B. 生产成本　　　C. 销售费用　　　D. 营业外支出

9. 企业应交纳的增值税额是（　　）。

A. 进项税额　　　　　　　　　　　　B. 销项税额

C. 销项税额＋进项税额　　　　　　　D. 销项税额－进项税额

10. 出租房屋的租金收入属于（　　）。

A. 主营业务收入　　　　　　　　　　B. 其他业务收入

C. 投资收益　　　　　　　　　　　　D. 营业外收入

11. 下列各项中属于营业外收入的是（　　）。

A. 销售原材料取得的收入　　　　　　　　B. 出租无形资产取得的收入

C. 期满处置无形资产净收益　　　　　　　D. 出租固定资产的租金收入

12. 下列各项中属于营业外支出的是（　　）。

A. 销售原材料的成本　　　　　　B. 租出固定资产折旧

C. 期满清理固定资产净损失　　　D. 无法收回的应收账款

13. 自然灾害造成的非常损失应（　　）。

A. 计入管理费用　　　　　　　　B. 计入营业外支出

C. 冲减税后利润　　　　　　　　D. 计入其他业务成本

14. 企业支付的公益性、救济性捐赠应在（　　）账户中列支。

A. 主营业务成本　　　B. 其他业务成本　　　C. 投资收益　　　D. 营业外支出

15. 年终结转后，"利润分配"账户明细账余额的情况是（　　）。

A. 只有"未分配利润"有余额　　　B. 所有明细账都有余额

C. 所有明细账都没有余额　　　　D. "未分配利润"和"其他转入"有余额

16. "利润分配"账户在年终结转后出现借方余额，表示（　　）。

A. 未分配的利润额　　　　　　　B. 未弥补的亏损额

C. 已分配的利润额　　　　　　　D. 已实现的利润总额

三、多项选择题

1. 制造业的产品成本项目有（　　）。

A. 直接材料　　　B. 直接人工　　　C. 制造费用　　　D. 财务费用　　　E. 管理费用

2. 以下费用可直接记入"生产成本"账户的是（　　）。

A. 生产车间进行设备维修领用的材料

B. 生产车间生产产品领用的材料

C. 生产工人的工资及福利费

D. 车间主任、核算员及技术员的工资

E. 生产车间的固定资产折旧费

3. 企业耗用的材料可能会记入下列（　　）账户的借方。

A. 生产成本　　　B. 制造费用　　　C. 管理费用　　　D. 在建工程　　　E. 销售费用

4. 计提固定资产折旧可能会记入下列（　　）账户的借方。

A. 生产成本　　　B. 制造费用　　　C. 管理费用　　　D. 财务费用　　　E. 销售费用

5. 在权责发生制下，应当作为本月收入的是（　　）。

A. 本月销售产品，货款已收存银行　　B. 本月销售产品的货款尚未收回

C. 上月销售产品本月收回　　　　　　D. 本月预收下月销售产品款

E. 上月销售产品本月发生部分退回

6. 以下应计入工业企业主营业务收入的是（　　）。

A. 产品或商品销售收入　　　　　B. 自制半成品销售收入

C. 修理修配等工业性劳务收入　　D. 材料销售收入

E.出租固定资产和包装物的租金收入

7.下列总账年终结转后无余额的是(　　)。

A.管理费用　　　　B.销售费用　　　　C.投资收益　　　D.本年利润　　　　E.利润分配

8.营业利润主要由(　　)构成。

A.主营业务收入　　B.主营业务成本　　C.投资收益　　　D.营业外收入　　　E.营业外支出

四、计算题

习 题 一

目的:练习资金筹集业务的核算。

资料:

某企业2024年8月份发生下列经济业务:

(1)接受投资者投入企业的资本160 000元,并将款项存入银行。

(2)收到某投资者投入的全新设备一套,投资双方确认价值为250 000元;收到投资人投入企业的专利权一项,投资双方确认其价值为450 000元,相关手续已办妥。

(3)从银行取得期限为2年的借款1 000 000元,所得借款已存入开户银行。

(4)上述借款年利率4%,根据与银行签订的借款协议,该项借款的利息分月计提,季末支付,本金到期后一次支付。计算提取本月借款利息。

(5)从银行取得期限为4个月的生产经营用借款500 000元,所得的借款已存入开户银行。

(6)偿还到期短期借款本金200 000元。

要求:根据上述经济业务编制会计分录。

习 题 二

目的:熟悉材料采购成本的计算。

资料:

假设某企业2024年8月份发生下列经济业务:

(1)从东风工厂购入甲材料40吨,每吨250元,增值税专用发票上的价款和增值税分别为10 000元和1 300元,货款未付。

(2)用银行存款1 500元支付上述甲材料的包装费。

(3)甲材料运达企业,企业用现金支付该批材料的运输费200元,装卸费100元。

(4)材料验收入库,结转该批材料的实际采购成本。

(5)从红旗工厂购入甲材料120吨,每吨250元,购入乙材料50吨,每吨80元,增值税专用发票上的价款和增值税分别为34 000元和4 420元,企业签发并承兑商业汇票一张。

(6)将购入的以上两种材料运回企业,用银行存款5 100元支付运杂费(运杂费按采购材料的重量比例分摊)。

(7)用现金支付该批材料的装卸费300元以及整理挑选费150元(按重量比例分摊)。

(8)该批材料验收入库,结转材料的实际采购成本。

要求:

1.根据以上经济业务编制会计分录。

2．按材料品种开设"在途物资"明细分类账户(用丁字账),并根据上述有关的会计分录进行登记。

3．编制材料采购成本计算表,确定材料的实际采购成本(结果保留两位小数)。

材料采购成本计算表

年　月　日　　　　　　　　　　　　　　　　　　　　　单位:元

	甲材料（　　吨）		乙材料（　　吨）	
	总成本	单位成本	总成本	单位成本
买价				
采购费用				
材料采购成本				

习　题　三

目的:熟悉产品制造成本的计算。

资料:

1．某企业"生产成本"明细分类账户期初余额如下表所示:

产品名称	成本项目				
	直接材料	直接人工	其他直接费用	制造费用	合计
A产品	20 350	16 650	1 000	2 000	40 000
B产品	16 300	11 100	800	1 800	30 000
合计	36 650	27 750	1 800	3 800	70 000

2．该企业发生的经济业务如下:

(1)仓库发出材料(甲材料单价为1 000元/吨,乙材料单价为100元/吨),其中:

	甲材料/吨	乙材料/吨
A产品领用	65	45
B产品领用	35	20
车间领用	3	3
厂部领用	1	

(2)计算与分配本月应付职工工资如下(单位:元):

A产品生产工人工资	15 000
B产品生产工人工资	10 000
车间管理人员工资	3 000
厂部管理人员工资	2 000
合计	30 000

(3)根据规定按工资总额的2%、1.5%分别计提工会经费和职工教育经费(单位:元)。

A 产品生产工人经费	525
B 产品生产工人经费	350
车间管理人员经费	105
厂部管理人员经费	70
合计	1 050

(4) 从银行提取现金 30 000 元备发工资。

(5) 以现金 30 000 元发放工资。

(6) 本月应提固定资产折旧 3 000 元,其中车间固定资产折旧 2 000 元,厂部固定资产折旧 1 000 元。

(7) 以银行存款 3 050 元支付本月水电费,其中:

A 产品耗用	1 500
B 产品耗用	1 050
车间耗用	350
厂部耗用	150
合计	3 050

(8) 月末,按本月生产工人工资的比例分摊制造费用,并分别转入有关产品的生产成本。

(9) 月末,本企业生产的 A 产品 500 件全部完工,经验收入库,结转该产品的生产成本。

(10) 月末,本企业生产的 B 产品 300 件全部完工,经验收入库,结转该产品的生产成本。

要求:

1. 根据资料 2 编制会计分录,并登记"生产成本""制造费用"等有关账户。

借方	生产成本	贷方	借方	制造费用	贷方
本期发生额	本期发生额		本期发生额	本期发生额	

制造费用分配表

借方科目		分配标准	分配率	分配额
生产成本	A 产品			
生产成本	B 产品			
合计				

生产成本明细账

明细账户名称：A 产品

×× 年		凭证号数	摘要	直接材料	直接人工	其他直接费用	制造费用	合计
月	日							
			期初余额					
			领用材料					
			工人工资					
			提取经费					
			生产用电					
			分摊费用					
			费用合计					
			完工转出					
			期末余额					

生产成本明细账

明细账户名称：B 产品

×× 年		凭证号数	摘要	直接材料	直接人工	其他直接费用	制造费用	合计
月	日							
			期初余额					
			领用材料					
			工人工资					
			提取经费					
			生产用电					
			分摊费用					
			费用合计					
			完工转出					
			期末余额					

2. 根据生产成本明细分类账户，编制产品生产成本计算表（结果保留两位小数）。

完工产品成本计算表

年　月　日

单位：元

成本项目	A 产品（　件）		B 产品（　件）	
	总成本	单位成本	总成本	单位成本
直接材料				
直接人工				
其他直接费用				
制造费用				
合计				

习　题　四

目的：熟悉产品销售成本的计算。

资料：

1. 假设某企业期初库存资料如下：

	A 产品			B 产品		
	数量／件	单位成本／（元／件）	总成本／元	数量／件	单位成本／（元／件）	总成本／元
期初库存	1 000	90	90 000	2 000	130	260 000

2. 该企业发生的部分经济业务如下：

(1) 出售给长河工厂 A 产品 160 件，每件售价 120 元，款项尚未收到。

(2) 出售给日都工厂 B 产品 300 件，每件售价 150 元，款项已收存银行。

(3) 收到长河工厂转来的货款及增值税并存入银行。

(4) 向华源工厂出售 A 产品 100 件，每件售价 120 元，B 产品 150 件，每件售价 150 元，收到华源工厂签发的商业汇票一张。

(5) 月末结转已售产品的销售成本（采用加权平均法计算）。

(6) 月末将所有损益类科目的期末余额转入"本年利润"账户。

要求：

1. 根据上述资料，开设"主营业务收入"及"主营业务成本"等账户。

借方	主营业务收入	贷方	借方	主营业务成本	贷方
本期发生额	本期发生额		本期发生额	本期发生额	

2. 根据上述经济业务编制会计分录，并在有关账户中进行登记。

3. 采用加权平均法计算 A、B 产品的销售总成本和单位成本并编制产品销售成本计算表（结果保留两位小数）。

产品销售成本计算表

年 月 日

	A 产品			B 产品		
	数量/件	单位成本/（元/件）	总成本/元	数量/件	单位成本/（元/件）	总成本/元
期初库存						
本期销售						
期末余额						

习 题 五

目的:熟悉财务成果形成及分配的计算。

（一）资料:

XY 公司有关账户本期发生额合计如下（该企业适用所得税税率为 25%）:主营业务收入 600 000 元;其他业务收入 150 000 元;公允价值变动损益 12 000 元;投资收益 18 000 元;营业外收入 20 000 元;税金及附加 5 000 元;主营业务成本 350 000 元;其他业务成本 75 000 元;资产减值损失 20 000 元;营业外支出 50 000 元,制造费用 130 000 元;管理费用 45 000 元,销售费用 35 000 元,财务费用 20 000 元。

要求:请按步骤计算 XY 公司本年度净利润。

（二）资料:

某公司 2023 年度结账前各损益类账户余额如下:

科目名称	方向	余额
主营业务收入	贷	60 000
主营业务成本	借	30 000
税金及附加	借	2 800
销售费用	借	1 200
其他业务收入	贷	6 000
其他业务成本	借	4 000
管理费用	借	7 000
财务费用	借	2 400
投资收益	贷	2 000
营业外收入	贷	3 100
营业外支出	借	2 700

注:该公司适用所得税税率为 25%。

要求:

1.计算本年度的利润总额;

2. 计算所得税;

3. 编制结转损益类会计科目余额的会计分录;

4. 编制结转本年度净利润的会计分录。

(三)资料:

某企业年初"利润分配——未分配利润"明细账户的余额为 150 000 元。

1. 本年度实现净利润 680 000 元,按净利润的 10% 提取法定盈余公积金;向投资者分配利润 200 000 元。

2. 年末,将净利润与利润分配明细账户的期末余额转入"利润分配——未分配利润"明细账户。

要求:

1. 根据上述业务编制会计分录;

2. 计算年末未分配利润。

习 题 六

目的:综合熟悉各环节业务的核算。

资料:

宏发公司为生产加工企业,生产加工 A 产品和 B 产品。2024 年 8 月发生部分经济业务如下:

(1)向长城公司采购甲、乙两种材料,甲材料 100 吨,单价 1 500 元/吨,乙材料 120 吨,单价 2 000 元/吨,增值税税率 13%,上述款项尚未支付,材料尚在运输途中。

(2)用银行存款支付上述甲、乙材料运费 2 200 元,按重量比例分配计入材料成本中。

(3)上述甲、乙材料已经全部到达并验收入库,结转其实际采购成本。

(4)公司管理人员李明出差,预借差旅费 2 000 元,用现金支付。

(5)李明出差回来报销差旅费 1 800 元,余款退回。

(6)本月耗用材料如下:生产 A 产品耗用甲、乙材料各 20 000 元,生产 B 产品耗用甲材料 30 000 元、乙材料 22 000 元,车间管理耗用甲材料 1 600 元,公司行政管理耗用乙材料 2 000 元。

(7)本月工资费用如下:A 产品生产工人工资 20 000 元,B 产品生产工人工资 30 000 元,车间管理人员工资 8 000 元,公司管理人员工资 10 000 元。

(8)按应付工资总额从银行提取现金。

(9)以现金发放工资。

(10)本月车间固定资产的折旧费为 8 000 元,公司管理部门的固定资产的折旧费为 4 000 元。

(11)用银行存款 3 200 元支付车间的办公费 2 000 元、行政部门办公费 1 200 元。

(12)月末,将发生的制造费用按 A、B 产品生产工人工资的比例分配计入 A、B 产品的成本。

(13)本月生产的 A、B 产品已全部完工,A 产品完工数量 100 件,B 产品完工数量 120 件,计算并结转 A、B 产品的生产成本。

(14)本月销售 A 产品 60 件,售价为 800 元/件,销售 B 产品 80 件,售价为 1 000 元/件,增值税税率 13%,款项未收。

要求:根据宏发公司上述经济业务编制会计分录。

第五章

会计凭证

☆ 学习目的与要求

通过本章教学,学生应该了解会计凭证的含义及其在经济管理中的重要意义,掌握会计凭证的种类和格式、原始凭证和记账凭证的填制要求和审核内容、原始凭证和记账凭证的具体填制方法,并了解会计凭证传递和保管要求,为以后从事相关会计工作打下基础。

☆ 学习内容

1.会计凭证概述;

2.原始凭证;

3.记账凭证;

4.会计凭证的传递。

☆ 学习重点

1.会计凭证的意义与分类;

2.会计凭证的填制与审核;

3.会计凭证的传递和保管。

☆ 学习难点

会计凭证的填制、审核和传递。

☆ 案例导入

红旗饲料公司经理李明出差回来,到会计部门报销差旅费。出差前,他曾预借差旅费2 000元,报销时持有的差旅费单据金额为1 800元,同时向出纳杨晶交回了未用现金200元。出纳杨晶收回现金后,将原预借差旅费的借款单交回张明,并开了一张"收到归还借款"的收据给李明,表示解除了李明与公司之间的债务关系。会计员李丽立即根据李明报销时所交来的有关单据填制记账凭证，记账凭证上标明的会计分录为"借:管理费用1 800元，库存现金200元　贷:其他应收款2 000元"，随后又立即根据该记账凭证登记账簿。注册会计师审计时，发现该记账凭证及其所附原始凭证均无审核人员签章，同时有一张金额为800元的飞机票与李明出差地点不符且飞机票上的名字为张莉。

请思考:该案例中的做法存在着哪些问题？依据是什么？

第一节　会计凭证概述

一、会计凭证的概念

会计凭证简称凭证，是记录经济业务、明确经济责任的书面证明，也是登记账簿的依据。填制会计凭证是会计核算的一项专门方法。

在会计工作中，记录到账簿上的每一笔数据都必须以合法的、经过审核无误的会计凭证为记账依据。因此，为了保证会计记录能如实地反映企业经济活动，并保证账户记录的真实性、准确性，财会人员在记账时必须严格以会计凭证为依据。在经济业务发生时，执行该项经济业务的相关人员从外部取得或自行填制书面形式的会计凭证，以反映经济业务的发生及完成情况，并签字盖章，从而证明对该项经济业务的真实性和合法性所负的责任。会计凭证经有关人员审核无误后，方可作为记账的依据。

二、会计凭证的意义

正确填制和严格审核会计凭证，对完成会计工作任务、实现会计职能、充分发挥会计在经济管理中的作用具有重要的意义。

（一）会计凭证是提供经济信息和会计信息的载体

会计凭证是记录经济活动的原始凭据，会计人员通过对会计凭证的加工、整理和传递，可以直接传递经济信息，既协调了企业单位内部各个部门之间的经济活动，又为会计分析、会计检查提供了基础数据。因此，认真填制和严格审核会计凭证，可以为记账、算账及整个会计核算过程提供真实的、可靠的依据，实现会计的反映职能。

（二）会计凭证是登记账簿的依据

任何单位，每发生一笔经济业务，都必须通过填制会计凭证来如实记录经济业务的内容、数量和金额，然后经过审核无误，才能登记入账。如果没有合法的凭证作依据，任何经济业务都不能登记到账簿中去。因此，通过会计凭证的填制、审核，为账簿记录提供真实、可靠的依据，以确保账簿资料的真实准确。

（三）会计凭证是实行会计监督、控制经济活动的必要条件

通过会计凭证的审核,可以检查发生的经济业务是否符合国家的法律法规,是否符合财经制度和经营政策,是否符合企业财务收支计划和预算的规定,以确保经济业务的合理性、合法性和有效性。因此,认真填制和严格审核会计凭证,可以及时反映经营活动的发生、发展和完成的实际情况,从而发挥会计的监督作用,保护各会计主体所拥有资产的安全完整,维护投资者、债权人和有关各方的合法权益。

（四）会计凭证是加强经济管理的手段

经济业务发生以后,要及时取得或填制会计凭证,证明经济业务已经发生或完成;同时要由有关的经办人在凭证上签字或盖章,明确业务责任人。通过会计凭证的填制和审核,使有关责任人在其职权范围内各司其职、各尽其责,并利用凭证填制、审核的手续制度,进一步完善经济责任制。因此,认真填制和严格审核会计凭证可以明确有关部门、有关人员的责任,便于进行会计考核、分析和评价。

三、会计凭证的种类

会计凭证按照其用途和填制程序分为原始凭证和记账凭证两大类。其分类标准如图 5-1 所示,具体分类内容见本章第二节原始凭证和第三节记账凭证。

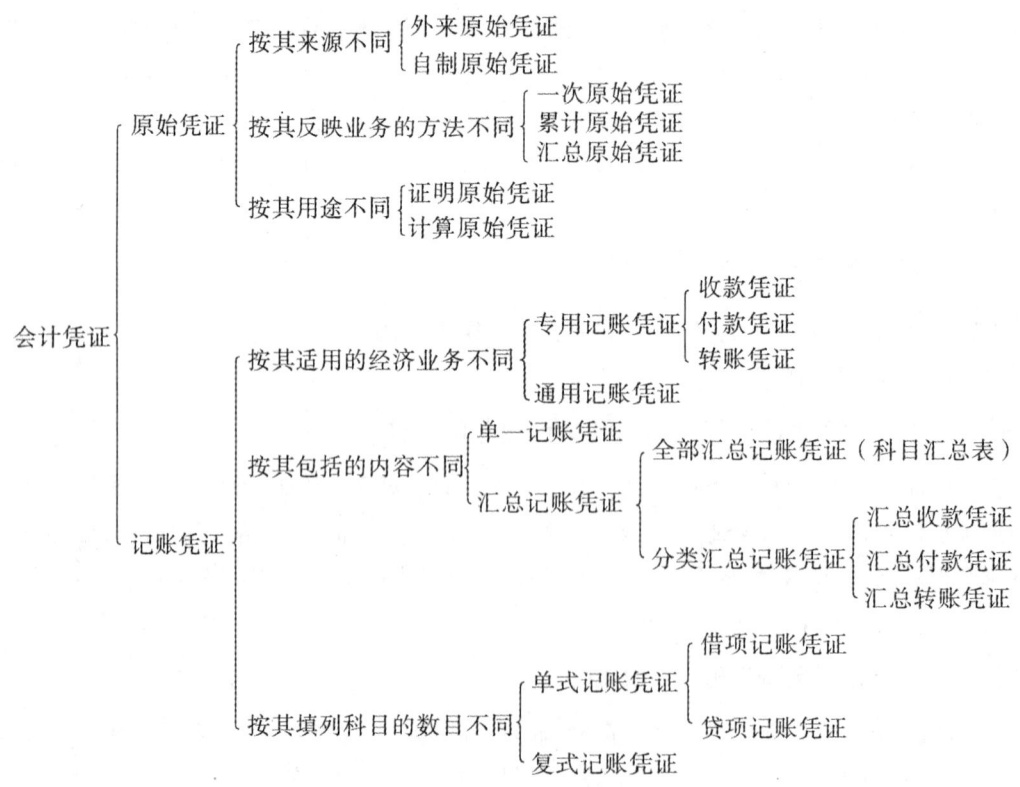

图 5-1　会计凭证的分类

第二节 原始凭证

一、原始凭证的概念

原始凭证是在经济业务发生时取得或填制的、载明经济业务的执行和完成情况、明确经济责任且具有法律效力的书面证明。它载明了进行会计核算的原始数据,也是填制记账凭证或登记账簿的原始依据。由于原始凭证是在经济业务发生过程中直接填制的,是经济业务发生的最初证明,在法律上具有证明效力,所以也叫"证明凭证"。原始凭证记录的经济业务必须与实际情况相符合,决不允许弄虚作假。

二、原始凭证的种类及样式举例

(一)按来源不同分类

原始凭证按其来源不同,可分为外来原始凭证和自制原始凭证。

1.外来原始凭证

外来原始凭证是指在经济业务发生时,从本单位以外的其他单位或个人处取得的原始凭证。如采购材料或采购商品时取得的增值税专用发票、普通发票、银行结算凭证,出差时购买的车船票,银行开来的收款或付款通知等都是外来原始凭证。

银行进账单和增值税专用发票的一般格式如图5-2、图5-3所示。

中国工商银行进 账 单（收账通知）

2024 年 8 月 6 日

付款人	全　称	北京万象公司	收款人	全　称	北京通益有限责任公司											此联是开户银行交给收款人的回单
	账　号	000927820012		账　号	0101234500000056888											
	开户银行	建行北京市长乐分理处		开户银行	工行北京市朝阳分理处											
金额	人民币（大写）	壹万壹仟叁佰元整				亿	千	百	十	万	千	百	十	元	角	分
									¥	1	1	3	0	0	0	0
	票据种类	支票	票据张数	1												
	票据号码	321														
			复核　　　记账													

中国工商银行北京市
朝 阳 分 理 处收款人开户银行签章
2024.8.6
转讫

图 5-2　银行进账单

<u>增值税专用发票</u>

发票联　　　　　　　　　　　　　　**N**<u>o</u>

开票日期：　年　月　日

购货单位	名　　　称：					密码区	（略）		
	纳税人识别号：								
	地　址、电　话：								
	开户行及账号：								
货物或应税劳务名称		规格型号	单位	数量	单价	金额		税率	税额
合　　计									
价税合计（大写）		拾　万　仟　佰　拾　元　角　分				￥_____			
销货单位	名　　　称：					备注			
	纳税人识别号：								
	地　址、电　话：								
	开户行及账号：								

收款人：　　　　　复核：　　　　　　　开票人：　　　　　销货单位（章）

第二联　发票联　购货单位记账凭证

图 5-3　增值税专用发票

2.自制原始凭证

自制原始凭证是指在经济业务发生时，由本单位经办业务的部门和人员，在执行或完成某项经济业务时所填制的原始凭证，如收料单、领料单、限额领料单、工资结算单、费用分配表以及企业在办理支付结算时签发的支票等。

工资结算单及制造费用分配表的一般格式如表 5-1、表 5-2 所示，支票如图 5-4 所示。

表 5-1　工资结算单

部门：　　　　　　　　　　　　　　年　　月

姓名	应付工资					代扣款项				实发工资	领款人签章
	标准工资	各种奖金	各种津贴	缺勤扣款	合计	各项保险及公积金	个人所得税	其他	合计		
合计											

表 5-2　制造费用分配表

2024 年 8 月 31 日

分配对象	分配标准 / 时（生产工时）	分配率 /（元 / 时）	分配费用额 / 元
A 产品	2 720	5.875	15 980
B 产品	4 080	5.875	23 970
合计	6 800		39 950

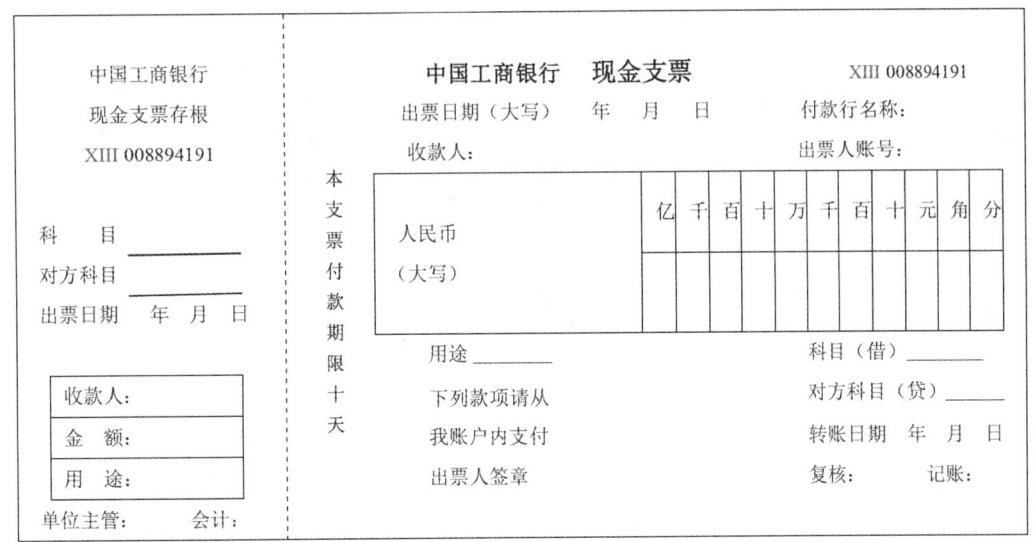

图 5-4　支票（正面）

（二）按反映业务的方法不同分类

原始凭证按其反映业务的方法不同,可分为一次原始凭证、累计原始凭证和汇总原始凭证。

1.一次原始凭证

一次原始凭证也称一次有效凭证,是指只反映一项或同时反映若干项同类性质的经济业务,填制手续是一次性完成的原始凭证,如收料单、发货票及职工报销单等。外来原始凭证一般都是一次原始凭证。

差旅费报销单的一般格式如表 5-3 所示。

表 5-3　差旅费报销单

原派出单位				年　月　日					单据张数　　张			
事　　由		姓名			职务				预借款　　元			
起止日期				地点	车船费	邮电	住宿费			途中标准	伙食补贴		合计
月	日	月	日				标准	天数	金额		天数	金额
人民币（大写）						应退（补）：　　元						

派出单位领导:　　　　财务主管:　　　　　　复核:　　　　　　　出纳:

2.累计原始凭证

累计原始凭证也称多次有效凭证,是指在一定时期内连续记载若干项同类经济业务的自制原始凭证。这种凭证的填制手续不是一次完成的,而是随着经济活动的连续发生分次填制的,可以随时计算发生额累计数,所以称为累计凭证。使用累计凭证,一方面可以简化核算手续,减少凭证数量,同时还便于同定额、计划、预算数比较,起到控制有关费用定额、计划或预算范围内的开支,节约支出的作用。如限额领料单、企业管理费用开支手册等都是累计原始凭证。

限额领料单的一般格式如表5-4所示。

表5-4　限额领料单

领料单位：　　　　　　　　　　　　　　　　　　　　　仓库：
用途：　　　　　　　　　　　　　　　　　　　　　　　计划产量：
　　　　　　　　　　　　　　　　　　　　　　　　　　单位消耗定额：

材料类别	材料编号	材料名称	规格	计量单位	单价	领料限额	全月实领	
							数量	金额

日期	请领			实发		代用材料			限额结余
	数量	领料单位负责人签章	领料人签章	数量	发料人签章	数量	单价	金额	

仓库负责人：　　　　　　　生产计划部门负责人：　　　　　　　　仓库保管员：

3.汇总原始凭证

汇总原始凭证,是为了集中反映某项经济业务并简化编制记账凭证的工作,根据一定时期内许多相同原始凭证或会计核算资料汇总起来而填制的原始凭证。汇总原始凭证在大中型企业使用得非常广泛,因为它不仅可以简化核算手续,提高核算工作效率,还能够使核算数据更加系统化、核算过程更加条理化,并且能够直接为管理提供某些综合指标。如发出材料汇总表、工资结算汇总表、工资分配汇总表等都属于汇总原始凭证。

发出材料汇总表及工资分配汇总表的一般格式如表5-5至表5-7所示。

表5-5　发出材料汇总表

发料仓库：　　　　　　　　　　　　年　月　日

材料类别	材料名称	材料规格	计量单位	数量	发出材料金额合计										
					亿	千	百	十	万	千	百	十	元	角	分

会计主管（签章）：　　　　复核（签章）：　　　　记账（签章）：　　　　制单（签章）：

表5-6　发出材料汇总表

发料仓库：　　　　　　　　　　　　年　月　日　　　　　　　　　　单位：元

应贷科目＼应借科目		生产成本			制造费用	管理费用	在建工程	合计
		A产品	B产品	…				
原材料	甲材料							
	乙材料							
	丙材料							
	…							
合计								

会计主管（签章）：　　　　复核（签章）：　　　　记账（签章）：　　　　制单（签章）：

表5-7　工资分配汇总表

年　　月

应分配工资＼车间部门　应借科目	基本车间生产工人	基本车间管理人员	辅助生产车间生产工人	辅助生产车间管理人员	行政管理部门	销售部门
生产成本——基本生产成本						
生产成本——辅助生产成本						
制造费用						
管理费用						
销售费用						
合计						

（三）按用途不同分类

原始凭证按其用途不同,可分为证明原始凭证和计算原始凭证。

1.证明原始凭证

证明原始凭证,是指用来证明经济业务已执行或完成的原始凭证,如收料单、领料单、发票等。

收料单、领料单及普通发票的一般格式如表5-8、表5-9以及图5-5所示。

表5-8　收料单

材料科目：　　　　　　　　　　　　　　　　　　　　供应单位：
材料类别：　　　　　　　　　　年　月　日　　　　　发票号码：
　　　　　　　　　　　　　　　　　　　　　　　　　收料仓库：

材料名称	规格	计量单位	数量		实际成本				
			应收	实收	买价		运杂费	其他	合计	单位成本
					单价	金额				
合计										

记账：　　　　　　　　　　收料：　　　　　　　　　　　　制单：

表5-9　领料单

领料单位：　　　　　　　　　　　　　　　　　　　　　　　编号：
用途：　　　　　　　　　　年　月　日　　　　　　　　　　仓库：

材料类别	材料编号	材料名称	规格	计量单位	数量		单价	金额	备注
					请领	实发			
...									

记账：　　　　发料：　　　　　　领料单位负责人：　　　　　　领料：

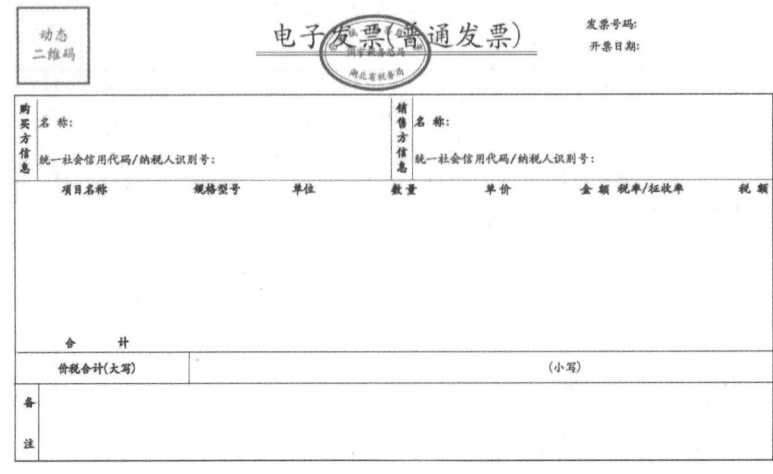

图5-5　普通发票

2.计算原始凭证

计算原始凭证是指根据证明原始凭证或会计核算资料,经过一定的计算而编制的原始凭证,如费用分配表、工资结算单、产品成本计算单以及职工福利费计算单等。

商品销售成本计算单及职工福利费计算单如表5-10、表5-11所示。

表5-10　商品销售成本计算单

年　月　日

商品名称	销售数量	单位成本	总成本
合计			

主管:　　　　　会计:　　　　　记账:　　　　　制单:

表5-11　职工福利费计算单

年　月

车间部门		工资总额	当期预计的职工福利费（14%）
基本生产车间	生产工人		
	管理人员		
辅助生产车间	生产工人		
	管理人员		
行政管理人员			
销售部门			
合计			

三、原始凭证的基本内容

经济业务是多种多样的,因而记录经济业务的原始凭证名称、内容和格式也不尽相同。但每一种原始凭证都必须客观地、真实地记录经济业务的发生、完成情况,且都必须明确有关单位和人员的责任。这就要求原始凭证必须具备以下基本内容:

(1)原始凭证的名称;

(2)填制凭证的日期;

(3)填制凭证的编号;

(4)接受凭证的单位名称;

(5)经济业务的基本内容、数量、单价、金额;

(6)填制凭证单位及经办人员的签章。

此外,有的原始凭证为了满足计划、业务、统计等职能部门管理的需要,还需要列入计划、定额、合同号码等项目。对于一定范围内经常发生的同类经济业务,应由主管部门制定统一的凭证格式。

例如,由中国人民银行统一设计的银行汇票、本票、支票;由交通部门统一设计的运单、客票;由税务部门统一印制的发货票、收款收据等。这样,既可使同类经济业务的原始凭证内容在全国统一,加强监督管理,又可节省印刷费用。

四、原始凭证的填制要求

为了保证会计核算资料的真实、准确,应按下列要求填制原始凭证。

（一）记录要真实

凭证上反映的经济业务必须符合国家有关政策、法令、法规、制度的要求;原始凭证上填制的日期、业务内容、数量、金额等,必须与实际情况完全相符,确保凭证所反映的经济业务真实可靠,不允许弄虚作假;从外单位取得的原始凭证如有遗失,应当取得原开出单位盖有公章的证明,并注明原来凭证的号码、金额和内容等,由经办单位相关负责人批准后,才能代作原始凭证;如果确实无法取得证明的,如火车票、轮船票、飞机票等凭证,在当事人写出详细情况,由经办单位相关负责人批准后,可代作原始凭证。

（二）填制要及时

每笔经济业务发生或完成后,经办业务的有关部门和人员必须及时填制原始凭证,并按规定的程序将其送交会计部门。

（三）内容要齐全

凭证中的基本内容和补充内容要填写齐全,不得遗漏;文字说明及数字要填写清楚,数量、单价、金额要计算正确。为明确责任,原始凭证必须由经办部门和人员签章。如外来原始凭证要盖有填制单位的公章或财务专用章,自制原始凭证要有经办部门负责人或指定人员的签名或盖章等。

（四）手续要完备

原始凭证的填制手续必须符合内部牵制原则的要求。凡是填有大写和小写金额的原始凭证,大写和小写金额必须相符;购买实物的原始凭证,必须有验收证明;支付款项的原始凭证,必须有收款方的收款凭证;销货退回时,除填制退货发票外,必须取得对方的收款收据或开户行的汇款凭证;各种借款凭证,必须附在记账凭证之后,收回借款时,应当另开收据或者退还借款收据副本,不得退回原借款收据。一式多联的原始凭证,应当注明各联次的用途,只能以一联作为报销凭证;一式多联的发票和收据,必须用双面复写纸套写,连续编号;作废时应当加盖"作废"戳记并连同存根一起保存,不得撕毁。

（五）书写要规范

(1)原始凭证上的文字和数字必须填写清楚,容易辨认。文字叙述要简要,字迹要工整、清晰、易于辨认,不得使用未经国务院公布的简化字。阿拉伯数字要逐个写清楚,不得连笔。一式几联的凭证,应当注明各联的用途,只能以一联作为登记账簿的依据,并且要用复写纸进行套写,连续编号,单页凭证必须用钢笔填写。

(2)书写小写金额时,金额之前要冠以人民币符号"￥"(用外币计价、结算的凭证,金额前要加注外币符号,如"$""US"等),币种符号与数字之间不得留有空白。前面加有币种符号的金额,后面不加货币单位。所有以元为单位的阿拉伯数字,除表示单价等情况外,一律填写到角、分;无角、分的,要以"0"补位。

(3)大写数字金额如壹、贰、叁、肆、伍、陆、柒、捌、玖、拾、佰、仟、万、亿、元、角、分、零、整等,应一律用正楷或行书体书写,金额最后为"元"或"角"的,在"元"或"角"之后要写"整"字。金额小写数字中间有"0"时,金额大写要写"零"字,如¥1 409.50,金额大写应写成"人民币壹仟肆佰零玖元伍角整"。金额小写数字中间有几个"0"时,金额大写中只写一个"零"字,如¥6 007.14,金额大写应写成"人民币陆仟零柒元壹角肆分"。金额小写数字万位或元位是"0",或者数字中间连续有几个"0",元位也是"0",但千位、角位不是"0"时,金额大写数字中可只写一个"零"字,也可以不写"零"字。如¥1 580.32,应写成"人民币壹仟伍佰捌拾元零叁角贰分",或者写成"人民币壹仟伍佰捌拾元叁角贰分";又如¥107 000.54,应写成"人民币壹拾万柒仟元零伍角肆分",或者写成"人民币壹拾万零柒仟元伍角肆分"。金额小写数字角位是"0",而分位不是"0"时,金额大写数字"元"后面应写"零"字,如¥1 681.06,应写成"人民币壹仟陆佰捌拾壹元零陆分"。

(4)原始凭证记载的各项内容均不得涂改。原始凭证有错误的,应当由出具单位重开或更正,更正处应当加盖出具单位印章。对于支票等重要的原始凭证若填写错误,一律不得在凭证上更正,应按规定的手续注销留存,另行重新填写。

五、原始凭证的填制方法

原始凭证必须根据经济业务执行和完成的实际情况直接填制。为了保证原始凭证填制的完整性,下面介绍几种常用原始凭证的填制方法。

(一)收料单的填制

收料单是在外购的材料物资验收入库时填制的原始凭证。一般一式三联,一联由验收人员留底,一联交仓库保管人员据以登记明细账,一联连同发票交财会部门办理结算。收料单的一般格式如表5-12所示。

表5-12 收料单

材料科目:原材料
材料类别:辅助材料
2024年8月6日
供应单位:江湾橡胶厂
发票号码:0114715
收料仓库:一仓库

材料名称	规格	计量单位	数量		实际成本					
			应收	实收	买价		运杂费	其他	合计	单位成本
					单价	金额				
底垫	只	千克	10 000	10 000	1.40	14 000			14 000	1.40
口圈	只	千克	10 000	10 000	1.90	19 000			19 000	1.90
...										
合计			20 000	20 000		33 000			33 000	

质量检验:孙晔　　　　　　收料:王小红　　　　　　制单:陈晓梅

（二）普通领料单的填制

为了便于分类汇总，领料单填制要"一料一单"，即一种原材料填写一张单据。领用原材料需经领料车间负责人批准后，方可填制领料单，车间负责人、仓库保管员和领料人均需在领料单上签名或盖章。领料单的格式如表 5-13 所示。

表 5-13　领料单

领料单位：第一车间　　　　　　　　　　　　　　　　　　　　　　　　　　编号：02 号
用途：制造产品　　　　　　　　　　2024 年 8 月 10 日　　　　　　　　　　仓库：二仓库

材料类别	材料编号	材料名称	规格	计量单位	数量		单价	金额	备注
					请领	实发			
原材料	0100119	工字钢	10 号	吨	10	10	3 000	30 000	
⋯									

记账：陈晓梅　　　　　　发料：李明　　　　　　领料单位负责人：王刚　　　　　　领料：单义新

（三）限额领料单的填制

限额领料单是指一次开设、多次使用，领用限额已定的累计凭证，也称多次有效凭证。限额领料单的有效期一般为一个月，在有效期内，只要领料数量累计不超过限额就可以连续使用。

限额领料单要填明领料单位、材料用途、发料仓库、材料名称以及根据本月产品计划产量和材料单位消耗定额计算确定的全月领料限额等项目。限额领料单一般一式两联，经生产计划部门和供应部门负责人审核签名或盖章后，一联送交仓库据以发料，登记材料明细账，另一联送交领料部门据以领料。限额领料单的格式如表 5-14 所示。

表 5-14　限额领料单

领料单位：加工车间　　　　　　　　　　　　　　　　　　　　仓库：四仓库
用途：制造甲产品　　　　　　　　　　　　　　　　　　　　　计划产量：2 000 台
　　　　　　　　　　　　　　　　　　　　　　　　　　　　　单位消耗定额：0.5 千克/台

材料类别	材料编号	材料名称	规格	计量单位	单价	领料限额	全月实领	
							数量	金额
黑色金属	8303	圆钢	φ3 mm	千克	2	1 000	950	1 900

日期	请领			实发		代用材料			限额结余
	数量	领料单位负责人签章	领料人签章	数量	发料人签章	数量	单价	金额	
5	500	王克	赵明	500	李忠				500
15	300	王克	赵明	300	李忠				200
	⋯								

仓库负责人：林海　　　　　　生产计划部门负责人：张力　　　　　　仓库保管员：王小红

（四）支票的填制

常见支票分为现金支票、转账支票。在支票正面上方有明确标注。现金支票只能用于支取现金（限开户行），转账支票只能用于转账（限同城内）。支票的格式如图 5-6 所示。

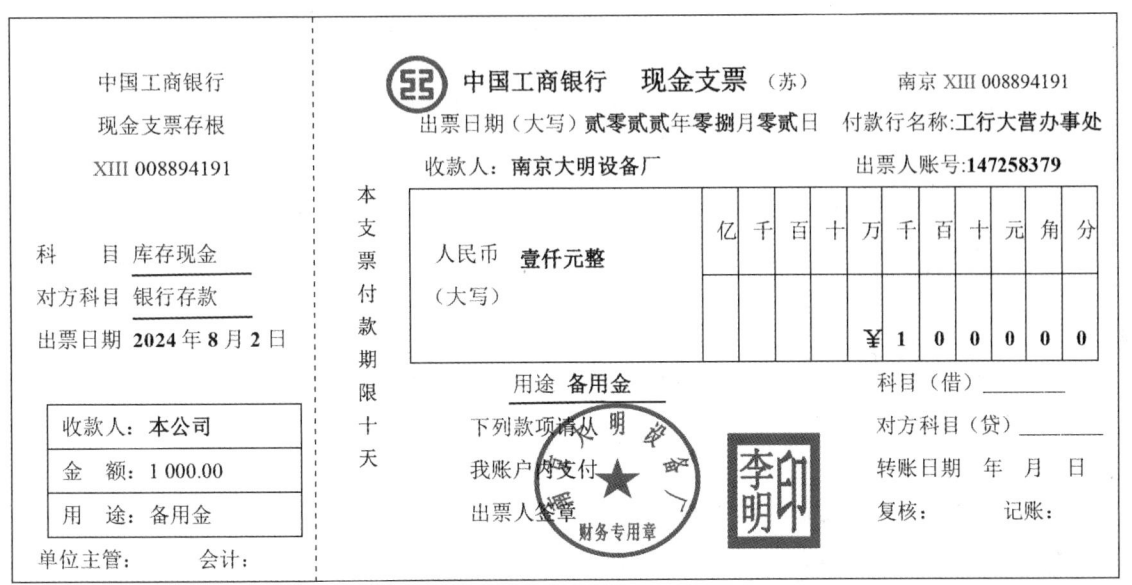

图 5-6　支票格式

支票的填写有以下几个方面要注意：

(1) 出票日期（大写）：数字必须大写。大写数字写法：零、壹、贰、叁、肆、伍、陆、柒、捌、玖、拾。

(2) 收款人：现金支票收款人填写本单位名称，转账支票收款人填写对方单位名称。

(3) 付款行名称、出票人账号：为本单位开户银行名称及账号，银行账号必须小写。

(4) 人民币（大写）。数字大写写法：零、壹、贰、叁、肆、伍、陆、柒、捌、玖、拾、佰、仟、万、亿。

(5) 人民币小写：最高金额前一位空白格用"￥"符号打头，数字填写要求完整清楚。

(6) 盖章：支票正面盖财务专用章和法定代表人章，缺一不可，印泥为红色，印章必须清晰，如印章模糊，则只能将本张支票作废，换一张重新填写、重新盖章。

(7) 常识：支票正面不能有涂改痕迹，否则本支票作废；受票人如果发现支票填写不全，可以补记，但不能涂改；支票的有效期为 10 天，日期首尾算一天，节假日顺延；支票见票即付，不记名。（丢了支票尤其是现金支票，银行不承担责任。现金支票一般要素要填写齐全，如支票未被冒领，在开户银行挂失；转账支票如支票要素填写齐全，在开户银行挂失，如要素填写不齐，到票据交换中心挂失。）

（五）普通发票的填制

填制普通发票首先要写清购货单位的全称，然后按凭证格式和内容逐项填写齐全，最后由经办人签字，单位加盖公章。普通发票的格式如图 5-7 所示。

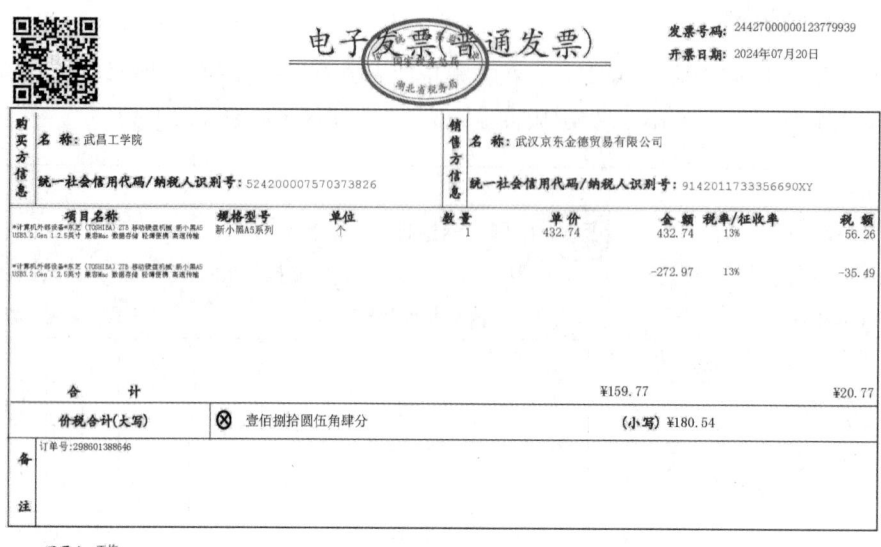

图 5-7 普通发票格式

（六）增值税专用发票的填制

增值税专用发票是一般纳税人在销售货物时开具的销货发票。增值税专用发票一式四联，销货单位和购货单位各两联。留销货单位的两联，一联存放有关业务部门，另一联作为财会部门的记账凭证；交购货单位的两联，一联作为购货单位的结算凭证，另一联作为购货单位税款抵扣凭证。增值税专用发票的格式如图 5-8 所示。

图 5-8 增值税专用发票

增值税发票只限于一般纳税人领购使用，小规模纳税人和非增值税纳税人不得领购使用增值税专用发票。购货单位只有取得增值税专用发票税款抵扣联,才能作为抵扣应纳增值税的凭证。

（七）发料凭证汇总表的填制

工业企业在生产过程中领发材料比较频繁,业务量大,同类凭证也较多。为了简化核算手续,需要编制发料凭证汇总表。发料凭证汇总表一般根据领料部门及材料用途进行分类汇总。发料凭证汇总表的格式如表 5-15 所示。发料凭证汇总表的编制时间可根据业务量的大小确定,一般每隔5 天、1 旬或 1 个月汇总编制一次。

表 5-15　发料凭证汇总表

2024 年 8 月 10 日—8 月 20 日

领用部门	材料名称	用途	单位	数量	单价	总成本
第一生产车间	甲材料	生产 A 产品	千克	700	100	70 000
第二生产车间	甲材料	生产 B 产品	千克	160	100	16 000
车间管理部门	乙材料	一般耗用	千克	60	80	4 800
公司行政管理部门	乙材料	一般耗用	千克	100	80	8 000
销售部门	丙材料	一般耗用	千克	100	50	5 000
合计						103 800

主管（签章）:　　　　复核（签章）:　　　　保管（签章）:　　　　制表（签章）:

六、原始凭证的审核

根据《会计法》的规定,为了保证原始凭证的客观性、真实性及合法性,保证会计数据的质量和充分发挥会计的监督作用,会计机构、会计人员无论对外来的原始凭证,还是自制原始凭证,都必须按照国家统一的会计制度的规定进行严格、认真的审核。审核原始凭证主要是审查以下内容。

（一）完整性的审核

审核原始凭证的手续是否完备,应填写的项目是否齐全,有关经办人员是否都已签字或盖章,是否经过有关主管人员审核等。

（二）真实性的审核

审核原始凭证是否反映了经济业务的本来面貌,是否具备成为本单位合法会计凭证的条件。

（三）正确性的审核

审核原始凭证的摘要和数字是否填写清楚、正确,数量、单价、金额及其合计数等有无差错,大写金额和小写金额是否相等。

（四）合法性的审核

审核原始凭证是否符合有关政策、法令、制度、计划、预算及合同的规定等,有无违反法律、制度的违法乱纪行为。

（五）合理性的审核

审核原始凭证是否符合审批权限和手续，是否符合本单位规定的开支标准，是否符合提高经济效益、实现经营目标的原则。

对原始凭证的审核是执行会计监督职能的重要环节。它要求会计人员精通业务、熟悉政策、坚持原则、掌握情况和明辨是非。在审核中，对于内容不全、手续不齐、数字有差错以及不符合实际情况的原始凭证，应该退回有关部门或人员，及时补办手续或进行更正；对于不合法、不合理以及违反国家财经政策和制度的开支，会计人员应拒绝付款和报销；对于伪造公章、涂改单据、虚报冒领款项等行为，应及时向企业负责人和财务负责人报告并进行严肃处理。

第三节 记账凭证

一、记账凭证的概念

记账凭证是会计人员根据审核无误的原始凭证进行归类、整理，并据以确定会计分录后所填制的会计凭证，是登记账簿的直接依据。

由于原始凭证来自各个方面，格式大小不一，且不能清楚地表明应记入账户的名称和方向，若直接根据原始凭证记账，容易发生差错且难以达到记账的要求。而记账凭证载有反映经济业务的会计分录，并指明经济业务应记入的账户、应记的方向及相应的金额，且附有相关的原始凭证即附件，便于记账和查账。所以编制记账凭证，对于保证账簿记录的正确性是十分必要的。

二、记账凭证的种类及样式举例

（一）按适用的经济业务不同分类

记账凭证按其适用的经济业务不同，可分为专用记账凭证和通用记账凭证。

1.专用记账凭证

专用记账凭证是指分类反映经济业务的记账凭证。根据原始经济业务内容的不同，又可分为收款凭证、付款凭证和转账凭证。

(1) 收款凭证，是用来反映现金和银行存款收款业务的记账凭证。它是根据有关现金和银行存款收入业务的原始凭证编制的。收款凭证，又可分为现金收款凭证和银行存款收款凭证两种。根据现金收入业务的原始凭证编制的收款凭证称为现金收款凭证，根据银行存款收入业务的原始凭证编制的收款凭证称为银行存款收款凭证。收款凭证的格式如表5-16所示。

(2) 付款凭证，是用来反映现金和银行存款付款业务的记账凭证。它是根据有关现金和银行存款付出业务的原始凭证填制的。付款凭证，又可以分为现金付款凭证和银行存款付款凭证两种。

根据现金付出业务的原始凭证填制的付款凭证称为现金付款凭证,根据银行存款付出业务的原始凭证填制的付款凭证称为银行存款付款凭证。付款凭证格式如表 5-17 所示。

表 5-16 收款凭证

借方科目:＿＿＿＿＿＿＿　　　　　　年　月　日　　　　　　　　　　字第　　号

摘　　要	贷　　方		金　　额											√
	总账科目	明细科目	亿	千	百	十	万	千	百	十	元	角	分	
合　　　　　　　　计														

附单据　张

会计主管:　　　记账:　　　出纳:　　　复核:　　　制单:

表 5-17 付款凭证

贷方科目:＿＿＿＿＿＿＿　　　　　　年　月　日　　　　　　　　　　字第　　号

摘　　要	借　　方		金　　额											√
	总账科目	明细科目	亿	千	百	十	万	千	百	十	元	角	分	
合　　　　　　　　计														

附单据　张

会计主管:　　　记账:　　　出纳:　　　复核:　　　制单:

对现金与银行存款之间相互划转的业务,为避免重复填制记账凭证,只按贷方科目填制一张付款凭证即可。如将现金存入银行,同时涉及银行存款的增加和库存现金的减少,只填制现金付款凭证,而不填制银行存款收款凭证;从银行提取现金,同时涉及库存现金的增加和银行存款的减少,只填制银行存款付款凭证,而不填制现金收款凭证。

收款凭证和付款凭证既是登记现金日记账、银行存款日记账以及有关明细分类账和总分类账的依据,也是出纳收、付款项的依据。

(3)转账凭证,是用来反映不涉及现金和银行存款收付业务的其他转账业务的记账凭证。它是根据转账业务的原始凭证填制的，是登记有关账簿的依据。转账凭证格式如表 5-18 所示。

表 5-18　转账凭证

年　月　日　　　　　　　　　　　字第　　号

摘　要	总账科目	明细科目	借　方　金　额										贷　方　金　额										√
			亿	千	百	十	万	千	百	十	元	角	分	亿	千	百	十	万	千	百	十	元	角	分	
合　　计																										

附单据　张

会计主管：　　　记账：　　　出纳：　　　复核：　　　制单：

转账凭证除了根据转账业务的原始凭证填制外，对于期末账户之间的转账业务，需根据账簿记录来填制。

2.通用记账凭证

对于经济业务量少而且业务简单的企业单位，可以只使用一种通用记账凭证。通用记账凭证适用于所有经济业务。通用记账凭证的一般格式如表 5-19 所示。

表 5-19　记账凭证

年　月　日　　　　　　　　　　　字第　　号

摘　要	科　目		借　方　金　额											贷　方　金　额										√
	总账科目	明细科目	亿	千	百	十	万	千	百	十	元	角	分	亿	千	百	十	万	千	百	十	元	角	分	
合　　计																										

附单据　张

会计主管：　　　记账：　　　出纳：　　　复核：　　　制单：

（二）按填列会计科目的数目不同分类

记账凭证按其填列会计科目的数目不同，可分为单式记账凭证和复式记账凭证。

1.单式记账凭证

单式记账凭证简称"单式凭证"，是指在一张记账凭证上只填列每笔会计分录中的一方科目，其对应科目只作参考,不据以记账。填列借方科目的凭证称为借项记账凭证,格式如表5-20所示。填列贷方科目的凭证称为贷项记账凭证,格式如表5-21所示。每笔会计分录至少要填制两张单式凭证,用编号将其联系起来,以便查对。

表5-20 借项记账凭证

对应科目: __主营业务收入__　　　　　　　　××年×月×日　　　　　　　　　　编号:$1\frac{1}{2}$

摘　　要	总账科目	明细科目	金　　额										✓	附单据张
			亿	千	百	十	万	千	百	十	元	角	分	
销售收入存入银行	银行存款						3	5	0	0	0	0	0	✓
合　　　　　　计						¥	3	5	0	0	0	0	0	

会计主管:王成　　　记账:孙铭　　　出纳:张亮　　　复核:李红　　　制单:李伟

表5-21 贷项记账凭证

对应科目: __银行存款__　　　　　　　　××年×月×日　　　　　　　　　　编号:$1\frac{2}{2}$

摘　　要	总账科目	明细科目	金　　额										✓	附单据张
			亿	千	百	十	万	千	百	十	元	角	分	
销售收入存入银行	主营业务收入						3	5	0	0	0	0	0	✓
合　　　　　　计						¥	3	5	0	0	0	0	0	

会计主管:王成　　　记账:孙铭　　　出纳:张亮　　　复核:李红　　　制单:李伟

设置单式记账凭证时,因每张凭证只汇总一次,便于汇总,可减少差错;而且每个岗位人员都需对其有关的账户负责,可更好地实行会计部门内部的岗位责任制;有利于贯彻内部控制制度,防止差错和舞弊。但由于凭证张数多,不易保管,填制凭证的工作量较大,故使用单式记账凭证的单位较少。商业银行等金融企业通常采用单式记账凭证。

2.复式记账凭证

复式记账凭证简称"复式凭证",就是在一张凭证上至少登记两个互相对应的会计科目的凭证。由于复式凭证把一项经济业务所涉及的对应科目都集中填列在一张凭证上,这样具有反映经济业务全貌的优点,便于查账且减少了凭证张数,但它不便于分工记账和汇总计算每一会计科目的发生额。上述专用记账凭证及通用记账凭证均属于复式记账凭证。在实际工作中,一般企事业单位都采用复式记账凭证。

(三)按包括的内容不同分类

记账凭证按其包括的内容不同,可分为单一记账凭证和汇总记账凭证。

1.单一记账凭证

单一记账凭证是指只包括一笔会计分录的记账凭证。上述的专用记账凭证和通用记账凭证均为单一记账凭证。

2.汇总记账凭证

汇总记账凭证是根据一定时期内同类单一记账凭证定期加以汇总而重新编制的记账凭证。编制汇总记账凭证,是为了简化登记总分类账的手续。按汇总方法不同,汇总记账凭证可分为全部汇总记账凭证和分类汇总记账凭证两种。

(1)全部汇总记账凭证是指将所有分录凭证按照每一个会计科目在一定时期内所对应账户的借方、贷方发生额分别加以汇总编制的记账凭证汇总表,也称科目汇总表、账户汇总表。其一般格式如表5-22所示。

表5-22 科目汇总表

年 月 日至 月 日　　　　　　凭证自 号至 号共 张　字第 号

会计科目	借方金额										贷方金额										记账✓	备注
	亿	千	百	十	万	千	百	十	元	角	分 亿	千	百	十	万	千	百	十	元	角	分	

会计主管:　　　　记账:　　　　复核:　　　　制单:

(2)分类汇总记账凭证是指将全部单一记账凭证,按照收款凭证、付款凭证、转账凭证定期加以汇总,分别编制汇总收款凭证、汇总付款凭证和汇总转账凭证。

汇总收款凭证按"库存现金"和"银行存款"科目的借方设置,定期按其对应的贷方科目加以汇总并按月编制,格式如表5-23所示;汇总付款凭证按"库存现金"和"银行存款"科目的贷方设置,定期按其相对应的借方科目加以汇总,按月编制,格式如表5-24所示;汇总转账凭证通常按转账凭证的贷方科目分别设置,定期按与其设置科目相对应的借方科目加以汇总,按月编制,格式如表5-25所示。

表5-23 汇总收款凭证

借方账户:　　　　　　　　年 月　　　　　　　　字第 号

贷方账户	金额				记账	
	(1)	(2)	(3)	合计	借方	贷方

附注:　(1)自____日至____日 收款凭证共计____张
　　　　(2)自____日至____日 收款凭证共计____张
　　　　(3)自____日至____日 收款凭证共计____张

表5-24 汇总付款凭证

贷方账户：　　　　　　　　　　　　　年　月　　　　　　　　　字第　号

借方账户	金额				记账	
	（1）	（2）	（3）	合计	借方	贷方

附注：（1）自＿＿＿日至＿＿＿日 付款凭证共计＿＿＿张
　　　（2）自＿＿＿日至＿＿＿日 付款凭证共计＿＿＿张
　　　（3）自＿＿＿日至＿＿＿日 付款凭证共计＿＿＿张

表5-25 汇总转账凭证

贷方账户：　　　　　　　　　　　　　年　月　　　　　　　　　字第　号

借方账户	金额				记账	
	（1）	（2）	（3）	合计	借方	贷方

附注：（1）自＿＿＿日至＿＿＿日 转账凭证共计＿＿＿张
　　　（2）自＿＿＿日至＿＿＿日 转账凭证共计＿＿＿张
　　　（3）自＿＿＿日至＿＿＿日 转账凭证共计＿＿＿张

应当注意的是,全部汇总编制的记账凭证汇总表,不能反映出账户之间的对应关系;而分类汇总编制的汇总记账凭证能反映出账户之间的对应关系。

三、记账凭证的基本内容

记账凭证种类甚多,格式不一,但其主要作用都在于对原始凭证进行分类、整理,按照复式记账的要求,运用会计科目,编制会计分录,据以登记账簿。因此,记账凭证必须具备以下基本内容:

(1)记账凭证的名称;

(2)填制凭证的日期;

(3)记账凭证的编号;

(4)经济业务的内容摘要;

(5)账户名称(包括一级、二级和明细账)、记账方向和记账金额;

（6）记账标记；

（7）所附原始凭证的张数；

（8）填制、审核、记账、会计主管等有关人员的签章。

四、记账凭证的填制要求

（一）摘要简明

记账凭证的摘要应简明扼要地概括出经济业务的主要内容且摘要内容必须真实。在填写"摘要"时，既要简明，又要全面、清楚，应以说明问题为主。送存款项，要注明现金、支票、汇票等。遇有冲转业务，不应只写冲转，应写明冲转某年、某月、某日、某项经济业务和凭证号码，也不能只写对方账户。摘要要能够正确地、完整地反映经济活动和资金变化的来龙去脉，切忌含糊不清。总之，凭证摘要的书写虽不能像会计科目那样规范标准，但会计人员应努力提高自己对会计业务事项的表达和概括能力，力求使摘要的书写标准化、规范化。

（二）会计科目运用准确

会计科目必须按《企业会计准则——应用指南》规定的会计科目填制，不得随意简化或改动，不得只写科目编号，不写科目名称；同时，明细科目也要填列齐全。应借应贷的记账方向和账户对应关系必须清楚。

（三）连续编号

记账凭证在一个月内应当连续编号，即每月都从 1 号编起，顺序编至月末，以便查核。采用通用记账凭证，可按全部经济业务发生的先后顺序编号；采用专用记账凭证，可按凭证类别分类编号，记账凭证的编号方法既可以按收款、付款和转账业务三类分别编号，也可以按现金收入、现金付出、银行存款收入、银行存款付出和转账业务五类分别编号；如果一笔经济业务记入两张或两张以上的记账凭证，可以采用"分数编号法"，例如某笔经济业务需填制三张转账凭证，凭证的顺序号是 8 时，则三张转账凭证的编号依次为：转字第 $8\frac{1}{3}$ 号（第一张凭证）、转字第 $8\frac{2}{3}$ 号（第二张凭证）、转字第 $8\frac{3}{3}$ 号（第三张凭证），其中，分母代表该笔经济业务填制记账凭证的总张数，分子代表其中的第几张凭证，前面的整数则表示凭证的顺序号。每月末最后一张记账凭证的号旁要加注"全"字，以便于检查凭证有无散失。

（四）附件齐全

记账凭证所附的原始凭证必须完整无缺，并在凭证上注明所附原始凭证的张数，以便查核。若两张或两张以上的记账凭证依据同一原始凭证编制，则应在未附原始凭证的记账凭证上注明"原始凭证 × 张，附于第 × 号凭证之后"，以便日后查阅。

五、记账凭证的填制方法

在实际工作中，一般大中型企业现金和银行收支频繁，涉及货币资金业务较多，为了加强对现金和银行存款收付业务的管理,便于汇总和登记现金、银行存款账簿,通常采用收款凭证、付款凭证和转账凭证三种格式。下面就采用借贷记账法举例说明这三种凭证的填制方法。

【例5-1】2024年8月8日,企业销售给大华公司A产品200台,单价200元,货款40 000元,增值税销项税额5 200元,收到现金支票一张。编制的收款凭证如表5-26所示。

表5-26　收款凭证

借方科目:__银行存款__　　　　　2024 年 8 月 8 日　　　　　收字第 3 号

摘　要	贷　方		金　额										✓
	总账科目	明细科目	亿	千	百	十	万	千	百	十	元	角	分	
销售A产品	主营业务收入	A产品					4	0	0	0	0	0	0	✓
	应交税费	增值税（销）					5	2	0	0	0	0		✓
合　　　　　　计						¥	4	5	2	0	0	0	0	

附单据2张

会计主管:**王成**　　记账:**孙铭**　　出纳:**张亮**　　　　复核:**李红**　　制单:**李伟**

【例5-2】2024年8月9日,以现金支付购买行政部门办公用品900元。编制的付款凭证如表5-27所示。

表5-27　付款凭证

贷方科目:__库存现金__　　　　　2024 年 8 月 9 日　　　　　付字第 8 号

摘　要	借　方		金　额										✓
	总账科目	明细科目	亿	千	百	十	万	千	百	十	元	角	分	
购买办公用品	管理费用	办公费							9	0	0	0	0	✓
合　　　　　　计								¥	9	0	0	0	0	

附单据1张

会计主管:**王成**　　记账:**孙铭**　　出纳:**张亮**　　　　复核:**李红**　　制单:**李伟**

【例5-3】2024年8月31日,根据工资计算汇总表,分配结转本月份工资费用300 000元。其中生产 A 产品工人工资 150 000 元,生产 B 产品工人工资 100 000 元,车间管理人员工资 30 000 元,行政管理部门人员工资 20 000 元。编制转账凭证如表 5-28 所示。

表 5-28　转账凭证

2024 年 8 月 31 日　　　　　　　　　　　　　　　　　　　　　　转字第 38 号

摘　要	总账科目	明细科目	借方金额 亿 千 百 十 万 千 百 十 元 角 分	贷方金额 亿 千 百 十 万 千 百 十 元 角 分	√
分配工资费用	生产成本	A产品	1 5 0 0 0 0 0 0		√
		B产品	1 0 0 0 0 0 0 0		√
	制造费用		3 0 0 0 0 0 0		√
	管理费用	工资费用	2 0 0 0 0 0 0		√
	应付职工薪酬			3 0 0 0 0 0 0 0	√
合　　　计			￥3 0 0 0 0 0 0 0	￥3 0 0 0 0 0 0 0	

附单据 1 张

会计主管:**王成**　　　记账:**孙铭**　　　出纳:**张亮**　　　复核:**李红**　　　制单:**李伟**

对于经济业务量少而且业务简单的企业,可以使用通用记账凭证。

【例 5-4】在例 5-1 中,如果采用通用记账凭证,其填制方法如表 5-29 所示。

表 5-29　记账凭证

2024 年 8 月 8 日　　　　　　　　　　　　　　　　　　　　　　通字第 1 号

摘　要	科目 总账科目	明细科目	借方金额 亿 千 百 十 万 千 百 十 元 角 分	贷方金额 亿 千 百 十 万 千 百 十 元 角 分	√
销售A产品	银行存款		4 6 8 0 0 0 0		√
	主营业务收入	A产品		4 0 0 0 0 0 0	√
	应交税费	增值税（销）		6 8 0 0 0 0	√
合　　　计			￥4 6 8 0 0 0 0	￥4 6 8 0 0 0 0	

附单据 2 张

会计主管:**王成**　　　记账:**孙铭**　　　出纳:**张亮**　　　复核:**李红**　　　制单:**李伟**

为了验算记账凭证的编制是否正确并减少登记总分类账的次数,可每隔数日将所有记账凭证按科目借、贷方分别加以汇总,编制"科目汇总表",据以登记总分类账。其格式见表 5-30。

编制科目汇总表时,首先将全部记账凭证集中起来,将同一会计科目的记账凭证予以归并,再将每一科目的借方金额和贷方金额各自相加之和分别填入各科目的借方金额和贷方金额栏内。其次,分别计算全部科目的借方和贷方的合计数,将其填在合计栏内,同一时期借方合计数与贷方合计数达到相等。最后,将据以汇总的记账凭证附在后面,并注明记账凭证的张数,以便日后查验。

表 5-30 科目汇总表

汇字第10号

2024年8月1日至8月31日　　　　　　　　　　　凭证自1号至58号共63张

会计科目	借方金额 亿	千	百	十	万	千	百	十	元	角	分	贷方金额 亿	千	百	十	万	千	百	十	元	角	分	记账✓	备注
库存现金			1	5					0	0	0						3	1	7	7	0	0		
银行存款		1	0	3	4	5	1	3	0	0	0				3	1	1	0	4	0	0	0		
应收账款				3	0	8	8	8	0	0	0				3	0	8	8	8	0	0	0		
…																								
短期借款															5	0	0	0	0	0	0	0		
应付账款					2	8	6	6	5	0	0					5	3	3	0	6	0	0		
…																								
合计		1	7	7	2	8	3	4	3	4	6		1	7	7	2	8	3	4	3	4	6		

会计主管:王成　　　记账:孙铭　　　出纳:张亮　　　复核:李红　　　制单:李伟

注意,科目汇总表的科目顺序,应按会计制度规定的会计科目固定编号顺序排列。

六、记账凭证的审核

记账凭证是登记账簿的直接依据。为保证账簿记录的正确性以及会计信息的质量,记账前必须由专人对已编制的记账凭证进行认真、严格的审核,审核内容如下。

(一) 合法性

记账凭证后是否附有原始凭证,其原始凭证是否齐全,内容是否合法,记账凭证的内容与所附原始凭证的内容是否相符及金额是否一致。

(二) 正确性

凭证中应借应贷的科目是否正确,二级或明细科目是否齐全,账户对应关系是否清晰,金额计算是否准确无误。

(三) 完整性

日期、摘要、凭证号等要素是否填写清楚,项目填写是否齐全,有关人员是否签名盖章等。

在审核中若发现记账凭证的编制有差错或不完整,应查明原因并予以重填或及时更正。只有经过审核无误的记账凭证才能据以记账。

第四节　会计凭证的传递和保管

一、会计凭证的传递

会计凭证的传递是指凭证从取得或填制时起，经过审核、记账、装订到归档保管时止，在单位内部各有关部门和人员之间按规定的传递顺序办理业务手续的过程。

正确组织会计凭证的传递，对及时处理登记经济业务、加强会计监督具有重要作用。会计凭证的传递包括凭证的传递路线、传递时间和传递手续三个方面。

（一）会计凭证的最佳传递路线

确定最佳传递路线，要求各单位根据自己的具体情况，明确规定会计凭证的联次及流程。既要使会计凭证经过必要的环节进行审核和处理，又要避免会计凭证在不必要的环节停留，从而保证会计凭证按照最简捷合理的路线传递。

（二）会计凭证的最佳传递时间

会计凭证的传递时间，是指各种会计凭证在各经办部门、环节停留的最长时间，应按企业正常情况下办理经济业务所需的时间来合理确定。明确会计凭证的传递时间，能防止凭证拖延处理，保证会计工作的正常秩序并提高工作效率。

（三）会计凭证的传递手续

会计凭证的传递手续，是指凭证传递过程中的衔接手续。会计凭证的传递应该做到责任明确，手续完备、严密，以保证会计凭证的完整、安全。

二、会计凭证的保管

会计凭证的保管是指会计凭证登账后的整理、装订和归档存查。会计凭证是各项经济活动的历史记录，是重要的经济档案，因此，必须妥善整理和保管，不得丢失或任意销毁。

（一）会计凭证的整理归类

会计部门应定期（一般为每月）将会计凭证加以归类整理，在保证记账凭证及其所附原始凭证完整无缺后，加封面、封底，装订成册，并在装订线上加贴封签，以防散失和任意拆装。会计主管和装订人在封签处签字和盖章后入档保管。

（二）会计凭证的造册归档

每年的会计凭证应由会计部门按照归档要求负责整理立卷或装订成册。当年的会计凭证，会计年度结束后,可由会计部门保管一年,期满后应由会计部门编造清册移交本单位档案部门保管。会计凭证必须妥善保管,存放有序,查找方便,并严防销毁、丢失和泄露。

（三） 会计凭证的控制借阅

会计凭证原则上不得借出,如有特殊需要,须报请批准,但不得拆散原卷册,并应限期归还。需借阅已入档的会计凭证时,必须办理借阅手续。

（四） 会计凭证的期满销毁

会计凭证的保管期限最低为 30 年。保管期限未满,任何人都不得随意销毁会计凭证。按规定销毁会计凭证时,必须开列清单,报经批准后,由档案部门和会计部门共同派员监销。在监销前,监销人应认真清点核对,销毁后,在销毁清册上签名或盖章,并将销毁情况报本单位负责人。

【本章小结】

本章主要讲述会计凭证相关问题,具体包括会计凭证的作用和种类、原始凭证和记账凭证的填制与审核、会计凭证的传递及保管。

会计凭证简称为凭证,是记录经济业务、明确经济责任的书面证明,也是登记账簿的依据。正确填制和严格审核会计凭证对完成会计工作任务、实现会计职能、充分发挥会计在经济管理中的作用具有重要的意义。会计凭证按照其用途和填制程序分为原始凭证和记账凭证两大类。

原始凭证是在经济业务发生时取得或填制的、载明经济业务的执行和完成情况、明确经济责任且具有法律效力的书面证明。它载明了进行会计核算的原始数据,也是填制记账凭证或登记账簿的原始依据。原始凭证按其来源不同可分为自制原始凭证和外来原始凭证;按其反映业务的方法不同可分为一次原始凭证、累计原始凭证和汇总原始凭证;按其用途不同可分为证明原始凭证和计算原始凭证。原始凭证由凭证的名称、填制凭证的日期和编号、填制凭证的单位名称或填制人姓名、经办人员的签名或者盖章、接受凭证单位名称、经济业务内容、数量、单价和金额等基本要素组成。原始凭证的填制要求有:记录要真实、填制要及时、内容要齐全、手续要完备且书写要规范。原始凭证的审核主要是对原始凭证的完整性、真实性、正确性、合法性及合理性进行审核。

记账凭证是会计人员根据审核无误的原始凭证进行归类、整理,并据以确定会计分录后所填制的会计凭证,是登记账簿的直接依据。记账凭证按其适用的经济业务不同可分为专用记账凭证和通用记账凭证;按其填列会计科目的数目不同可分为单式记账凭证和复式记账凭证;按其包括的内容不同可分为单一记账凭证和汇总记账凭证。记账凭证由记账凭证的名称、填制凭证的日期和编号、经济业务摘要、账户名称、金额、所附原始凭证张数以及填制凭证人员、复核人员、记账人员和会计机构负责人(会计主管人员)签名或者盖章等基本内容构成。记账凭证的填制要求有:摘要简明、会计科目运用准确、连续编号、附件齐全。记账凭证的审核主要是对记账凭证的合法性、正确性和完整性进行审核。

会计凭证的传递是指凭证从取得或填制时起,经过审核、记账、装订到收档保管时止,在单位内部各有关部门和人员之间按规定的传递顺序办理业务手续的过程。会计凭证的传递包括凭证的传递路线、传递时间和传递手续三个方面。

会计凭证的保管是指会计凭证登账后的整理、装订和归档存查,包括整理归类、造册归档、控制借阅和期满销毁等内容。

【思考题】

1. 什么是会计凭证? 会计凭证有哪些作用?

2. 会计凭证有哪些种类?

3. 什么是原始凭证? 原始凭证的要素有哪些?

4. 什么是记账凭证? 它具有哪些要素?

5. 记账凭证填制的要求和审核要点是什么?

6. 什么是收款凭证、付款凭证和转账凭证?

7. 什么是会计凭证的传递? 会计凭证的传递应注意哪些问题?

8. 会计凭证保管的基本内容包括哪些?

【练习题】

一、判断题

1. 审核无误的原始凭证是登记账簿的直接依据。(   )

2. 所有的会计凭证都应有签名或盖章。(   )

3. 自制凭证都是一次性凭证。(   )

4. 记账凭证上的日期是经济业务发生的日期,也就是原始凭证上的日期。(   )

5. 原始凭证的填制不得使用圆珠笔。(   )

6. 为了简便,在填写记账凭证时,可以以会计科目编号代替会计科目。(   )

7. 将现金存入银行时,为避免重复记账,只编制银行存款收款凭证,不编制现金付款凭证。(   )

8. 会计科目汇总表中的会计科目,一般应按会计制度规定的会计科目固定编号顺序排列。(   )

9. 汇总记账凭证不仅可以简化登记总分类账的手续,同时还可以反映出账户之间的对应关系。(   )

10. 原始凭证发生错误,正确的更正方法是由出具单位在原始凭证上更正。(   )

11. 根据《会计档案管理办法》规定,会计凭证的保管期限为15年,当会计凭证达到15年期限时,会计人员可以自行将其销毁。(   )

12. 会计凭证的传递要注意传递环节、传递手续和传递时间三个方面的问题。(   )

13. 转账凭证必须根据转账业务的原始凭证填制。(   )

14. 记账人员根据记账凭证记账后,在"记账符号"栏内做"√"记号,表示该笔金额已记入有关账户,以免漏记或重记。(   )

15. 为了简化工作手续,可以将不同内容和类别的原始凭证汇总并填制在一张记账凭证上。(   )

二、单项选择题

1. 记账凭证应根据审核无误的(　　)编制。

A. 收款凭证　　　　B. 付款凭证　　　　C. 转账凭证　　　　D. 原始凭证

2. 企业常用的收款凭证、付款凭证和转账凭证均属于(　　)。

A. 单式记账凭证　　　　　　　　B. 复式记账凭证

C. 一次凭证　　　　　　　　　　D. 通用记账凭证

3. 下列凭证中,属于外来原始凭证的是(　　)。

A. 收料单　　　　B. 发出材料汇总表　　　　C. 购货发票　　　　D. 领料单

4. 限额领料单属于(　　)。

A. 通用凭证　　　　B. 累计凭证　　　　C. 一次凭证　　　　D. 汇总凭证

5. 记账凭证填制完毕加计合计数后,如有空行应(　　)。

A. 空置不填　　　　B. 划线注销　　　　C. 盖章注销　　　　D. 签字注销

6. 对于一些经常重复发生的经济业务,可以根据同类原始凭证编制(　　)。

A. 记账凭证　　　　B. 汇总原始凭证　　　　C. 收料汇总表　　　　D. 汇总记账凭证

7. 记账凭证审核时,一般不包括(　　)。

A. 记账凭证是否附有原始凭证,是否同所附原始凭证的内容相符合

B. 记账凭证的时间是否与原始凭证的时间一致

C. 根据原始凭证所填列的会计科目和金额是否正确

D. 规定的项目是否填列齐全,有关负责人是否签名或盖章

8. 下列不能作为会计核算的原始凭证的是(　　)。

A. 发货单　　　　B. 合同书　　　　C. 入库单　　　　D. 领料单

9. 收款凭证上"借方科目"应填列的会计科目是(　　)。

A. 应收账款　　　　　　　　　　B. 预收账款

C. 主营业务收入　　　　　　　　D. 库存现金或银行存款

10. 原始凭证是在(　　)时取得的。

A. 经济业务发生　　　　　　　　B. 填制记账凭证

C. 登记总账　　　　　　　　　　D. 登记明细账

三、多项选择题

1. 收料单是(　　)。

A. 外来原始凭证　　　　　　　　B. 自制原始凭证　　　　C. 一次凭证

D. 累计凭证　　　　　　　　　　E. 记账凭证

2. 限额领料单是(　　)。

A. 外来原始凭证　　　　　　　　B. 自制原始凭证　　　　C. 一次凭证

D. 累计凭证　　　　　　　　　　E. 转账凭证

3. 原始凭证应具备的基本内容有( )。

A. 原始凭证的名称和填制日期　　　B. 接受凭证单位名称　　　C. 经济业务的内容

D. 数量、单价和大小写金额　　　E. 填制单位和有关人员的签章

4. 记账凭证必须具备的基本内容有( )。

A. 记账凭证的名称　　　B. 填制日期和编号　　　C. 经济业务的简要说明

D. 会计分录　　　E. 有关人员的签名和盖章

5. 单式记账凭证一般有( )。

A. 通用凭证　　　B. 转账凭证　　　C. 借项凭证

D. 贷项凭证　　　E. 汇总收款凭证

6. 如果某一笔经济业务需填制两张记账凭证,该凭证的顺序号为 70 号,则此两张记账凭证的编号应为( )。

A. 70(1) 号　　　B. 70(2) 号　　　C. $70\frac{1}{2}$ 号

D. $70\frac{2}{2}$ 号　　　E. 均为 70 号

7. 汇总记账凭证包括( )。

A. 汇总收款凭证　　　B. 汇总付款凭证　　　C. 汇总转账凭证

D. 科目汇总表　　　E. 累计凭证

8. 下列经济业务中,应填制转账凭证的是( )。

A. 国家以厂房对企业投资　　　B. 外商以货币资金对企业投资

C. 购买材料未付款　　　D. 销售商品收到商业汇票一张

E. 支付前欠某单位账款

9. 下列经济业务中,应填制付款凭证的是( )。

A. 提取现金备用　　　B. 购买材料预付定金　　　C. 购买材料未付款

D. 以存款支付前欠某单位账款　　　E. 将库存现金存入银行

10. 下列说法正确的是( )。

A. 原始凭证必须记录真实,内容完整

B. 一般原始凭证发生错误,必须按规定办法更正

C. 有关库存现金和银行存款的收支凭证,如果填写错误,必须作废

D. 购买实物的原始凭证,必须有验收证明

E. 一式几联的原始凭证,应当注明各联的用途,只能用一联作为报销凭证

四、实训题

实　训　一

目的:练习原始凭证的填制。

资料:

某制造企业第一车间的生产需要 42 毫米普通圆钢,根据生产耗用定额及生产计划确定全月领

用限额为 26 000 千克(购进单价为 3.5 元 / 千克),本月实际领用情况如下:

(1)4 月 1 日,领用 6 000 千克;

(2)4 月 8 日,领用 7 000 千克;

(3)4 月 15 日,领用 5 000 千克;

(4)4 月 26 日,领用 8 000 千克。

要求:根据以上资料填制下列原始凭证。

限额领料单

仓库:

领料单位:　　　　　　　　　　　　　　　　　　　　　　　　　　　计划产量:

用途:　　　　　　　　　　　　　　　　　　　　　　　　　　　　　单位消耗定额:

材料类别	材料编号	材料名称	规格	计量单位	单价	领料限额	全月实领	
							数量	金额

日期	请领			实发		代用材料			限额结余
	数量	领料单位负责人签章	领料人签章	数量	发料人签章	数量	单价	金额	

仓库负责人:　　　　　　　生产计划部门负责人:　　　　　　　仓库保管员:

实 训 二

目的:练习记账凭证的编制方法。

资料:

2023 年 12 月,阳光公司发生以下经济业务:

(1)12 月 1 日,从银行提取现金 3 000 元。

(2)12 月 2 日,从银行取得长期借款 250 000 元,存入银行。

(3)12 月 4 日,从大明工厂购入甲材料 30 000 元,增值税税率 13%,以银行存款支付。

(4)12 月 5 日,以银行存款支付购买甲材料的运费 1 000 元。

(5)12 月 5 日,收到大明工厂发货票随货联,填制收货单,如数验收入库。

(6)12 月 8 日,收到大江公司预付货款 20 000 元,存入银行。

(7)12 月 10 日,生产车间领用甲材料,其中生产 A 产品领用 15 000 元,生产车间一般领用 5 000 元,行政管理部门领用 3 000 元。

(8)12 月 12 日,开出发货票,销售给长江公司 A 产品 68 000 元,增值税税率 13%,款项未收。

(9)12 月 15 日,从银行提取现金 28 000 元,以备发放工资。

(10)12 月 16 日,发放工资。

(11)12 月 17 日,用现金支付电视台广告费 1 000 元,收到电视台开来的收据。

(12)12 月 18 日,用现金购买办公用品 800 元,其中,车间用 300 元,管理部门用 500 元。

(13)12 月 19 日,收到长江公司前欠货款,存入银行。

(14)12 月 20 日,职工李明预借差旅费 1 500 元,以现金支付。

(15)12 月 25 日,接受宏大公司投入的设备一台,计 80 000 元。

(16)12 月 31 日,摊销由本月负担的保险费 600 元。

(17)12 月 31 日,编制固定资产折旧计算表,其中车间应计折旧 5 500 元,管理部门应计折旧 1 000 元。

(18)12 月 31 日,编制工资单,计列应付工资总额 28 000 元,其中 A 产品工人工资 22 000 元,车间管理人员工资为 2 500 元,企业管理人员工资为 3 500 元。

要求:根据资料编制收款、付款、转账记账凭证。

五、案例分析题

长野冬奥会申办过程的凭证被全部烧毁;银广夏 1998 年之前的财务资料丢失;美国安然公司以及为其进行审计的安达信会计师事务所在其假账丑闻被曝光之后都传出了暗中销毁凭证的内幕。他们为什么要销毁凭证? 凭证上通常记载些什么? 凭证提供了关于企业真实经济活动的什么证据?

第六章

会计账簿

☆ **学习目的与要求**

通过本章教学,学生应该了解会计账簿的含义和意义,明确会计账簿的设置要求,掌握会计账簿的分类、登记要求和方法,以及错账的更正方法与适用情形,为以后从事相关会计工作打下基础。

☆ **学习内容**

1. 会计账簿概述;

2. 会计账簿的启用与登记规则;

3. 会计账簿的登记方法;

4. 错账的更正方法;

5. 对账与结账;

6. 会计账簿的更换与保管。

☆ **学习重点**

1. 会计账簿的启用与登记规则;

2. 会计账簿的登记方法;

3. 错账的更正方法;

4. 对账与结账。

☆ **学习难点**

错账的更正方法。

☆ **案例导入**

光明公司总经理宋佳撤换了原来的财务部经理,任命李明为财务部经理。李明上任后,根据宋佳总经理的指示,调整了财务部人员的工作分工,重新设置了会计账簿。安排主办会计兼任出纳人员,李明自己保管并登记现金日记账。同时,为了减少登账的工作量,会计账簿中不设置现金日记账和各种明细账,只作为备查簿设置。

请思考:李明这样的安排是否合法? 如不合法,错在何处? 这样会造成什么后果和影响?

第一节　会计账簿概述

一、会计账簿的概念

会计账簿是由具有一定格式并互相联系的账页组成的,用以依据会计凭证序时地、分类地记录和反映各项经济业务的簿籍。设置和登记账簿是会计核算的一种专门方法,也是会计核算的中心环节。

账页是账簿的载体,账簿是若干账页的集合。任何一个单位发生经济业务后,首先要取得或填制会计凭证,这是会计核算工作的起点和基础。但会计凭证对经济业务的反映是零散的、片面的,每一张会计凭证只能记录一笔或性质相同的若干笔经济业务,不能把一个单位在某一时期内发生的全部经济业务完整地反映出来。因此,为了全面、系统、连续地反映企事业单位的经济活动和财务收支情况,需要把会计凭证中所记载的大量分散的资料加以分类、整理,这就需要在会计凭证的基础上设置和登记账簿。通过登记账簿,既能对经济活动进行序时核算,又能进行分类核算;既能提供各项总括的核算资料,又能提供明细核算资料。

二、会计账簿的意义

设置和登记账簿是会计核算工作的重要环节,是会计核算的一种专门方法,在经济管理中具有重要意义。

(1)会计账簿是全面、系统、连续地归纳、积累会计核算资料的工具。

各单位将每日发生的经济业务都记录和反映在会计凭证上,但会计凭证数量多、资料分散,而且只能反映个别经济业务。为了全面、连续、系统地反映企事业单位的经济活动和财务收支情况,有必要将会计凭证所记载的大量的、分散的资料加以整理、分类,即通过设置和登记账簿实现这种职能。通过登记账簿,把会计凭证所提供的资料进一步汇总,形成集中的、系统的、全面的会计核算资料。只有这样才能详细地记载各会计要素的增减变化情况,也可以分类提供经济管理所需要的会计核算资料。

(2)会计账簿是编制会计报表、进行成本计算的依据。

通过账簿汇总、整理和积累,可以得到编制会计报表的资料,也可以得到成本计算的资料。会计报表的编制和成本计算是否正确及时,都与账簿的设置和登记质量密切相关。所以,账簿反映的数据真实与否直接影响会计报表的质量。

(3)账簿是监督财产物资安全完整的重要手段。

利用账簿提供的核算资料,可以加强会计的日常监督,开展会计分析和会计检查,监督经济活动的合理性、合法性,促进企业不断改善经营管理。如通过账簿记录的账面数与实地盘点的实存数的对比,来检查财产物资是否妥善保管、账实是否相符。如有不符,应追查原因,这样可以保护企业财产物资的安全、完整。

(4)账簿是会计检查的历史依据。

账簿中积累了一定时期内有关资产、负债、所有者权益、费用成本和收入成果的档案资料,是日后会计检查的依据。通过会计检查,可以明确经济责任并对经济业务的合理性和会计资料的真实性进行评价。

三、会计账簿的种类

由于各单位经济业务的具体内容和经营管理的要求不同,需要设置的账簿种类也不完全一样。为了正确地使用各种账簿,需要对账簿进行分类。

(一)按会计账簿的用途分类

账簿按其用途不同,可分为序时账簿、分类账簿和备查账簿三种。

1.序时账簿

序时账簿又称日记账,是指根据经济业务发生的先后顺序逐日逐笔进行连续登记的账簿。在古代会计中也把它称为"流水账"。按其记录的经济业务内容不同,序时账簿又分为普通日记账和特种日记账两种。

(1)普通日记账是指用来登记全部经济业务发生情况的日记账。通常是将企业每天发生的所有经济业务,不论其性质如何,编成会计分录,按其先后顺序记入账簿,这种账簿在实际工作中已很少应用。普通日记账账页格式如表6-1所示。

表6-1 普通日记账

年		凭证		摘要	对应账户	借方金额										贷方金额										√
月	日	字	号			亿	千	百	十	万	千	百	十	元	角	分	亿	千	百	十	万	千	百	十	元	角	分

（2）特种日记账是指用来登记特定经济业务的日记账。通常是把某一类比较重要的经济业务，按照发生的先后顺序记入账簿中。根据我国现行会计制度规定，目前各单位一般只设置"现金"和"银行存款"两种特种日记账，用以加强货币资金的核算和管理。现金日记账账页格式如表6-2所示，银行存款日记账账页格式如表6-3所示。

表6-2 现金日记账

第 页

年		凭证		对应科目	摘要	√	借方金额	贷方金额	余额
月	日	字	号						

表6-3 银行存款日记账

第 页

开户行＿＿＿＿＿＿＿＿

账　号＿＿＿＿＿＿＿＿

年		凭证		支票		摘要	√	借方金额	贷方金额	借或贷	余额
月	日	字	号	种类	号数						

2.分类账簿

分类账簿简称分类账，是指对全部经济业务按照总分类科目和明细分类科目设置和登记的账簿。分类账按照其反映指标的详细程度，又可分为总分类账簿和明细分类账簿。

（1）总分类账簿简称总账，是指根据总分类科目设置，用来总括分类记录和反映经济业务的分类账簿。总分类账簿账页格式如表6-4所示。

表6-4　总分类账

科目＿＿＿＿＿＿　　　　　　　　　　　　　　　　　　　　　　　　　　　　　　　第　　页

年		凭证		摘要	√	借方金额	贷方金额	借或贷	余额
月	日	字	号						

（2）明细分类账簿，简称明细账，是指根据总分类科目所属二级科目或明细科目设置，用来详细记录和反映某一经济业务的分类账簿。

在实际工作中，序时账簿还可与分类账簿结合起来，即在一本账簿中既进行序时登记，又进行分类登记，称之为联合账簿。如日记总账是典型的联合账簿。

3.备查账簿

备查账簿又称辅助账簿，是指对某些在序时账簿和分类账簿中未能记载或记载不全的经济业务进行补充登记的账簿。如租入固定资产备查账簿、委托加工材料备查账簿、应收票据备查账簿等。备查账没有固定的格式，各单位可根据企业的实际需要设置。租入固定资产登记簿格式如表6-5所示。

表6-5　租入固定资产登记簿

　　　　　　　　　　　　　　　　　　　　　　　　　　　　　　　　　　　　　　第　　页

固定资产名称及规格	租约合同号数	租出单位	租入日期	租金	使用部门		归还日期	备注
					日期	单位		

（二）按会计账簿的外表形式分类

账簿按其外表形式不同，可以分为订本式账簿、活页式账簿和卡片式账簿三种。

1.订本式账簿

订本式账簿，又称订本账，是指在账簿启用前，将一定数量的印有专门格式的账页按顺序号固定装订成册的账簿。这种账簿的优点是可以避免账页散失,防止任意抽换账页。缺点是由于账页固定,不能根据需要增减账页,所以在使用时,必须为每一账户预留账页,这样就容易出现预留账页过多或不足,造成浪费和影响账户连续登记的情况。而且,在同一时间里,只能由一人负责登记,不便于分工记账。通常,一些重要的账簿,如现金日记账、银行存款日记账、总账等都必须采用订本式账簿。

2.活页式账簿

活页式账簿又称活页账,是指把一定数量的零散的账页放置在活动账夹中形成的账簿。这种账簿平时将账页置在账夹中,年终结账后装订成册。它的优点是账页不固定装订在一起,可以根据需要灵活添页或排列,不会造成账页浪费,使用起来灵活,而且便于分工记账,有利于提高工作效率。缺点是由于账页是散开的,容易散失或被抽换。因此,账页在使用时应连续编号,并在账页上加盖记账人员和会计主管印章,以防止舞弊行为。活页式账簿主要适用于各种明细账。

3.卡片式账簿

卡片式账簿又称卡片账,是指由若干张分散的、具有专门格式的、存放在卡片箱中的硬纸卡片组成的账簿。卡片式账簿平时将账页放在卡片箱中,由专人负责保管。可以随时抽出账页,予以记录并随时放回。这种账簿的优缺点及防范措施与活页式账簿相同。卡片账通常主要用于记载内容比较复杂的财产明细账,如固定资产明细账、低值易耗品明细账等。固定资产卡片如表6-6和表6-7所示。

表6-6　固定资产卡片（正面）

类别:
名称:

形式		停用记录						
制造国家		原因	日期	原因	日期	原因	日期	备注
制造厂商								
制造日期								
制造号码								
使用年限								
购置日期								
原值								
其中：安装费				大修记录				
净残值率				日期	凭证号	摘要	金额	
折旧年限								
折旧额								

表6-7　固定资产卡片（背面）

附属物品	名称	规格	数量		设备变动	安装地址	用途	变动年月	
部件备品	名称	规格	数量	单价	最大外形	长	厘米	清理记录	
						宽	厘米	清理日期	
						高	厘米	累计折旧额	
						总重量	千克	清理费用	
								变价收入	
会计科长		动力设备科长			复核		登记	设卡日期	

（三）按会计账簿的账页格式分类

账簿按其账页格式不同,可以分为两栏式账簿、三栏式账簿、数量金额式账簿以及多栏式账簿等。

1.两栏式账簿

两栏式账簿,是由只设置了借方和贷方两个金额栏的账页组成的账簿。普通日记账一般采用这种账页格式。普通日记账(两栏式)账页格式如表6-8所示。

表6-8　普通日记账（两栏式）

年		原始凭证	摘要	对应账户	分类账页数	借方金额										贷方金额										√
月	日					亿	千	百	十	万	千	百	十	元	角	分	亿	千	百	十	万	千	百	十	元	角	分	

2.三栏式账簿

三栏式账簿,是由设置了借方、贷方、余额(或收、付、余)三个金额栏的账页组成的账簿。主要适用于总分类账、特种日记账,也可用于只核算金额而不需要核算数量的债权债务结算类账户的明细分类账。明细分类账(三栏式)账页格式如表6-9所示。

表6-9　明细分类账（三栏式）

总账科目_____
子目或户名_____

年		凭证		摘要	借方金额	√	贷方金额	√	借或贷	余额
月	日	字	号							

3.数量金额式账簿

数量金额式账簿,是指由借方、贷方、余额(或收、付、余)三大栏下再设数量、单价、金额等三个小栏目的账页所组成的账簿。这类账簿可以全面反映经济业务的数量和金额,主要适用于既要进行金额核算,又要进行数量核算的各种财产物资的账簿。数量金额式明细账实质上是在三栏式明细账基础上发展起来的,是三栏式明细账的扩展。明细分类账(数量金额式)账页格式如表6-10所示。

表6-10　明细分类账（数量金额式）

会计科目：_____
品名：_____　类别：_____　存放地点：_____　规格：_____　计量单位：_____　编号：___

年		凭证		摘要	借方金额			√	贷方金额			√	借或贷	余额		
月	日	字	号		数量	单价	金额		数量	单价	金额			数量	单价	金额

4.多栏式账簿

多栏式账簿,是指由设置了多个金额栏的账页组成的账簿。多栏式账页包括若干金额栏,主要用于需要分项目反映的经济业务。账页上设有借方和贷方两个基本金额栏,在借方和贷方基本栏下再分设若干栏。收入、费用等明细账通常采用这种格式。多栏式账页格式如表 6-11 至表 6-13 所示。

表 6-11 借方多栏式明细分类账

第 页

年		凭证		摘要	借方							
月	日	字	号									合计

表 6-12 贷方多栏式明细分类账

第 页

年		凭证		摘要	贷方							
月	日	字	号									合计

表 6-13 借贷方均多栏式明细分类账

第 页

年		凭证		摘要	借方		贷方		借或贷	余额
月	日	字	号			合计		合计		

会计账簿的分类如图 6-1 所示。

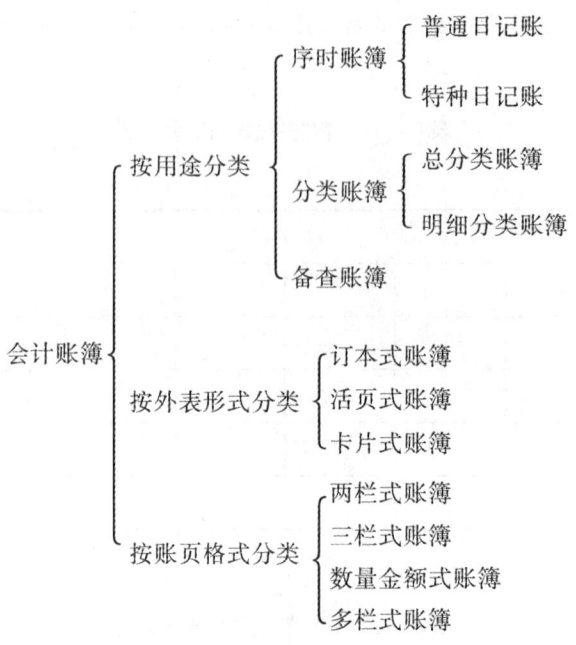

图6-1 账簿分类图

四、会计账簿的设置原则

任何单位都必须根据自身的业务特点和经营管理的需要设置账簿。会计账簿的设置包括确定账簿的种类、内容和登记方法。一般来说,设置账簿时应遵循以下原则。

（一）系统性原则

各单位应当按照国家会计制度的要求,结合本单位自身经济活动发展和管理的需要,系统地设置各类账簿。所设置的账簿以能够全面、系统地反映经济活动情况为原则,满足各方面了解本单位财务状况和经营成果的需要,且需满足单位内部加强经济管理的需要。

（二）科学性原则

账簿的设置要组织严密、层次分明。账簿之间要相互衔接、互相补充、互相制约,并且能够清晰地反映账户的对应关系,以便提供完整、系统的资料。

（三）实用性原则

账簿要根据企业单位规模的大小、经济业务的繁简、会计人员的多少设置,从加强管理的实际需要出发,既要防止账簿的重叠,也要防止过于简化。一般来讲,业务复杂、规模大、会计人员多、分工较细的单位,账簿设置可以详细一些;而业务简单、规模小、会计人员少的单位,账簿设置应相对简化。

五、会计账簿的基本内容

在实际工作中,账簿的格式是多种多样的,不同格式的账簿所包括的具体内容也不尽相同,但各种会计账簿从构造上看,一般都应具备以下基本内容。

(一)封面与封底

封面与封底起到保护账页的作用。除订本式账簿不另设封面与封底外,各种活页账簿都应设置封面与封底。封面主要标明账簿名称,如总分类账、库存现金日记账及固定资产明细账等。另外,还需登记单位名称和所属会计年度。

(二)扉页

扉页主要用来表明会计账簿的使用信息,如科目索引(账户目录)、账簿启用表及经管人员一览表等。一般将科目索引列于扉页最前面,写明每个账户的编号、名称和起止页次;在账簿启用表中填列账簿启用的日期和截止的日期、页数、册次并签章;在经管人员一览表中需要相关人员签章。一般情况下,账簿启用表与经管人员一览表在同一页面上,置于科目索引背面。其一般格式见表6-14、表6-15。

表6-14 科目索引(账户目录)

编号	科目	起止页次	编号	科目	起止页次	编号	科目	起止页次

表6-15 账簿启用表

单位名称										单位公章
账簿编号	字第　　号第　　册共　　册									
账簿页数	本账簿共计　　页　　号									
启用日期	年　　月　　日									
经管人员		接管			移交			会计负责人		备注
姓名	盖章	年	月	日	年	月	日	姓名	盖章	
印花税票粘贴处										

（三）账页

账页是账簿的主要内容,因反映经济业务的内容的不同而存在差异,各种账页格式一般包括以下内容:

(1)账户名称,或称会计科目;

(2)登账日期栏;

(3)凭证种类和号数栏;

(4)摘要栏;

(5)借、贷方金额及余额栏;

(6)总页次和分户页次等。

第二节　会计账簿的启用与登记规则

一、会计账簿的启用规则

会计账簿是储存会计信息的重要会计档案,为了确保账簿记录的合法性和账簿资料的完整性,明确记账责任,必须按照一定的规则启用账簿。在启用新账簿时,应在账簿的有关位置记录相关信息。

（一）设置会计账簿的封面与封底

除订本账不另设封面与封底以外,各种活页账簿都应设置封面和封底,并登记单位名称、账簿名称和所属会计年度。

（二）规范填写会计账簿的扉页

1.账簿启用表及经管人员一览表

账簿是企业单位的重要经济档案,为了保证账簿记录的合法性,明确记账责任,保证会计资料的完整,防止舞弊行为,会计人员在启用新的账簿时应在账簿的扉页上填制"账簿启用表"和"经管人员一览表"(有的单位合称为"账簿启用和经管人员一览表")。在表中需详细载明账簿名称、账簿编号、账簿页数、单位名称、账簿册数、启用日期,并加盖单位公章及会计主管和记账人员印章。记账人员或会计机构负责人、会计主管人员调动工作或因故离职时应办理交接手续,在交接记录栏内填写交接人员或监交人员姓名,并由交接双方人员签名或盖章。为了加强管理,防止舞弊行为,应对账簿编册、编号。

2.科目索引（账户目录）

启用订本式账簿,应当从第一页到最后一页顺序编定页码,不得跳页、缺号。启用活页式账簿,应当按照账户顺序编号,并须定期装订成册,装订后再按实际使用的账页顺序编定页码,另加目录,记明每个账户的名称和页次。总账应按照会计科目顺序填写科目名称及起讫页码。在启用活页式明细分类账时，应按照所属会计科目填写科目名称和页码，在年度结账后撤去空白账页，并填写使用页码。

3.粘贴印花税票

按税法规定，记载资金的账簿，按实收资本和资本公积合计金额的万分之五贴花，由纳税人自行完成纳税义务。印花税票应粘贴在账簿的右上角，并且划线注销。在使用缴款书交纳印花税时，应在右上角注明“印花税已缴”字样及缴款金额。

账簿启用表示例如图 6–2 所示。

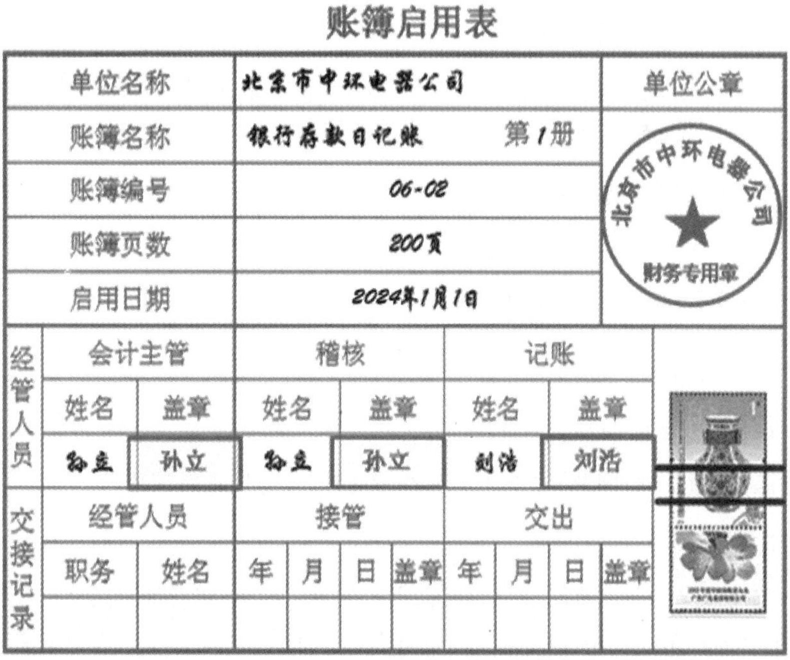

账簿启用表

单位名称	北京市中环电器公司	单位公章
账簿名称	银行存款日记账　第1册	
账簿编号	06-02	
账簿页数	200页	
启用日期	2024年1月1日	

经管人员	会计主管		稽核		记账	
	姓名	盖章	姓名	盖章	姓名	盖章
	孙立	孙立	孙立	孙立	刘浩	刘浩

交接记录	经管人员		接管				交出			
	职务	姓名	年	月	日	盖章	年	月	日	盖章

图 6–2　账簿启用表示例

二、会计账簿的登记规则

各种会计账簿的登记，必须遵循基本规则的要求，依据审核无误的记账凭证进行登记。《会计法》第十五条规定：会计账簿登记，必须以经过审核的会计凭证为依据，并符合有关法律、行政法规和国家统一的会计制度的规定。会计账簿包括总账、明细账、日记账和其他辅助性账簿。据此，进行会计账簿登记一般应遵循以下原则。

（一）准确完整

登记会计账簿时，应将会计凭证日期、编号、业务内容摘要、金额和其他有关资料逐项记录在账内，做到数字准确、摘要清楚、登记及时、字迹工整。每一项会计事项一方面要记入有关总账，另一方面要记入该总账所属的明细账。至于账簿记录中的日期，应该填写记账凭证上的日期。

（二）注明记账符号

登账完毕,要在记账凭证的"过账"栏内注明账簿页数或打"√",表示过账完毕,避免重记、漏记,并签名或者盖章。

（三）书写留空

账簿中书写的文字和数字上面要留适当空距,一般应占格高的二分之一,不要写满格。这样,一旦发生登记错误时,容易进行更正,同时也方便查账工作。摘要栏的文字应简明扼要,应采用标准的简化汉字,不能使用不规范的文字;金额栏的数字应采用阿拉伯数字,并且对齐位数,注意"0"不能省略和连写。

（四）一般记账使用蓝黑墨水

为了保证账簿记录的永久性,防止涂改,记账时必须使用蓝黑墨水并用钢笔书写,不得用铅笔、圆珠笔(银行的复写账簿除外)书写登账。

（五）特殊记账使用红墨水

在下列情况下,可以使用红色墨水书写:

(1)在不设借贷等栏的多栏式账页中登记减少数;

(2)用红字更正法更正错账;

(3)结账划线;

(4)会计制度中规定用红字登记的其他记录。

会计中的红字表示负数,因此,除上述情况外,不得用红色墨水登记账簿。

（六）顺序连续登记

记账时,必须按账户的页次逐页、逐行登记,不得隔页、跳行。如发现隔页、跳行现象,应在空页、空行处用红色墨水划对角线注销,并注明"此页空白"或"此行空白"字样,并由记账人员签章。

（七）结出余额

凡需要结出余额的账户,结出余额后,应当在"借或贷"栏内注明"借"或"贷"字样,以示余额的方向;对于没有余额的账户,应在"借或贷"栏内写"平"字,并在余额栏内用"0"表示。库存现金日记账和银行存款日记账必须逐日结出余额。

（八）过次页、承前页

每页登记完毕时,应当加计本页发生额及余额并在该账页最末一行"摘要"栏写明"过次页"或"转次页",并将这一金额记入下一页第一行有关金额栏内,在该行"摘要"栏写明"承前页",以保持账簿记录的连续性,便于对账和结账。

（九）不得涂、改、刮、擦

账簿记录发生错误时,更正错误不得采取任意刮、擦、挖补、涂改或用褪色药水等方法,必须根据错误的具体情况,采用相应正确的方法予以更正。

第三节 会计账簿的登记方法

一、序时账簿的登记方法

（一）普通日记账的登记方法

普通日记账一般只设置借方和贷方两个金额栏,以便分别记入各项经济业务所对应的账户名称及借方和贷方的金额,也称为两栏式日记账。它是根据原始凭证把每一笔经济业务转化为会计分录登记在账簿上,然后再转记到分类账簿中的。会计分录序时、整齐地排列于账页上,所以普通日记账也称"分录簿"。

普通日记账的登记方法如下:

(1)记账日期栏:登记经济业务发生的具体时间。

(2)原始凭证栏:说明依据的原始凭证名称。

(3)摘要栏:对经济业务的简要说明。

(4)对应科目栏:登记应借或应贷的账户名称(即会计科目)。

(5)金额栏:将借方金额和贷方金额分别记入两个金额栏内。

普通日记账登记格式如表6-16所示。

表6-16 普通日记账

2024年		原始凭证	摘要	对应账户	分类账页数	借方金额										贷方金额										√
月	日					亿	千	百	十	万	千	百	十	元	角	分	亿	千	百	十	万	千	百	十	元	角	分	
8	1	出库单15	销售产品	银行存款	10			3	5	1	0	0	0	0														
		存款单28		主营业务收入	30															3	0	0	0	0	0	0	
				应交税费	75																5	1	0	0	0	0	

除了上述登记外,每天还应根据日记账中应借和应贷的账户名称和金额登记总分类账。

（二）特种日记账的登记方法

特种日记账主要有现金日记账和银行存款日记账，一般由出纳人员根据审核无误的记账凭证登记。

现金日记账是用来逐日反映库存现金的收入、付出及结余情况的特种日记账。现金日记账必须采用订本式账簿，账页格式一般采用三栏式，即在同一张账页上分设"借方""贷方""余额"或"收入""付出""结余"三栏。为了清晰地反映库存现金收付业务的具体内容，在"摘要"栏后还应专设"对应科目"栏，以便登记对方科目名称。

现金日记账的登记方法如下：

(1)记账日期栏：根据记账凭证的日期登记。

(2)凭证种类号数栏：登记收、付款凭证的种类和编号。

(3)摘要栏：根据凭证的摘要登记。

(4)对方科目栏：填写每笔会计分录中与现金对应的科目名称，其作用在于了解现金收支的来龙去脉。

(5)借方、贷方和余额栏：登记现金实际收付的金额，每日营业结束时应分别计算现金收入、付出金额的合计数，并用下述公式算出本日余额：

$$本日余额＝昨日余额＋本日收入金额合计－本日付出金额合计$$

现金日记账登记格式如表6-17所示。

表6-17　现金日记账

第　　页

2024年		凭证		对应科目	摘要	√	借方金额	贷方金额	余额
月	日	字	号						
8	1				期初余额				1 000.00
8	2	收	3	应付职工薪酬	提现备发工资		8 000.00		9 000.00
8	5	付	4	其他应收款	预支差旅费			1 500.00	7 500.00
8	8	付	10	管理费用	购买办公用品			1 000.00	6 500.00
8	22	收	28	待处理财产损溢	发现现金长款		900.00		7 400.00

现金日记账是由出纳员根据审核后的现金收款凭证、现金付款凭证和银行存款付款凭证逐日逐笔顺序登记的。借方栏一般根据现金收款凭证和银行存款付款凭证登记，贷方栏根据现金付款凭证登记。由于从银行提取现金的业务，只填制银行存款付款凭证，不再填制现金收款凭证，所以对于从银行提取现金的现金收入数额，应根据银行存款付款凭证登记在现金日记账的借方栏。每次收付现金后，应及时结出账面余额，至少在每日收付款项逐笔登记完毕后，结出账面余额，并将现金日记账的账面余额同库存现金实存额核对相符。如果账款不符，应及时查明原因。此外，现金的

库存结余额如果超过银行规定的限额,必须将超过部分及时存入银行。

银行存款日记账是用来逐日反映银行存款的收入、付出及结余情况的特种日记账。通过银行存款日记账的设置和登记,可以加强对银行存款的日常监督和管理,并便于与开户银行进行账项的核对。

银行存款日记账一般采用三栏式账页,其基本结构与现金日记账相同。由于银行存款的支付都是根据特定的银行结算凭证(一般支票用得较多)进行的,因此在银行存款日记账的基础上加设"支票"栏,在"支票"栏中分设"种类"和"号数"两栏。三栏式银行存款日记账的登记格式如表6-18所示。

表6-18　银行存款日记账

第　　页

开户行＿＿＿＿＿＿＿＿＿

账　号＿＿＿＿＿＿＿＿＿

2024年		凭证		支票		摘要	√	借方金额	贷方金额	借或贷	余额
月	日	字	号	种类	号数						
8	1					期初余额				借	13 000.00
8	3	收	1	转支	00030	接受投资		80 000.00		借	93 000.00
8	3	付	2	现支	00005	提取现金			5 000.00	借	88 000.00

银行存款日记账是根据银行存款收款凭证、银行存款付款凭证、现金付款凭证直接登记的,其登记方法与现金日记账基本相同。另外,银行存款日记账必须采用订本式账簿,不得用银行对账单代替银行存款日记账。

二、分类账簿的登记方法

分类账分为总分类账和明细分类账两种。

(一)总分类账

总分类账是按照总分类科目设置的,用以记录全部经济业务总括核算资料的分类账簿。一般采用订本式账簿。每个账户应视其经济内容的多少预留出若干空白账页,以登记一定时期内涉及该账户的所有经济业务及其发生的增减变动。由于总分类账簿能够全面系统地反映全部经济活动情况,并为编制会计报表提供资料,所以每个单位都要设置总分类账簿。总分类账最常用的格式为三栏式。

总分类账可以根据各种记账凭证逐笔登记,也可根据汇总记账凭证或科目汇总表汇总登记,还可以根据三栏式现金日记账、银行存款日记账逐笔或定期登记,这主要取决于每个单位所采用的会计核算程序。各种总分类账的具体登记方法将在会计核算程序中介绍。三栏式总分类账的登记格式如表 6-19 所示。

表 6-19　总分类账

科目＿＿应收账款＿＿　　　　　　　　　　　　　　　　　　　　　　　第　　页

2024年		凭证		摘要	√	借方金额	贷方金额	借或贷	余额
月	日	字	号						
8	1			期初余额				借	234 000
	6	转	12	赊销 A 产品		11 700			
	12	收	10	收前欠货款			245 700		

（二）明细分类账

明细分类账是按照二级或明细科目设置的,用以登记某一类经济业务明细核算资料的分类账簿。各单位应结合自己的经济业务特点和经营管理要求,在总分类账的基础上设置若干明细分类账,作为总分类账的必要补充。明细账一般采用活页式账簿,也有采用卡片式账簿的,如固定资产明细账。明细分类账按账页格式不同,主要有三栏式、数量金额式和多栏式三种。

1.三栏式明细分类账

三栏式明细分类账的账页格式与三栏式总分类账的账页格式相同,即只设有借方、贷方和余额三个金额栏,不设数量栏。它适用于仅需进行金额明细分类核算的科目,如应收账款、应付账款、其他应收款、应交税费等科目。其登记格式如表 6-20 所示。

表 6-20　明细分类账（三栏式）

总账科目＿＿＿应收账款＿＿＿
子目或户名＿＿华夏公司＿＿＿

2024年		凭证		摘要	借方金额	√	贷方金额	√	借或贷	余额
月	日	字	号							
8	1			期初余额					借	234 000
	6	转	12	赊销 A 产品	11 700					
	12	收	10	收前欠货款			245 700			

2.数量金额式明细分类账

数量金额式明细分类账是在借方(收入)、贷方(发出)和余额(结存)栏下再设数量、单价和金额三个小栏,用来登记既要进行金额核算,又要进行实物数量核算的各种财产物资科目,如"原材料""库存商品"等明细账。其登记格式如表 6-21 所示。

表 6-21 明细分类账(数量金额式)

会计科目:__原材料__

品名:__甲材料__ 类别:_____ 存放地点:_____ 规格:_____ 计量单位:__千克__ 编号:_____

2024 年		凭证		摘要	借方金额			√	贷方金额			√	借或贷	余额		
月	日	字	号		数量	单价	金额		数量	单价	金额			数量	单价	金额
8	1			期初余额									借	8 500	100	850 000
8	5	转	4	生产车间领用					400	100	40 000			8 100	100	810 000

3. 多栏式明细账

多栏式明细账是根据经济业务的特点和经营管理的需要,在某一总分类账项下,对属于同一一级科目或二级科目的明细科目设置若干栏目,用以在同一张账页上集中反映各有关明细项目的详细资料。它主要适用于费用、成本、收入和利润等科目的明细核算,如"生产成本""管理费用""主营业务收入"及"本年利润"等。根据明细分类账登记的经济业务不同,多栏式明细分类账账页又分为借方多栏、贷方多栏和借贷方均多栏三种。其登记格式如表 6-22 至表 6-24 所示。

表 6-22 制造费用明细分类账(借方多栏式)

第 页

2024 年		凭证		摘要	借方						
月	日	字	号		工资	福利费	办公费	折旧费	…	其他	合计
8	5	转	5	分配工资	5 500						5 500
	5	转	6	提取福利费		770					6 270
	15	付	7	购买办公用品			300				6 570
	31	转	33	提取折旧				3 200			9 770
	31	转	34	分配结转	5 500	770	300	3 200			9 770

表 6-23 主营业务收入明细账（贷方多栏式）

第 页

2024年		凭证		摘要	贷方						
月	日	字	号		A产品	B产品	C产品	D产品	…	其他	合计
9	1	收	1	销售A产品	30 000						30 000
	8	转	8	销售B产品		50 000					80 000
	30	转	18	退回B产品		3 000					77 000

表 6-24 应交税费（应交增值税）明细账（借贷方均多栏式）

第 页

2024年		凭证		摘要	借方			贷方			借或贷	余额
月	日	字	号		进项税额	已交税金	合计	销项税额	进项税额转出	合计		
8	1			期初余额							贷	18 960
	5	付	5	购原材料	82 960		82 960				借	64 000
	6	收	5	销售产品				20 400		20 400	借	43 600
	7	付	7	缴纳税金		182 960	182 960				借	226 560

　　各种明细分类账的登记方法，应根据各个单位业务量的大小和经营管理上的需要以及记录的经济业务内容而定，可以直接根据原始凭证、记账凭证逐笔登记，也可以根据原始凭证逐日、定期汇总登记。一般来说，固定资产、债权债务等明细账应当逐笔登记；库存商品、材料物资明细账，如业务发生不是很多，可以逐笔登记，如业务发生较多，为了简化记账工作，也可以逐日汇总登记；收入、费用等明细账，可以逐笔登记，也可以逐日或定期汇总登记。各种明细账在每次登记完毕后，都应结算出余额，以便进行核对和加强日常管理。

　　多栏式明细账一般都是单方向登记，即平时只在借方或贷方登记。如成本、费用类明细分类账，平时只在借方登记；收入类明细分类账，平时只在贷方登记。当发生冲减成本费用、冲减收入及月末结转分配业务时，可以用红字进行登记，予以冲减。多栏式明细账也可以双向登记，如本年利润、利润分配明细账等，要按利润构成项目分借、贷方设专栏进行登记。

三、备查账簿的登记方法

　　单位应根据核算和管理的需要设置备查登记簿。如企业有租入固定资产的，应设置"租入固定资产"备查登记簿；有代销商品业务的，应设置"代销商品"备查登记簿。备查登记簿的内容不受总分类账的制约,它是对日记账、明细账和总分类账的补充核算,目的是为某些经济业务的分类和管理提供参考资料,以便加强对单位财产的管理,也便于日后对有关经济业务进行检查。备查登记簿的账页格式没有严格的限制,可以根据需要记录的内容和管理的要求自行设计。

第四节 错账的更正方法

一、错账的基本类型

发生记账错误,往往是由于记账人员工作上的疏忽大意,或者不遵守记账规则和记账程序,或者弄虚作假而破坏账簿钩稽关系的结果。记账错误主要表现在总账与其所属明细账的发生额及余额不相符或总账借贷两方金额不平衡。根据会计记账技术特点进行分析,常见的错账的原因及类型有如下几种。

1.重记

登记账簿时,已经登记入账的业务重复登记,造成账簿多记金额。

2.漏记

登记账簿时,应登记入账的业务被遗漏登记,造成账簿少记金额。

3.错记

登记账簿时,会计人员看错数字,或记反借贷方向、笔误等,造成错账。如:

(1)数字移位,如将"800"看成"80"(大变小)或将"80"看成"800"(小变大);

(2)记错方向,将应记入借方的金额记入贷方,或将应记入贷方的金额记入借方;

(3)记数错误,如将"7"写成"1",将"8"写成"3"等。

二、错账的查找方法

会计账簿的日常登记是一项细致的工作,稍有不慎就会发生错误。为了及时更正这些错误,就需要对账簿记录进行检查以便发现错误。账簿错误的查找方法主要有以下几种。

(一)个别检查法

个别检查法,即针对错账的数字来进行检查的方法。这种方法适用于检查方向记反、数字错位和数字颠倒等造成的记账错误。个别检查法又可以分为差数法、除2法和除9法三种。

1.差数法

差数法,就是记账人员首先确定错账的差数(借方与贷方的差额),再根据差数去查找错误的方法。比如说借方漏记400 000,则借方合计295 000,贷方合计695 000,双方差额为400 000,即可根据400 000这个数字直接查找错账。也就是说,借方金额漏记,会使该金额在贷方超出;贷方金额漏记,会使金额在借方超出。对于这样的差错,可由会计人员通过回忆和与相关金额的记账核对来查找。这种方法对于发现漏记账目比较有效，也很简便。

2.除2法

除2法，也称为倍数法，是指首先算出借方和贷方的差额，再根据差额的一半来查找错误的方法。比如说借方80 000记入贷方，则借方合计615 000，贷方合计775 000，双方差额为160 000。160 000÷2＝80 000，即可根据80 000这个数字去查找错账。这种方法适用于会计账簿因记账方向错写而造成的错误。

3.除9法

除9法与除2法原理一致，就是首先算出借方和贷方的差额，再除以9来查找错误的方法。此方法适用于数字错位和数字颠倒这两种情况。

(1)数字错位。

①将数字写小。

以差数除以9后得出的商即为写错的数字，商乘以10后为正确的数字。例如将400写成40，此例差数为360(即400—40)，除以9，所得的商40即为错数，扩大10倍后即可得到正确的数字400。

②将数字写大。

以差数除以9得出的商为正确的数字，商乘以10后所得的积为错误数字。例如将50写成500，此例差数为450(即500—50)，除以9后，所得的商50为正确数字，50乘以10等于500，即为错误的数字。

(2)数字(邻数)颠倒。

例如将4 985颠倒为4 958，则借方合计695 000，贷方合计694 973，双方差额为27，27÷9＝3。从此结果我们发现，求得的商数为被颠倒两数之差(即8-5＝3)。通过不断总结，我们发现这样一个规律：凡商数为个位数者，则是个位数与十位数的颠倒；凡商数为十位数者，则是十位数与百位数的颠倒；凡商数为百位数者，则是百位数与千位数的颠倒；依次类推。

（二）全面检查法

全面检查法，是对一定时期的账目进行全面核对的检查方法，具体又分为顺查法和逆查法两种。

1.顺查法

顺查法，就是按照记账的顺序，从头到尾依次检查原始凭证、记账凭证、总账、明细账以及会计科目余额表等。

2.逆查法

逆查法，与记账的顺序相反，也就是首先检查科目余额表中数字的计算是否正确，其次检查各账户的计算是否正确，再次核对各账簿与记账凭证是否相符，最后检查记账凭证与原始凭证是否相符。

三、错账的更正方法

在记账过程中,如果账簿记录发生错误,不允许用涂改、挖补、刮擦或药水消除字迹等方法更改,必须用正确的方法予以更正。更正错账的具体方法有以下几种。

(一)划线更正法

划线更正法,是指记账凭证无误,发生登记错误,在结账前将错账用红线划去,写上正确文字或数字的更正方法。

具体做法是先将账页上错误的文字或全部数字划一条红线,以表示予以注销,然后将正确的文字或全部数字用蓝字写在被注销的文字或数字的上方,并由记账人员在更正处盖章。应当注意的是,更正时,必须将错误数字全部注销,而不能只划销、更正其中个别错误的数字,并应保持原有字迹仍可辨认,以备查考。

(二)红字更正法

若记账凭证错误导致账簿记录有误,则需采用红字更正法,它一般适用于下列两种情况。

1.应借应贷科目错误,金额正确

记账以后,若发现记账凭证中应借、应贷科目有错误时,应采用红字更正法更正。

具体做法是先用红字填写一张与原错误记账凭证完全相同的记账凭证,在"摘要"栏注明冲销某年某月某日的错账,并据以用红字登记入账,以冲销原来的错误记录。然后,再用蓝字填写一张正确的记账凭证,在"摘要"栏注明更正某年某月某日错账,并据以登记有关账户。

【例6-1】光明公司以银行存款3 000元支付销售产品广告费。这项经济业务编制的会计分录应为借记"销售费用"科目,贷记"银行存款"科目,但会计人员在填制记账凭证时,误将"销售费用"科目记为了"管理费用"科目并已登记入账。

分析:更正时,先用红笔(以下用□表示红色)填制一张会计分录与原错误记账凭证相同的记账凭证,并据以用红字登记入账,冲销原有记录的会计账簿记录:

借:管理费用 ☐3 000☐

　　贷:银行存款 ☐3 000☐

然后,再用蓝字填制一张正确的记账凭证并据以登记会计账簿:

借:销售费用 3 000

　　贷:银行存款 3 000

2.应借应贷科目无误,金额错误,且所填金额大于应填金额

记账后,若发现记账凭证和账簿记录的金额有错误(所填金额大于应填金额),而原记账凭证中应借、应贷科目并无错误,应采用红字更正法。

具体做法是将多记的金额用红字填制一张记账凭证,"摘要"栏注明冲销某年某月某日错账多记金额,并据以登记入账,以冲销多记金额。

【例6-2】光明公司用银行存款7 500元缴纳上个月欠交的税金。会计人员在编制会计分录时,误将 7 500 元记录为 75 000 元并已入账。

分析：这个错误应采用红字更正法进行更正。更正的具体方法是用红字编制一张与原错误凭证中科目、方向相同的记账凭证，其金额为 67 500(75 000–7 500) 元，据以用红字登记入账，以冲销多记的金额。

借：应交税费 $\boxed{67\ 500}$

　贷：银行存款 $\boxed{67\ 500}$

（三）补充登记法

补充登记法，是指登记入账后发现金额小于正确金额，可用蓝字填制错误金额的差额，补充登账的方法。

记账后，若发现记账凭证和账簿中应借、应贷的科目并无错误，但是所填金额小于应填金额，应采用补充登记法更正。

具体做法是按少记的金额用蓝字填制一张应借、应贷科目与原记账凭证相同的记账凭证，在"摘要"栏中注明补记某年某月某日错账少记金额，并据以登记入账，以补充登记少记的金额。

【例 6-3】收到大明公司欠款 28 000 元存入银行。会计人员在编制会计分录时，误将 28 000 元记为 2 800 元，即：

借：银行存款　　2 800

　贷：应收账款　　2 800

分析：这属于金额少记的错误，应采用补充登记法予以更正，即用蓝字编制一张与原错误凭证应借科目、应贷科目、记账方向相同的记账凭证，其金额为 25 200(28 000–2 800) 元，据以用蓝字登记入账即可：

借：银行存款　　25 200

　贷：应收账款　　25 200

采用红字更正法和补充登记法更正错账时，都要在凭证的摘要栏注明原错误凭证号数、日期和错误原因，便于日后核对。会计差错类型及更正方法总结如表 6-25 所示。

表 6-25　会计差错类型及其更正方法

错误类型			更正方法
记账凭证正确，账簿记录错误			划线更正法
记账凭证错误	未登记入账		重新编制记账凭证
	已登记入账	会计科目错误	红字更正法
		金额多记	红字更正法
		金额少记	补充登记法

第五节　对账与结账

一、对账

在会计工作中,有时难免会发生各种各样的差错和账实不符的情况。原因无非是两种:一种是自然原因,如因财产物资本身的性质和自然条件变化引起的升溢或损耗等;另一种是人为原因,如制证、记账、算账上无意构成的差错,或存心作假,借以掩饰营私舞弊行为等。因此,在会计期末结账之前,有必要进行对账工作。

(一)对账的含义

对账是指在经济业务入账之后,进行账簿记录的核对。《会计法》第十七条规定:各单位应当定期将会计账簿记录与实物、款项及有关资料相互核对,保证会计账簿记录与实物及款项的实有数额相符、会计账簿记录与会计凭证的有关内容相符、会计账簿之间相对应的记录相符、会计账簿记录与会计报表的有关内容相符。这是对账目核对的规定,进行对账也是保证会计账簿记录质量的重要程序。

(二)对账的内容

对账包括日常核对和定期核对两种。

1.日常核对

日常核对是指会计人员在编制记账凭证和登记账簿时对依据的原始凭证和记账凭证进行的核对。

2.定期核对

定期核对是指在会计期间终了(月末、季末、半年度末、年末)时,期末结账前对凭证、账簿、财产、物资进行的核对。定期核对的内容主要包括以下四个方面。

(1)账证核对。

账证核对,是指将账簿记录同会计凭证进行相互核对,包括将总账、明细账以及现金和银行存款日记账等与有关的记账凭证及其所附的原始凭证相互核对。账簿与记账凭证核对主要是为了检查记账工作是否正确,即账簿记录是否按照记账凭证确定的账户、方向和金额进行登记;账簿与原始凭证核对,主要是对账簿记录的经济业务的真实性、合法性进行检查。这种核对主要是在平时编制记账凭证和记账过程中进行的。

(2)账账核对。

账账核对是指将各种账簿之间的有关数字进行相互核对,主要包括:

①总分类账户之间的核对：检查全部总分类账户本期借方发生额合计是否等于本期贷方发生额合计，期末所有账户借方余额合计是否等于贷方余额合计。此项核对一般通过编制"总分类账户期末余额试算表"进行。

②总分类账户与所属各明细分类账户之间的核对：检查总分类账户本期借、贷方发生额合计及期末余额与所属各明细分类账户相对应数字的合计是否相等，一般通过编制"总分类账户与明细分类账户对照表"进行核对。

③总分类账户与现金、银行存款日记账之间的核对：检查总分类账户中"现金""银行存款"账户本期借、贷方发生额及期末余额与日记账中相对应的数字是否相等。

④会计部门的财产物资明细账与财产物资保管、使用部门明细账的核对：检查各方期末结存数是否相等。

(3)账实核对。

账实核对是指将各种账簿的记录与有关财产物资的实有数额进行相互核对，主要内容包括：

①现金日记账的账面余额与库存现金实有数之间的核对。此项核对应每日进行，并且还应进行不定期的抽查。

②银行存款日记账的账面余额与各开户银行对账单之间的核对。一般每月核对一次，主要通过编制"银行存款余额调节表"进行。"银行存款余额调节表"的编制方法将在财产清查部分讲述。

③财产物资明细账的结存数与清查盘点后的实有数之间的核对。此项核对应定期或不定期进行。

④各种应收、应付款明细分类账户的账面余额与有关债权、债务单位或个人及有关部门之间的核对。此项核对也应定期或不定期进行。

(4)账表核对。

账表核对是指会计账簿记录与会计报表有关内容进行核对。由于会计报表是根据会计账簿记录及有关资料编制的，两者之间存在相对应的关系，因此，通过检查会计报表各项目数据与会计账簿有关数据是否相符，可以检查、验证会计账簿记录和会计报表数据是否正确无误，从而确保会计资料质量。

二、结账

（一）结账的含义

结账就是在把一定时期内所发生的经济业务全部登记入账的基础上，结出每个账户的本期发生额和期末余额。结账是保证会计报表编制正确、报送及时的重要基础工作。为了总括反映一定时期内(月份、季度、年度)账簿记录情况，必须定期进行结账。

及时结账有利于了解会计期间内资产、负债、所有者权益的增减变化过程及变化结果，有利于正确及时地确定当期的经营成果，为考察企业经营业绩提供依据；同时，结账后的账簿资料可以为编制会计报表提供依据。另外，企业因撤销、合并而办理财务交接时，也需要办理结账手续。

根据会计期间分期的不同，结账工作可以相应地在月末、季末、半年末、年末进行，但不能为减少本期的工作量而提前结账,也不能将本期的会计业务推迟到下期或在编制报表之后再进行结账。对资产、负债和所有者权益等实账户可以在会计期末直接结账;而对于那些收入、费用等虚账户,在结账前应按权责发生制要求先进行调整。因此,只有将企业发生的收入和费用按照会计期间正确划分其归属后,才能真实反映企业本期的财务状况和经营成果,所以,应在调整后再结账。

(二)结账的内容

1.结账前要查明本期内所发生的经济业务是否全部入账

结账前,必须将本期发生的全部经济业务登记入账,所以在结账时就要首先查明这些经济业务是否已完全登记入账。

2.编制调整分录

在本期经济业务全面入账的基础上,按照权责发生制的要求,将收入和费用归属于各个相应的会计期间,即编制调整分录,包括摊配已登账的待摊费用和预收收益,计提本期应承担但尚未支出的应付或预提费用,确认已实现但尚未收到的应收收益等,再据以登记入账。

3.编制结账分录

对于各种收入、费用类账户的余额,应在有关账户之间进行结转,从而结束各有关收入和费用类账户。也就是将这些损益类账户,如"主营业务收入""主营业务成本""税金及附加""管理费用"等账户的余额转入"本年利润"账户,以便这些损益类账户在账簿上重新记录下一个会计期间的业务。上一个会计期间的成果不能带入下一个会计期间,每一个会计期间开始时,经营成果的计算都是从零开始的。

结账分录包括两部分,一部分是结转收入的,即借记有关的收入类账户,贷记本年利润账户;另一部分是结转费用的,即借记本年利润账户,贷记有关的费用类账户。结账分录也需要登记到相应的账簿中去。

4.计算各账户的本期发生额合计和期末余额并结转下期

按照《会计基础工作规范》的要求,结账时,应当结出各个账户的期末余额。需要结出当月发生额的,应当在摘要栏内注明"本月合计"字样,并在下面通栏划单红线;需要结出本年累计发生额的,应当在摘要栏内注明"本年累计"字样,并在下面通栏划单红线;12月末的"本年累计"就是全年累计发生额,应当在摘要栏中注明"本年累计"字样,全年累计发生额下面应当通栏划双红线。本年各实账户的年末余额转入下年,应在摘要栏注明"结转下年"以及"上年结转"字样。

(三)结账的方法

结账工作分月结、季结和年结三种。结账的一般方法如下。

1.月结

月末,计算出本月发生额和月末余额,记在账簿中最后一笔的下一行,在"摘要"栏注明"本月合计"字样,并在月结栏上下各划一道红线。

2.季结

季度终了,结算出本季度三个月的发生额合计数,记在月结数的下一行内,在"摘要"栏注明"本季合计"字样,并在季结栏下面划一道红线。

3.年结

年底,对账簿进行年度结账,结算出本年四个季度的发生额合计数,记入第四季度季结数的下一行,在"摘要"栏注明"本年累计"字样,并在年结下面划两道通栏红线,表示封账。

结账的方法如表6-26所示。

表6-26　总分类账

账户名称:原材料

2023年		凭证号数	摘要	借方	贷方	借或贷	余额
月	日						
1	1		上年结转			借	20 000
1	5	付20	从长虹公司购进材料	50 000		借	70 000
1	10	转30	车间领用材料		30 000	借	50 000
1	31		本月发生额及余额	100 000	70 000	借	50 000
2	5	转3	车间领用材料		20 000	借	30 000
3	9	转4	从大众公司购进材料	80 000		借	110 000
3	15	转10	车间领用材料		60 000	借	18 000
3	31		本月发生额及余额	120 000	100 000	借	18 000
3	31		本季度累计发生额及余额	320 000	322 000	借	18 000
4	6	付5	从长虹公司购进材料	25 000		借	43 000
4	10	转6	车间领用材料		10 000	借	33 000
12	27	转11	车间领用材料		38 900	借	50 000
12	31		本月发生额及余额	95 000	87 000	借	50 000
12	31		本季度发生额及余额	320 000	280 000	借	50 000
12	31		本年度累计发生额及余额	1 250 000	1 220 000	借	50 000
			结转下年				50 000

注:表中间黑色粗横线表示红色线,双波浪线表示部分删减掉的内容。

年度结账后,要将各账户的余额结转下年,并在"摘要"栏内注明"结转下年"字样;在下年新账第一行金额栏内填写上年结转的余额,并在"摘要"栏内注明"上年结转"字样,如表6-27所示。

表6-27　总分类账

账户名称:原材料

2024年		记账凭证		摘要	借方	贷方	借或贷	余额
月	日	字	号					
1	1			上年结转			借	50 000

第六节　会计账簿的更换与保管

一、会计账簿的更换

会计账簿的更换是指在会计年度终了时将本年度的账簿更换为次年度新账簿的工作。一般来说，现金日记账、银行存款日记账、总分类账及明细分类账都要每年更换新账，但固定资产明细账或固定资产卡片可以继续使用，不必每年更换新账。其他财产物资明细账、债权债务明细账可以跨年度使用。

更换账簿一般在年终结账后进行，有期末余额的账户，应将其余额结转至下年度新账簿的相应账户中去。结转时，将有余额的账户的余额直接记入新账簿中相对应的账户的余额栏内，不需要编制记账凭证，也不必将本年有余额的账户调整为零，只需在旧账"摘要"栏内加盖"结转下年"戳记。在下年度新开账户的第一行，填写的日期是 1 月 1 日，"摘要"栏注明"上年结转"字样，同时，将上年结转余额记入"余额"栏，并标明余额方向。上年度该账户的借方余额转至本年度新账内仍为借方余额，上年度该账户的贷方余额转至本年度新账内仍为贷方余额。

二、会计账簿的保管

账簿是各单位重要的经济资料，必须建立管理制度，妥善保管。账簿管理分为日常管理和归档保管两部分。

（一）平时账簿管理的具体要求

(1)各种账簿要分工明确，指定专人管理，账簿经管人员既要负责记账、对账、结账等工作，又要负责保证账簿安全。

(2)未经领导和会计负责人或者有关人员的批准，非经管人员不能随意翻阅查看会计账簿。

(3)会计账簿除需要与外单位核对外，一般不能携带外出，对携带外出的账簿，一般应由经管人员或会计主管人员指定专人负责。

(4)会计账簿不能随意交与其他人管理，以保证账簿安全完整和防止任意涂改、毁坏账簿等问题的发生。

（二）旧账归档保管

年度终了更换并启用新账后，对更换下来的旧账要整理、装订并造册归档。

(1)归档前旧账的整理工作包括检查和补齐应办的手续，如改错、盖章、注销空行及空页、结转余额等。对于活页账，应撤出未使用的空白账页，再装订成册，并注明各账页号数。

(2)旧账装订时应注意：活页账一般按账户分类装订成册，一个账户装订成一册或数册。装订时应检查账簿扉页的内容是否填写齐全。装订后应由经办人员及装订人员、会计主管人员在封口处签名或盖章。

（3）旧账装订完毕，应编制目录和编写移交清单，然后按期移交档案部门管理。

（4）各种账簿同会计凭证和会计报表一样，都是重要的经济档案，必须按照会计制度统一规定的保存年限妥善保管，不得丢失和任意销毁。保管期满后，按照规定的审批程序报经批准后才能销毁。

【本章小结】

会计账簿是由具有一定格式、相互联系的账页所组成的，根据会计凭证序时地、分类地记录和反映经济业务的会计簿籍。账簿由封面、扉页、账页、封底组成。

会计账簿按其主要用途分为序时账簿、分类账簿和备查账簿三类。序时账簿按记录的经济业务内容不同，分为普通日记账和特种日记账两种；分类账簿按其反映指标的详细程度划分为总分类账簿和明细分类账簿两种。会计账簿按其外表形式分为订本式账簿、活页式账簿和卡片式账簿三类。账簿按账页格式不同分为两栏式、三栏式、数量金额式、多栏式等账簿。

现金日记账是由出纳员根据审核后的现金收款凭证和付款凭证逐日逐笔顺序登记的账簿，一般采用三栏式账页。银行存款日记账是根据银行存款收款凭证、银行存款付款凭证和现金付款凭证逐日逐笔顺序登记的账簿，一般也采用三栏式账页。

总分类账可以直接根据收款凭证、付款凭证和转账凭证登记，也可以按汇总记账凭证按期或分次汇总登记。总分类账的账页格式有三栏式和多栏式两种。

明细分类账主要有三栏式、数量金额式、多栏式和横向登记式四种。可以直接根据原始凭证、记账凭证逐笔登记，也可以根据原始凭证逐日、定期汇总登记。

登记账簿应遵循下列规则：账簿登记要正确、及时；账簿登记要清晰、整洁；账簿中文字和数字的书写必须规范；账簿记录发生错误应按规定的方法进行更正；账簿记录要连贯、完整；实行会计电算化的单位，总账和明细账应当定期打印。

错账的更正方法有划线更正法、红字更正法和补充登记法。

对账是指在经济业务入账之后，进行账簿记录的核对。对账的内容包括账证核对、账账核对和账实核对。

结账就是在把一定时期内所发生的经济业务全部登记入账的基础上，结出每个账户的本期发生额和期末余额，包括月结、季结和年结。

账簿是重要的经济档案，必须按规定妥善保管，不得丢失和任意销毁。

【思考题】

1. 什么是账簿？为什么要设置会计账簿？

2. 会计账簿按用途可以分为哪几类？按外表形式可分为哪几类？

3. 会计账簿的设置应遵循哪些原则？

4. 会计账簿一般应具有哪些基本内容？

5. 会计账簿启用应遵守哪些规则？

6. 登记会计账簿应遵守哪些规则?

7. 错账的更正有哪几种方法? 各种方法分别适用于什么类型的错账?

8. 什么是对账? 对账的主要内容有哪些?

9. 什么是结账? 怎样进行月结、季结和年结?

10. 会计账簿的更换应注意哪些问题?

【练习题】

一、判断题

1. 总分类账和明细分类账都是根据记账凭证登记的。( )

2. 备查账簿是对某些在日记账和分类账中未能记录的事项进行补充登记的账簿,因此,各单位必须设置。( )

3. 在整个账簿体系中,序时账和分类账是主要账簿,备查账为辅助账簿。( )

4. 结账之前,如果发现账簿中所记的文字或数字错误属于过账笔误,而记账凭证并没有错,应采用划线更正法进行更正。( )

5. 登记账簿必须用蓝黑墨水书写,不得使用圆珠笔或铅笔书写,更不得用红色墨水书写。( )

6. 多栏式现金日记账的登记方法与三栏式一样,区别在于现金收入和现金支出分别反映在两本账上。( )

7. 账簿中书写的文字和数字上面要留有适当空距,不要写满格,一般应占格高的二分之一。( )

8. 生产成本明细账和管理费用明细账的格式适宜采用多栏式。( )

9. 序时账簿可以用来登记全部经济业务,也可以用来登记某一类经济业务。( )

10. 新会计年度必须更换全部账簿,不得只更换现金日记账、银行存款日记账。( )

二、单项选择题

1. 必须逐日逐笔登记的账簿是( )。

A. 明细账   B. 总账   C. 日记账   D. 备查账

2. 记账以后,发现记账凭证中科目正确,但所记金额小于应记的金额,应采用( )进行更正。

A. 红字更正法   B. 平行登记法   C. 补充登记法   D. 划线更正法

3. 下列账簿通常采用多栏式账页的有( )。

A. 总账   B. 管理费用明细账   C. 现金日记账   D. 银行存款日记账

4. 不能作为银行存款日记账登记依据的是( )。

A. 现金收款凭证   B. 部分现金付款凭证

C. 银行存款收款凭证   D. 银行存款付款凭证

5. 产成品明细账通常采用( )账簿。

A. 多栏式   B. 三栏式   C. 数量金额式   D. 卡片式

6.记账凭证上记账栏中"√"记号表示(　　)。

A. 已经登记入账　　　　　　　　　　　　B. 已经审核

C. 此凭证作废　　　　　　　　　　　　　D. 此凭证编制正确

7.可以采用三栏式的明细账是(　　)。

A. 产成品明细账　　　　　　　　　　　　B. 制造费用明细账

C. 固定资产明细账　　　　　　　　　　　D. 债权债务明细账

8.结账前发现账簿的文字或数字发生错误时可以采用的错账更正方法是(　　)。

A. 划线更正法　　　　　　　　　　　　　B. 红字更正法

C. 补充登记法　　　　　　　　　　　　　D. 更换凭证法

9.以下属于对账中账证核对的内容是(　　)。

A. 银行存款日记账账面余额与开户银行账目定期核对

B. 总分类账户各账户期末余额与银行存款日记账期末余额核对

C. 现金日记账与某日收款凭证核对

D. 总分类账户各账户期末余额与明细分类账的期末余额核对

10.原材料明细账的格式应采用(　　)。

A. 三栏式　　　　　　B. 数量金额式　　　　　　C. 多栏式　　　　　　D. 四栏式

三、多项选择题

1.下列各项属于对账内容的是(　　)。

A. 明细账与总账核对　　　　　　　　　　B. 库存商品账与实物核对

C. 往来账与业务合同核对　　　　　　　　D. 记账凭证与原始凭证核对

E. 库存现金与现金账核对

2.下列账簿必须采用订本式账簿的是(　　)。

A. 明细账　　　　　　　　B. 总账　　　　　　　　C. 现金日记账

D. 银行存款日记账　　　　E. 备查账

3.下列各项中,可以采用多栏式明细账簿的是(　　)。

A. 生产成本　　　　　　　B. 管理费用　　　　　　C. 原材料

D. 应收账款　　　　　　　E. 制造费用

4.现金日记账的登记依据是(　　)。

A. 现金收款凭证　　　　　　B. 现金付款凭证　　　　C. 转账凭证

D. 银行存款收款凭证　　　　E. 部分银行存款付款凭证

5.明细分类账采用的格式有(　　)。

A. 三栏式　　　　　　　　B. 多栏式　　　　　　　C. 数量金额式

D. 订本式　　　　　　　　E. 联合式

6.明细分类账可以直接根据(　　)登记。

A. 记账凭证　　　　　　　B. 原始凭证　　　　　　C. 科目汇总表

D. 汇总原始凭证　　　　　E. 备查账

7. 下列情况,可以使用红色墨水记账的有(   )。

A. 按照红字冲账的记账凭证,冲销错误记录

B. 在不设借贷的多栏式账页中登记减少数

C. 在三栏式账户的余额前,如未印明余额方向的,在余额栏内登记负数余额

D. 进行年结、月结时划线

E. 补充登记时

8. 下列情况可以使用红字更正法的是(   )。

A. 记账凭证中所记金额大于原始凭证中的应记金额,且已入账

B. 记账凭证中所记金额小于原始凭证中的应记金额,且已入账

C. 记账凭证中的应借、应贷科目错误,且已入账

D. 记账凭证中的应借、应贷金额错误,且已入账

E. 记账凭证无错,登账时发生数字错误

9. 银行存款日记账登记的依据是(   )。

A. 银行存款收款凭证   B. 银行存款付款凭证   C. 部分现金收款凭证

D. 部分现金付款凭证   E. 转账凭证

10. 数量金额式明细分类账的账页格式适用于(   )。

A. "库存商品"明细账   B. "制造费用"明细账   C. "原材料"明细账

D. "生产成本"明细账   E. "管理费用"明细账

四、实训题

实 训 一

目的:练习登记现金日记账和银行存款日记账。

资料:

某企业 2024 年 6 月初"库存现金"借方余额为 12 200 元,"银行存款"借方余额为 40 000 元。

6 月份有关现金、银行存款业务的全部资料如下:

(1)6 月 2 日,向银行借入 6 个月的短期借款 10 000 元,存入银行。

(2)6 月 3 日,向本市大明公司购进甲材料 60 吨,单价 400 元,货款 24 000 元,开出现金支票付款,材料已验收入库。

(3)6 月 4 日,以银行存款 14 600 元偿还欠红星公司货款。

(4)6 月 5 日,采购员张三预借差旅费 4 000 元,用现金支付。

(5)6 月 6 日,出纳员将多余现金 1 000 元存入银行。

(6)6 月 12 日,从银行提取现金 2 000 元备用。

要求:根据以上资料,登记现金日记账和银行存款日记账,并结出本期发生额和期末余额。

实 训 二

目的:练习错账更正方法。

资料:

在查账过程中,大齐公司发现下列错误:

(1)记账人员在根据记账凭证登账时，将 5 300 元误记为 5 800 元。

(2)生产车间领用甲材料用于 A 产品的生产,计 5 000 元。在填制记账凭证时,误编如下分录,并据以登记入账。

 借:制造费用 5 000

  贷:原材料   5 000

(3)行政管理人员用现金 200 元购买办公用品,这项经济业务在填写记账凭证时,误将金额写为 20 元,并据以登记入账。

 借:管理费用   20

  贷:库存现金   20

(4)企业生产车间生产产品直接耗用材料一批,价值为 1 000 元,会计分录误记为:

 借:生产成本 10 000

  贷:原材料   10 000

(5)以银行存款支付前欠丙公司货款 6 900 元,记账凭证分录如下,并据以登记入账。

 借:应付账款 9 600

  贷:银行存款   9 600

要求:更正以上错账。

五、案例分析题

稽查人员在查阅大明公司账目时发现该公司 2023 年 12 月份"主营业务收入"和"应收账款"账户较以往各期发生额大,经查阅明细账,发现"应收账款"明细账中未做登记。稽查人员根据账簿记录调阅有关记账凭证,发现有五张凭证内容全部相同,均为:

 借:应收账款

  贷:主营业务收入

   应交税费——应交增值税(销项税额)

经审查,上述五张凭证均未附任何原始凭证,虚列收入 200 万元,五笔业务在"库存商品"明细账和"应收账款"明细账中均未做登记,准备于下年初将上述分录做销货退回处理。原来,该公司承包人为了在承包期内拿到承包奖金,虚增当期利润,并采用挂往来账的手段掩盖其不法的目的。

结合案例,请分析该公司记账过程有何问题,原因何在。

第七章

财产清查

☆ **学习目的与要求**

通过本章教学,学生应该了解财产清查的概念、意义及分类;了解财产清查前的准备工作;理解财产物资的盘存制度;掌握财产清查的具体方法和财产清查结果的账务处理。

☆ **学习内容**

1. 财产清查的概念;

2. 财产清查的意义及分类;

3. 财产清查前的准备工作;

4. 财产物资的盘存制度;

5. 财产清查的具体方法;

6. 财产清查结果的账务处理。

☆ **学习重点**

1. 财产物资的盘存制度;

2. 财产清查的具体方法;

3. 财产清查结果的账务处理。

☆ **学习难点**

1. 银行存款清查的具体方法;

2. 财产盘盈结果的账务处理。

☆ **案例导入**

光华企业在年末对该企业的资产进行了一次全面的清查,为进行这次清查,企业做了大量工作,结果发现如下情况:库存现金短缺 1 000 元,经查属工作失误造成,应由责任人赔偿;有账外的汽车一辆,其重置完全价值为 70 000 元;盘亏设备一台,其原价为 180 000 元,已提折旧 90 000 元;盘亏原材料一批,不含税价为 30 000 元;应收某公司货款 70 000 元,经查实该公司已经破产,该货款已无法收回,经批准转作坏账损失;同时还发现有一笔无法支付的应付账款 20 000 元,经批准予以转销。

请思考:针对不同的财产应采取哪些清查方法? 针对上述这些情况应进行怎样的账务处理?

第一节　财产清查概述

一、财产清查的概念

所谓财产清查,就是指对财产物资、现金进行实地盘点,对银行存款、债权债务进行核对,以确定各项财产物资、货币资金、债权债务的实存数,并与账面数进行核对,从而确定其账面结存数和实际结存数是否相符的一种会计专门方法。财产清查不仅是一种重要的会计核算方法,而且是财产物资管理制度的一个重要组成内容。

企业日常发生了经济业务之后,需要相应地填制和审核会计凭证,并依据会计凭证的记录登记有关的会计账簿。应该说,账簿记录能够反映企业各项财产物资的增减变动及其结存情况,为经济管理提供会计信息,所以账簿记录是否真实、正确和完整,直接影响会计信息的质量。如前所述,企业期末为了保证会计信息的客观真实性,就要进行账证核对、账账核对和账实核对,而账实核对就是财产清查的主要内容。通过财产清查,查明账实一旦不符,则应采取相应的方法进行处理,从而做到账实相符,也就在一定程度上保证了会计信息的客观真实性。《会计法》第十七条规定:各单位应当定期将会计账簿记录与实物、款项及有关资料相互核对,保证会计账簿记录与实物及款项的实有数额相符。

二、财产清查的意义

（一）财产清查的原因

企业单位各种资产的增减变动和结存情况,通过凭证的填制与审核、账簿的登记与核对,已经在账簿体系中得到了正确的反映,但账簿记录的正确性并不足以说明各种资产实际结存情况的正确。在具体会计工作中,即使是账证相符、账账相符的情况下,资产的账面数与实际结存数仍然可能不相一致。因此有必要定期或不定期地对财产进行清查。

（二）财产账存数与实存数不相符的原因

财产清查的关键是要解决账存数与实存数不符的问题。造成账存数与实存数不符的原因是多方面的,归纳起来有如下几种情况。

(1)计量和检验的差错:在财产物资收发过程中,由于计量器具在检测手段上出现误差,或由于计量和检验人员工作疏忽而引起的误差。

(2)记录和计算的差错:会计人员在对财产物资收发凭证的编制、账簿的登记、报表的填制过程中发生漏记、重记、错记或计算上出现错误。

(3)自然损耗造成的短缺或升溢:财产物资在保管过程中发生的自然损耗及升溢,如钢铁的锈蚀、木材的腐烂及白糖的吸潮等。

(4)管理不善造成的损失:因管理制度不严或工作人员的失职而造成财产物资的丢失、残损及霉烂变质等。

(5)因营私舞弊、贪污盗窃等非法活动而造成的财产损失。

(6)因结算中存在未达账项而引起的银行存款、往来账项的数额不符。

通过上述内容可以看出,造成账实不符的原因既有主观原因,也有客观原因,而客观原因不能完全避免。因此,就需要通过财产清查发现账实不符的情况,针对问题查明原因,分清责任,采取有效的措施,实事求是地进行处理,以保证会计资料的真实正确。

(三)财产清查的意义

财产清查作为会计核算的一种专门方法,在会计核算过程中具有十分重要的意义。

(1)保证会计核算资料真实可靠,为正确编制会计报表奠定基础。通过财产清查,可以确定各项财产物资、货币资金及债权债务的实存数,将实存数与账存数进行对比,寻找差异,确定盘盈、盘亏并及时调整账簿记录,做到账实相符,以保证账簿记录的真实正确,为经济管理提供可靠的数据资料。

(2)充分挖掘实物财产的潜力,提高其利用率和使用效果。通过财产清查可查明各项财产物资的储备和利用情况,了解有无储备不足、超储积压、不需用或不配套等问题,以便采取措施,不断改善经营管理,查明各项财产物资占用资金的合理程度,以便挖掘各项财产物资的潜力,加速资金周转,开源节流,从而提高经济效益。

(3)强化财产管理的内部控制制度,保护财产的安全与完整。通过财产清查,可以查明各项财产物资是否账实相符,是否存在非法挪用、贪污、盗窃等现象,有无不合理的债权、债务关系,帮助管理者判断内部控制制度设计是否完善、执行是否有效,最终有助于企业内部控制制度的建立与完善,促进企业自觉维护财经纪律。

三、财产清查的种类

企业财产清查的对象和范围往往是不同的,在时间上也有区别,由此就产生了财产清查的不同种类。

(一)按财产清查的对象和范围分类

财产清查按其对象和范围分为全面清查和局部清查。

1.全面清查

全面清查就是对属于本企业或存放在本企业的所有财产物资、货币资金和债权债务进行全面盘点和核对。对资产负债表内所列项目，要一一盘点、核对。全面清查涉及的范围广、时间长、工作量大、参加的部门和人员多，一般不轻易进行全面清查。但在以下几种情况下必须进行全面清查：

(1)年底编制年度决算会计报表之前；

(2)按规定进行清产核资或资产评估；

(3)发生破产清算、撤销、合并、改制或改变隶属关系；

(4)发生重大经济违法事件；

(5)单位主要负责人调离工作单位。

2.局部清查

局部清查是指根据需要对部分财产物资、货币资金和债权债务进行盘点和核对。一般情况下，主要是对流动性较大、变现能力较强的财产、贵重物品进行盘点和核对，如现金、原材料、在产品、库存商品、包装物和低值易耗品等。在财产物资遭受非正常损失和更换有关管理人员的时期，也要对有关财产物资进行局部清查，以确保账实相符，保护财产物资的安全完整。

局部清查涉及的范围小、工作量少，但专业性极强，具体包括：

(1)库存现金由出纳人员在每日业务终了时清查一次，做到日清月结；

(2)银行存款和各种银行借款，每月要同银行核对一次；

(3)对流动性较大的各种存货，除年终进行全面清查外，应有计划地每月进行重点抽查，对于贵重物品，应每月清查盘点一次；

(4)对于债权债务，应在年度内核对一至两次，如有问题应及时核对、及时解决。

（二）按财产清查的时间分类

财产清查按其时间分为定期清查和不定期清查。

1.定期清查

定期清查是指根据管理制度的规定或按预先计划安排的时间对财产物资、货币资金和债权债务进行清查，通常在月末、季末、年终结账时进行。清查的范围一般是年终决算前进行全面清查，月末和季末对贵重财产及货币资金等实施局部清查。

2.不定期清查

不定期清查是指事前不规定清查时间，而是根据实际需要，临时实施的财产清查。不定期清查可以是全面清查，也可以是局部清查。不定期清查主要在以下几种情况下进行：

(1)更换财产物资和现金保管人员时，要对有关人员所保管的财产物资和现金进行清查，以分清经济责任；

(2)财产物资发生非常灾害或意外损失时，要对受灾损失的有关财产物资进行清查，以查明损失情况；

(3)有关部门对本企业进行会计检查或进行临时性的清产核资时，应进行财产清查；

（4）企业撤销、合并或改变隶属关系时，应对本企业的各项财产物资、货币资金和债权债务进行清查，以摸清家底。

（三）按财产清查的执行单位分类

财产清查按其执行单位分为内部清查和外部清查。

1.内部清查

内部清查是指由本企业的有关人员组成清查工作组对本企业的财产进行的清查。这种清查也称为自查，可以是全面清查，也可以是局部清查；可以是定期清查，也可以是不定期清查，应根据实际情况和具体要求加以确定。

2.外部清查

外部清查是指由企业外部的有关部门或人员根据国家法律或制度的规定对企业进行的财产清查。

（四）按财产清查的项目分类

财产清查按其项目分为实物资产清查、货币资产清查和往来款项清查。

（1）实物资产清查：指的是对企业的实物资产所进行的清查，如原材料、在产品、自制半成品、库存商品、在途物资、委托加工物资以及固定资产、在建工程等。

（2）货币资产清查：指的是对企业的货币资产所进行的清查，如库存现金、银行存款和其他货币资金等。

（3）往来款项清查：指的是对企业的往来款项所进行的清查，如应收票据、应收账款、长短期借款以及应付票据、应付账款等各种债权债务。

第二节 财产清查的方法

一、财产清查前的准备工作

财产清查是一项复杂而又细致的工作，涉及面广、政策性强、工作量大。因此，为了保证财产清查工作的顺利进行，在财产清查之前应做好相关的准备工作，包括组织上的准备和物资及业务上的准备两个方面。

（一）组织上的准备

在组织上，应成立清查小组。该小组应在企业主管负责人和财务负责人的领导下，由会计、生产、设备、技术、行政等部门的相关人员组成。清查小组的主要工作职责是：制订财产清查计划，确定清查范围,安排清查工作程序,配备清查工作人员;检查清查工作进度,监督清查工作过程,解决清查工作中的问题;总结清查工作的经验教训,撰写清查工作总结,提出清查结果处理意见。

（二）物资及业务上的准备

物资及业务上的准备是做好财产清查工作的前提条件,各有关业务部门务必给予充分的重视,特别是会计部门和财产物资保管部门的相关人员应积极主动配合,做好以下几个方面的准备工作。

(1)会计部门和人员的准备。会计部门的人员要在财产清查之前将所有经济业务登记入账,并结出余额。同时,应认真核对有关总账和所属明细账的余额,做到内容完整、计算正确、账证相符、账账相符,以便为财产清查提供可靠的账簿资料。

(2)财产物资保管部门和人员的准备。财产物资保管人员应将截止到财产清查日的各项财产物资的收入与发出办好凭证手续,依据凭证上的记录内容登记有关的账簿,在将全部经济业务登记入账的基础上结出各科目余额,并与会计部门的有关总分类账、明细分类账核对相符。同时,财产物资保管人员应将其所保管的各项财产物资整理清楚,挂上标签,标明品种、规格和结存数量,以便进行实物盘点。

(3)财产清查小组工作人员的准备。在财产清查开始前,财产清查小组工作人员要准备好必要的清查工具、器具和表格等。

财产清查不仅仅是会计部门的工作,它涉及诸多相关部门。因此,各相关部门应密切配合,通力协作,尤其是会计部门、生产部门与仓储部门等,务必要做好相关账簿的核对工作。

账簿的核对即对账,就是一定会计期间(月份、季度、年度)终了时,将账证、账账和账实进行相互对照,以检查账簿记录是否正确、可靠。对账主要包括账证、账账和账实核对三项内容。

账证核对是指将各种账簿记录与会计凭证进行核对。账证核对大多在日常编制凭证和登账过程中进行,但如果在进行账账核对时发现不符,应重点对不符的账簿记录与会计凭证进行核对,包括所记载的经济业务内容、记账金额、会计科目等,直到查出错误的原因为止。

账账核对是指将各种账簿之间的有关数字进行相互核对。

账实核对是指将财产物资的账面结余数与实际结余数进行相互核对。账实核对必须在财产清查的基础上进行。

二、财产物资的盘存制度

实物财产清查的重要环节是盘点实物财产的实存数量,为使盘点工作顺利进行,应建立一定的盘存制度。实物财产的盘存制度一般有两种:永续盘存制和实地盘存制。

（一）永续盘存制

永续盘存制又称账面盘存制,是指对各项财产物资的增减变动情况都必须根据会计凭证在有关账簿中进行连续登记,并随时在账簿中结算出各项财产物资结存数的一种盘存制度。其具体做法是:收入某项财产物资时,根据有关的会计凭证将收入的数量和金额分别登记在有关明细账的收入栏;发出某项财产物资时,根据有关的会计凭证将发出的数量和金额登记在有关明细账的发出栏,并及时计算出该项财产物资在明细账上结存的数量和金额,即:

$$账面期末结存数＝账面期初结存数＋本期增加数－本期减少数$$

在永续盘存制下,由于财产物资的增减变化要逐日逐笔进行登记,并随时结出账面结存数,手续比较严密,因此便于加强会计监督,同时能及时掌握财产物资的收发、结存的动态情况,对于加强财产物资的管理、保证其安全完整有重要作用。但此种盘存制度也存在不足,即由于要逐日逐笔登记各项财产物资的增减变动及结存情况,因此工作量较大。在实际工作中,种种原因会引起账实不符的情况产生。所以,采用永续盘存制的单位仍然要对各项财产物资进行定期或不定期的清查盘点,以便查明账实是否相符,对于账实不符的,要及时查明原因,按照有关规定进行处理,以达到账实相符的目的。

(二)实地盘存制

实地盘存制又称"盘存计耗制"或"以存计耗制",是根据财产清查的结果来确定财产物资期末账面结存数量的方法。采用这种方法,只需根据会计凭证在明细账中登记财产物资的增加数量和金额,不登记减少的数量和金额,期末以实际盘点的数量作为账面结存数量,然后倒算出本期各项财产物资的减少数,即:

$$本期减少数＝账面期初结存数＋本期增加数－期末实际结存数$$

采用实地盘存制,由于平时不需要计算、记录财产物资的减少数和结存数,所以可以大大减少日常核算工作量,财产物资的收发手续也比较简便。但是由于平时不做存货的减少记录,日常财产物资的实体流转与账面变化并不完全一致,且发货手续不严密,不利于对存货的控制和管理;根据期末所得的存货减少数是一个倒挤数,有可能把不正常的财产物资的损失数,如被盗、浪费、遗失或盘点遗漏等造成的损失都包括在发出成本中,这样就会影响日常核算的真实性以及经营成果的核算;另外,由于每个会计期末都必须花费大量的人力、物力对财产物资进行盘点和计价,加大了期末会计核算工作量,有时会影响正常的生产经营。所以,企业一般很少采用这种盘存制度,一般只对经营鲜活产品或业务发生频繁、价值较低的产品等采用实地盘存制。其他财产物资,特别是重要的、贵重的财产物资均应采用永续盘存制。

由此可见,不同的财产物资盘存制度对财产清查工作的要求、目的和作用是不相同的,但无论如何,财产清查工作是必不可少的。

三、货币资金的清查

货币资金的清查包括对库存现金的清查、对银行存款的清查和对其他货币资金的清查。

(一)库存现金的清查

库存现金清查的基本方法是实地盘点。它是通过对库存现金的盘点实有数与现金日记账的余额进行核对的方法来查明账实是否相符的。具体可以分为以下两种情况。

(1)日常的清查工作。现金出纳员每日清点库存现金实有数额,并及时与现金日记账的余额相核对。这种清查方法实际上是现金出纳员的分内职责。

(2)由专门的清查人员进行的清查工作。盘点前,出纳人员应先将现金收、付款凭证全部登记入账,并结出余额;盘点时,出纳人员必须在场,现金应逐张清点,如发现盘盈、盘亏,必须会同出纳人员核实清楚。盘点时,除查明账实是否相符外,还要查明有无违反现金管理制度规定、有无以"白条"抵充现金、现金库存是否超过银行核定的限额、有无坐支现金等情况。

现金盘点结束后,应根据盘点结果填制"库存现金盘点报告表"。库存现金盘点报告表是重要的原始凭证,它具有实物财产清查的"盘存单"的作用,又有"实存账存对比表"的作用。"库存现金盘点报告表"填制完毕,应由清查人员和出纳员共同签字认可方能生效。该表既是明确经济责任的依据,也是调整账实不符的原始凭证。其格式如表7-1所示。

表7-1 库存现金盘点报告表

单位名称：　　　　　　　　　　　　　年　月　日　　　　　　　　　　单位：元

实存金额	账存金额	实存与账存对比		备注
		盘盈	盘亏	

盘点人：　　　　　　　　　　　　　　　　　　　　出纳员：

（二）银行存款的清查

银行存款清查的基本方法是将银行存款日记账与开户银行的对账单相核对。核对前,首先把截止到清查日所有银行存款的收、付业务都登记入账,对发生的错账、漏账应及时查清更正,然后再与银行的对账单逐笔核对。如果发现二者余额相符,一般说明无错误;如果发现二者余额不相符,可能是企业或银行某一方记账有错误或是存在未达账项。

未达账项是指在企业与银行之间,对于同一项业务,由于凭证的传递时间不同,导致双方记账时间不一致,即一方已取得结算凭证登记入账,而另一方由于尚未取得结算凭证而尚未入账的款项。未达账项总的来说有两大类型:一是企业已经入账而银行尚未入账的款项;二是银行已经入账而企业尚未入账的款项。具体来讲有以下四种情况。

(1)企业已收款记账,银行未收款、未记账的款项,如企业收到客户用于支付货款的银行转账支票,在登记入账后尚未立即去银行办理相关手续。

(2)企业已付款记账,银行未付款、未记账的款项,如企业开出现金支票或转账支票用于支付货款,但客户在收到支票后并未立即去银行办理相关手续。

(3)银行已收款记账,企业未收款、未记账的款项,如银行已收到购货方所支付的货款,但凭证尚未传递到企业。

(4)银行已付款记账,企业未付款、未记账的款项,如商业银行受企业委托代交水电等公用设施费等。

上述任何一种未达账项的存在,都会使企业银行存款日记账的余额与银行送来的对账单上所列存款余额不符。当发生(1)、(4)两种情况时,企业银行存款日记账的余额将大于银行对账单的余额;

在第(2)、(3)种情况下,企业银行存款日记账的余额将小于银行对账单的余额。为消除未达账项的影响,则需要编制"银行存款余额调节表",据以调节双方的账面余额,确定企业银行存款实有数。银行存款余额调节表的编制,是以双方账面余额为基础,各自分别加上对方已收款入账而己方尚未入账的数额,减去对方已付款入账而己方尚未入账的数额。其计算公式如下:

企业银行存款日记账余额+银行已收企业未收-银行已付企业未付

=银行对账单存款余额+企业已收银行未收-企业已付银行未付

调节后双方存款余额如果相等,则说明双方记账过程基本正确,而且调节后的余额是企业当时可以实际动用的银行存款的限额。如果调节后双方的余额仍不相等,则可能一方或双方账簿记录中有错,应进一步查明原因并予以更正。

银行存款余额调节表的编制方法是:先在核对账目时找出双方未达账项的笔数和金额;然后根据查明的双方未达账项的金额,依据调节公式编制银行存款余额调节表。现举例说明银行存款余额调节表的编制方法。

【例7-1】某企业2024年8月5日进行银行对账,8月1日到8月5日企业银行存款日记账账面记录与银行出具的8月5日对账单资料及对账后钩对的情况如下:

企业银行存款日记账记录及银行对账单记录如表7-2和表7-3所示。

表7-2 企业银行存款日记账记录

金额单位:元

日期	凭证号	摘要	借方	贷方	方向	余额	标记
2024-8-1		期初余额			借	200 000	
2024-8-1	银付-001	付料款		30 000	借	170 000	√
2024-8-1	银付-002	付料款		20 000	借	150 000	√
2024-8-1	银收-001	收销货款	50 000		借	200 000	√
2024-8-2	银收-002	收销货款	80 000		借	280 000	√
2024-8-2	银付-003	交税金		80 000	借	200 000	√
2024-8-3	银收-003	收销货款	60 000		借	260 000	
2024-8-3	银付-004	取备用金		20 000	借	240 000	
2024-8-5		余额			借	240 000	

表7-3　银行对账单记录

金额单位：元

日期	摘要	账单号	借方	贷方	方向	余额	标记
2024-8-1	期初余额				贷	200 000	
2024-8-2	转支	0009622	30 000		贷	170 000	√
2024-8-2	转支	0009623	20 000		贷	150 000	√
2024-8-2	收入存款	0000103		50 000	贷	200 000	√
2024-8-3	收入存款	0000544		80 000	贷	280 000	√
2024-8-3	转支	0009624	80 000		贷	200 000	√
2024-8-4	收入存款	0000066		80 000	贷	280 000	
2024-8-4	付出	0000207	7 000		贷	273 000	
2024-8-5	余额					273 000	

银行存款余额调节表如表7-4所示。

表7-4　银行存款余额调节表

开户行及账号：

金额单位：元

项目	金额	项目	金额
企业银行存款日记账余额	240 000	银行对账单余额	273 000
加：银行已收、企业未收款	80 000	加：企业已收、银行未收款	60 000
减：银行已付、企业未付款	7 000	减：企业已付、银行未付款	20 000
调节后的存款余额	313 000	调节后的存款余额	313 000

主管：　　　　　　　　　　会计：　　　　　　　　　　出纳：

可以看出，表7-4中左右两方调节后的存款余额相等，说明该企业的银行存款日记账记账过程基本正确（但这不是绝对的，如两个差错正好相等、抵消为零等）。同时说明企业的银行存款实有数既不是240 000元，也不是273 000元，而是313 000元。如果调节后的余额仍然不等，则说明有错误存在，应进一步查明原因并采取相应的方法进行更正。

这里需要注意的是对于未达账项的处理。按照我国会计法规的规定，根据未达账项引起的差异所编制的银行存款余额调节表不能作为原始凭证来调节或纠正总账及银行存款日记账的账面记录，对于银行已经记账而企业尚未记账的未达账项，应该在实际收到有关的收、付款结算凭证后再进行相关的账务处理。由此可知编制银行存款余额调节表只是起对账的作用，而不能将银行存款余额调节表作为调整账面记录的原始依据。此银行存款的清查方法也适合用于其他货币资金的清查。

四、实物财产的清查

实物财产是指具有实物形态的各种财产,包括原材料、半成品、在产品、产成品、低值易耗品、包装物和固定资产等。对于实物财产的清查,特别是存货的清查,首先应确定实物财产的账面结存额,再确定实际结存额,然后将两者进行比较,以确定差异并寻找产生差异的原因,进行账务处理。对这些物资的清查,不仅要从数量上核对账面数与实物数是否相符,而且要查明是否有损坏、变质等情况。由于实物的形态、体积、重量、堆放方式等不尽相同,因而所采用的清查方法也不尽相同,常用的实物财产的清查方法包括以下几种。

(1)实际盘点法。实际盘点法是指在财产物资存放现场进行逐一清点或用过磅、量尺等方法确定实有数量的一种方法。这种方法适用范围较广,要求严格,数字准确可靠,清查质量高,但工作量较大。如机器设备、包装好的原材料、产成品和库存商品等的清查。

(2)技术推算法。技术推算法是指利用技术方法对财产物资实存数量进行推算的一种方法。此种方法适用于大量成堆、难以逐一清点的、散装的财产物资。如对一些大量堆放的生产用煤及建筑用沙、石、土方等物资的清查。

(3)抽样盘存法。对于数量多、重量均匀的实物财产可以采用抽样盘点的方法以确定财产的实有数额。

(4)函证核对法。对于委托外单位加工或保管的物资,可以采用向对方企业发函调查并与本企业的账存数核对的方法。

盘点时,实物保管人员应与清查人员一起参与,以明确经济责任;有关人员要认真核实,对各项财产物资的盘点结果应逐一如实地登记在"盘存单"上,并由盘点人员和实物保管人员同时签章,以明确经济责任。盘存单既是记录实物盘点结果的书面证明,又是反映各项财产物资实有数的原始凭证。盘存单的一般格式如表7-5所示。

表7-5 盘存单

单位名称:　　　　　　存放地点:　　　　　盘点时间:　　　　　编号:

类别	名称	规格或型号	计量单位	账面结存数量	实际盘点			备注
					数量	单价	金额	

盘点人(签章):　　　　　　　　　　　　　　实物保管人(签章):

盘点结束后,将盘存单中所记录的实存数量与相应财产物资的账存数量相核对,填制"实存账存对比表",确定各项财产物资的盘盈或盘亏数。清查人员应以实存账存对比表为基础,分析、查明账实不符的性质和原因,划清经济责任,按规定程序报请有关部门领导予以审批处理。最后,清查人员应针对清查中发现的问题提出改进措施。实存账存对比表既是财产清查的重要报表，也是调整账簿记录的原始依据。实存账存对比表一般格式如表7-6所示。

表7-6　实存账存对比表

单位名称：　　　　　　　　　　　　　　　　　　　　　　　_____年____月____日

类别	名称	计量单位	单价	实存		账存		差异				备注
				数量	金额	数量	金额	盘盈		盘亏		
								数量	金额	数量	金额	

报告人（签章）：

五、往来款项的清查

往来款项清查是指对企业各种应收款、应付款、暂收款等的清查，所采用的方法是查询法或核对法，也可两种方法同时采用。在清查过程中不仅要查明债权债务的余额，还要查明形成的原因，以便加强管理。对于在清查中发现的坏账损失要按规定进行处理，不得擅自冲销账簿记录。其清查的程序为：

首先，检查核对账簿记录。会计人员应将本单位的债权债务业务全部登记入账，以保证账簿记录的完整性。

其次，编制往来款项对账单。根据有关明细账的记录，按户编制对账单并寄发给对方单位进行核对。对账单一般一式两联，其中一联作为回单，对方单位接到对账单且核对无误后，需在回单联上注明"核对相符"字样，并加盖公章退回寄发单位；若发现数额不符，对方单位在回单上注明不符的情况，或另抄一份对账单寄回寄发单位，作为进一步核对的依据；若存在未达账项，应进行余额调整（调整方法类似于银行存款余额调节），以确认债权债务余额。

与往来单位进行往来款项的清查时，出现数额不符的情况主要有以下几种。

（1）入账时间差异造成往来余额不符。这种情况常见于银行转账结算或凭证传递在途中而产生的一方已经付款入账，一方未收到款未入账。出现这种情况时，应当与对方单位联系，要求对方单位提供相关票据复印件，或通过开户银行向对方单位开户银行查询。

（2）往来单位名称不统一造成一项业务两个账户挂账。比较常见的是对方单位名称变更或机构变动、委托其他单位代为汇款、往来单位名称重复等，在会计电算化核算中最易出现单位名称重复。若出现这些情况，可以与对方单位取得联系，查明原因。

（3）会计技术性差错，包括金额大小数错误、加计错误、记账错误等。遇到这种情况，应查询记账凭证、原始凭证、账簿记录。

往来款项对账单的格式和内容如图7-1所示。

往来款项对账单

_____企业:

你单位20×× 年 × 月 × 日购入我单位 × 产品 × 台,已付货款 ××× 元,尚有 ××× 元货款未付,请核对后将回单联寄回。

核查单位(盖章)

20×× 年 × 月 × 日

沿此虚线裁开,将以下回单寄回!

往来款项对账单(回联)

_____核查单位:

你单位寄来的"往来款项对账单"已经收到,经核对相符无误(或不符,应注明具体内容)。

×× 单位(盖章)

20×× 年 × 月 × 日

图7-1 往来款项对账单

最后,编制"往来款项清查表"。在检查、核对并确认了往来款项金额后,清查人员应根据清查中发现的问题和情况,及时编制往来款项清查表,如表7-7所示。

表7-7 往来款项清查表

单位名称: _____年____月____日

总分类账户		明细账户		对方结存额	对比结果及差异额	核对不符原因			备注
名称	金额	名称	金额			未达账项	争议款项	其他	

清查人员(签章):   记账人员(签章):

第三节 财产清查结果的处理

对于财产清查的结果,必须按国家有关财务制度的规定,严肃认真地给予处理。财产清查中发现的盘盈、盘亏、毁损、变质或超储、积压等问题,应认真核对数字,按规定的程序上报批准后再行处理;对于长期不清或有争议的债权、债务,也应核准数额上报,待批准后处理。如果实存数与账存数不一致,会出现两种情况:当实存数大于账存数时,称为盘盈;当实存数小于账存数时,称为盘亏。有的实存数虽与账存数一致,但财产物资有质量问题,不能正常使用,称为毁损或变质。不论是盘盈、盘亏或是毁损、变质,都需要进行账务处理,调整账存数,保证账实相符。

一、财产清查结果的处理步骤

对于财产清查中发现的盘盈和盘亏等问题,首先要核准金额,然后按规定的程序报经上级部门批准,才能进行会计处理,其处理的步骤如下。

（一）审批之前的处理

财产清查结束后,清查人员应向有关方面报告清查结果,对盘盈和盘亏的财产提出处理建议,由股东大会或董事会、经理(厂长)会议或类似机构根据管理权限批准后执行。

在处理建议得到批准之前,会计人员和财产管理人员应根据"实存账存对比表"及"库存现金盘点报告表"等资料编制记账凭证,调整有关财产的账面价值,使账簿记录与实际盘存数相符。对于债权债务在核对过程中出现的争议问题,应及时组织清理;对于超储积压物资,应及时提出处理方案;但对于应收而收不回的应收款项以及应付而无法支付的应付款项,在批准前账簿记录不做调整,待批准后再做处理。

（二）审批之后的处理

处理意见经审批后,会计人员应根据审批意见进行账务处理,一方面登记"待处理财产损溢"等有关账簿,转销审批前登记的金额,另一方面调整有关成本费用、营业外收入和支出等账户;如果向责任人索取赔偿,还应确认应收款项。

财产清查结果批准处理的一般类型如下:

(1)无法查明原因的现金溢余,转入"营业外收入"账户的贷方;

(2)无法查明原因的现金短缺,转入"管理费用"账户的借方;

(3)应支付给个人及单位的现金溢余,转入"其他应付款"账户的贷方;

(4)应由过失人赔偿的现金短缺,转入"其他应收款"账户的借方;

(5)自然灾害等造成的流动资产非常损失,转入"营业外支出"账户的借方;

(6)流动资产在保管过程中的自然损耗,转入"管理费用"账户的借方;

(7)管理不善造成的流动资产损失,转入"管理费用"账户的借方;

(8)商品因计量错误或保管中发生的自然升溢,转入"管理费用"账户的贷方;

(9)责任者过失造成的流动资产损失,转入"其他应收款"账户的借方。

二、财产清查结果的处理

（一）财产清查结果处理应设置的账户

为了反映和监督企业在财产清查中查明的各项财产物资的盘盈、盘亏或毁损情况,应设置"待处理财产损溢"账户。该账户属于资产类账户,用来核算企业在财产清查过程中查明的各种财产物资盘盈、盘亏和毁损价值。该账户借方登记发生的待处理财产的盘亏、毁损数额和已批准处理的盘盈的转销数额,贷方登记发生的待处理财产的盘盈数额和已批准处理的盘亏及毁损的转销数额。该账户在处理前如出现借方余额,表示企业有尚未处理的各种财产的净损失;该账户在处理前如出现贷方余额,表示企业有尚未处理的各种财产的净溢余。期末处理后该账户无余额。该账户下按盘盈、盘亏的资产种类和项目进行明细核算。"待处理财产损溢"账户的结构如图 7-2 所示。

借方　　　　　　　　　　　　　待处理财产损溢　　　　　　　　　　　　　贷方	
期初余额:期初尚未批准处理的财产盘亏和毁损数 发生额:本期发生待处理财产的盘亏、毁损数,以及经批准后待处理财产盘盈的转销数	期初余额:期初尚未批准处理的财产盘盈数 发生额:本期发生待处理财产的盘盈数,以及经批准后待处理财产盘亏、毁损的转销数
期末余额:尚未处理的各种财产的净损失	期末余额:尚未处理的各种财产的净溢余

图 7-2　"待处理财产损溢"账户结构

对于"待处理财产损溢"这个账户,需要注意三点:一是只有各种实物财产和现金清查结果盘盈或盘亏时用到该账户,而债权债务的盈亏余缺不在该账户中核算;二是该账户的具体运用要分批准前和批准后两个步骤;三是盘盈或盘亏的实物资产如果在会计期末尚未经批准的,应在对外提供财务报告时先按有关规定进行处理,并在会计报表附注中做出说明,如果其后批准处理的金额与已处理的金额不一致,应按其差额调整会计报表相关项目的年初数。

对财产清查过程中发现的无法收回的应收款项和确实无法支付的应付款项,可不通过"待处理财产损溢"账户核算。批准核销企业无法收回的应收款项时,应计作坏账损失,冲减坏账准备金;核销企业无法偿还的应付款项时,应直接转入营业外收入。

对于盘亏、毁损的固定资产,按其原价扣除累计折旧、变价收入和过失人及保险公司赔款后的差额计入营业外支出;盘亏、毁损的存货扣除过失人或保险公司赔款和残料价值之后计入管理费用。如存货毁损属于非常损失部分,在扣除保险公司赔款和残料价值后计入营业外支出。对于盘盈的固定资产,不通过"待处理财产损溢"账户处理,视同前期差错,记入"以前年度损益调整"账户。

(二)财产清查结果的账务处理

财产清查的对象不同,所采取的处理方法也不同。

1.现金溢余和短缺的账务处理

(1)现金溢余的账务处理。

【例 7-2】某企业在财产清查中,发现库存现金溢余 300 元。

分析:报经批准前,根据库存现金盘点报告表,编制会计凭证并登记账簿。

借:库存现金　　　　　　　　　　　　　　　　　300

　　贷:待处理财产损溢——待处理流动资产损溢　　　　300

经核查,上述现金溢余原因不明,报批后转作营业外收入,编制会计凭证并登记账簿。

借:待处理财产损溢——待处理流动资产损溢　　　300

　　贷:营业外收入——盘盈利得　　　　　　　　　300

(2)现金短缺的账务处理。

【例 7-3】某企业在财产清查中发现库存现金短缺 250 元。

分析：报经批准前，根据库存现金盘点报告表编制记账凭证并登记账簿。

借：待处理财产损溢——待处理流动资产损溢　　　　250

　　贷：库存现金　　　　　　　　　　　　　　　　　　250

经查实，库存现金短缺是出纳员差错所致，责成出纳员个人赔偿，编制记账凭证并登记账簿。

借：其他应收款——出纳员　　　　　　　　　　　　250

　　贷：待处理财产损溢——待处理流动资产损溢　　　　250

2. 存货盘盈、盘亏和毁损的账务处理

(1) 存货盘盈的账务处理。

【例 7-4】某企业在年末财产清查中，盘盈甲材料 600 千克，价值 6 000 元。

报经批准前，根据实存账存对比表编制记账凭证并登记账簿。

借：原材料——甲材料　　　　　　　　　　　　　6 000

　　贷：待处理财产损溢——待处理流动资产损溢　　　　6 000

经查明，该项盘盈是计量仪器不准从而出现计量误差累计所致，报批后，作为冲减管理费用处理，应编制如下记账凭证并登记账簿。

借：待处理财产损溢——待处理流动资产损溢　　　6 000

　　贷：管理费用　　　　　　　　　　　　　　　　　　6 000

(2) 存货盘亏和毁损的账务处理。

【例 7-5】某企业在年末财产清查中，发现库存乙材料短缺 200 千克，价值 2 000 元。

报经批准前，根据实存账存对比表编制记账凭证并登记账簿（不考虑进项税转出）。

借：待处理财产损溢——待处理流动资产损溢　　　2 000

　　贷：原材料——乙材料　　　　　　　　　　　　　　2 000

经查明，上述盘亏材料 40% 属于管理不善造成的，应由过失人赔偿，其余 60% 属于定额内的自然损耗，应编制如下记账凭证并登记入账。

借：其他应收款——保管员　　　　　　　　　　　800

　　管理费用　　　　　　　　　　　　　　　　　1 200

　　贷：待处理财产损溢——待处理流动资产损溢　　　　2 000

3. 固定资产盘盈和盘亏的账务处理

(1) 固定资产盘盈的账务处理。

盘盈固定资产视同前期差错，记入"以前年度损益调整"账户，不通过"待处理财产损溢"账户处理。

【例 7-6】某企业在财产清查中，盘盈账外机器一台，估计重置价值为 5 000 元，已提折旧 3 000 元，尚未批准。

分析：固定资产盘盈，应以原值借记"固定资产"账户，估计折旧贷记"累计折旧"账户，同时，盘盈在批准之前应记入"以前年度损益调整"账户贷方。会计分录如下：

借:固定资产　　　　　　　　　　　　5 000
　　贷:累计折旧　　　　　　　　　　　　3 000
　　　　以前年度损益调整　　　　　　　　2 000

账外固定资产经批准后转销。

分析:固定资产盘盈经批准后计提企业所得税(税率为25%)。会计分录如下:

借:以前年度损益调整　　　　　　　　　500
　　贷:应交税费——应交所得税　　　　　500

然后进行利润分配,会计分录如下:

借:以前年度损益调整　　　　　　　　　150
　　贷:盈余公积——法定盈余公积　　　　150

最后记入利润分配,会计分录如下:

借:以前年度损益调整　　　　　　　　1 350
　　贷:利润分配——未分配利润　　　　1 350

(2) 固定资产盘亏的账务处理。

【例7-7】某企业在年末财产清查中发现盘亏设备一台,其账面原值为20 000元,已提折旧12 000元。

分析:报经批准前,根据"固定资产盘盈盘亏报告表"编制记账凭证,并登记账簿。

借:待处理财产损溢——待处理固定资产损溢　　　8 000
　　累计折旧　　　　　　　　　　　　　　　　12 000
　　贷:固定资产　　　　　　　　　　　　　　　20 000

报批后,上述盘亏固定资产列作营业外支出,应编制记账凭证并登记账簿。

借:营业外支出——盘亏损失　　　　　　　　　8 000
　　贷:待处理财产损溢——待处理固定资产损溢　　8 000

4.应收、应付款清查结果的账务处理

(1)应收账款清查结果的账务处理。

对于在财产清查过程中发现的确实无法收回的应收账款,应在原来账面记录的基础上,按规定程序报经批准后直接处理。无法收回或收回的可能性极小的应收账款称为坏账,因坏账而造成的损失称为坏账损失。企业确认坏账损失包含下列情形:①因债务人死亡,以其遗产清偿后,仍不能收回的应收账款;②因债务人破产,以其破产的财产清偿后,仍不能收回的应收账款;③因债务人较长时期内未履行其偿债义务,并有足够的证据表明无法收回或收回的可能性极小的应收账款。

对于经确认的坏账,经有关部门批准后,予以核销。根据我国企业会计法规规定,企业只能采用备抵法核算坏账损失,在核销时,冲减已提取的坏账准备金。

【例7-8】某企业在年末财产清查中,查明应收大江公司的货款7 000元,因该单位破产确实无力支付,报经批准冲销提取的坏账准备。应编制如下记账凭证,并登记账簿。

借:坏账准备　　　　　　　　　　7 000
　　贷:应收账款——大江公司　　　7 000

(2)应付账款清查结果的账务处理。

在财产清查中,企业确实无法偿还的债务,经批准,可直接转入营业外收入。

【例7-9】某企业在年末财产清查中,查明应付天明公司的货款5 000元,因对方单位已倒闭确实无法支付,经批准转作营业外收入,应编制记账凭证并登记账簿。

借:应付账款——天明公司　　　　　　　5 000

　　贷:营业外收入　　　　　　　　　　　　　5 000

【本章小结】

本章主要讲述财产清查的有关问题,包括财产清查的概念、意义及分类;财产清查前的准备工作;财产物资的盘存制度;财产清查的具体方法和财产清查结果的账务处理。

所谓财产清查,就是指对财产物资、现金进行实地盘点,对银行存款、债权债务进行核对,以确定各项财产物资、货币资金、债权债务的实存数,并与账面数进行核对,从而确定其账面结存数和实际结存数是否相符的一种会计专门方法。财产清查不仅是一种重要的会计核算方法,而且是财产物资管理制度的一个重要组成内容。

为保证财务会计报表信息的完整、准确和可靠,除了在日常的会计核算过程中严格执行相关程序外,还需要定期对财产进行清查,做到账实相符。财产清查按实施的范围可分为全面清查和局部清查;按实施的时间可分为定期清查和不定期清查;按实施的执行单位可分为内部清查和外部清查;按实施的项目可分为实物清查、货币清查和往来款项清查。

财产清查必须有计划、有组织、有步骤地进行,财产清查前的准备工作主要包括组织上的准备和物资及业务上的准备两个方面。财产物资的盘存制度有永续盘存制和实地盘存制两种。在永续盘存制下,对于财产物资的增减变化由于要逐日逐笔进行登记,并随时结出账面结存数,手续比较严密,因此便于加强会计监督。在实地盘存制下,由于平时只登记财产物资增加的数量和金额,不登记减少的数量和金额,期末倒挤出发出的成本,这样相应减少了平时各种明细账的登记工作。但是,对于各项财产物资的减少,由于没有严密的手续,不便于施行会计监督,且加大了期末的会计核算工作量。因各种财产物资的形态和性质不同,其清查的具体方法也不同。

清查工作结束后,要根据清查结果编制实存账存对比表等有关报告表,核准企业货币资金、存货、固定资产等的盘盈、盘亏数额,分析账实不符的原因及性质,明确经济责任,并按规定程序如实将盘盈、盘亏或毁损情况及处理意见报请有关部门审批处理。为了核算企业在财产清查中查明的各项财产物资的盘盈、盘亏或毁损情况,应设置"待处理财产损溢"账户进行核算。

【思考题】

1.什么是财产清查?财产清查的意义是什么?

2.财产清查的种类有哪些?

3.永续盘存制和实地盘存制有何异同?各有哪些优缺点?

4.实物财产的具体清查方法有哪些?

5.什么是未达账项?未达账项有哪几种?

6.如何进行往来款项的清查？

7.财产清查核算需设置的主要账户是什么？其结构如何？

【练习题】

一、判断题

1.在一般情况下，全面清查既可以是定期清查，也可以是不定期清查。（　　）

2.在永续盘存制下，可以不进行实地盘点。（　　）

3.如果银行对账单与企业银行存款账面余额不相符，说明其中一方记账有误。（　　）

4.对于未达账项，应编制银行存款余额调节表调节，同时将未达账项编制记账凭证。（　　）

5.对财产清查结果的处理一般分两步，即审批前先调整账面的记录，审批后转入有关账户。（　　）

6.“待处理财产损溢”账户是损益类账户。（　　）

7.进行财产清查时，如发现账存数小于实存数，即为盘亏。（　　）

8.企业在银行的实有存款应是银行对账单上列明的余额。（　　）

9.对于自然灾害造成的毁损，扣除保险公司赔款和残值后计入管理费用。（　　）

10.对于无法支付的应付款，应先记入“待处理财产损溢”账户，批准后转入有关账户。（　　）

二、单项选择题

1.财产清查是通过实地盘点、函证核对，查明（　　）是否相符的一种方法。

A.账证　　　　　　B.账账　　　　　　C.账存数与实存数　　　　　　D.账表

2.现金清查的方法是（　　）。

A.技术测算法　　　　　　　　　B.实地盘点法

C.外调核对法　　　　　　　　　D.与银行对账单相核对

3.对于大量成堆、难于清点的财产物资，应采用的清查方法是（　　）。

A.实地盘点法　　　　　　　　　B.抽样盘点法

C.查询核对法　　　　　　　　　D.技术核算盘点法

4.在记账无误的情况下，造成银行对账单和银行存款日记账余额不一致的原因是（　　）。

A.应付账款　　　　　　　　　　B.应收账款

C.未达账项　　　　　　　　　　D.外埠存款

5.实存账存对比表是调整账面记录的（　　）。

A.记账凭证　　　　　　　　　　B.转账凭证

C.原始凭证　　　　　　　　　　D.累计凭证

6.固定资产盘盈时，在未报经批准之前，不能记入（　　）账户。

A.固定资产　　　B.累计折旧　　　C.待处理财产损溢　　　D.营业外收入

7.各种应收款、应付款的清查方法一般采用（　　）。

A.实地盘点法　　　B.核对账项　　　C.询证法　　　　　　D.技术测定法

8. "待处理财产损溢"账户属于(　　)账户。

A. 损益类　　　　　B. 资产类　　　　　C. 成本类　　　　　D. 所有者权益类

三、多项选择题

1. 既属于不定期清查,又属于全面清查的有(　　)。

A. 年度决算之前的清查

B. 单位撤销、合并或改变隶属关系时的清查

C. 开展清产核资时的清查

D. 发生非常灾害或损失时的清查

E. 更换仓库保管员时的清查

2. 按清查的范围不同,可将财产清查分为(　　)。

A. 全面清查　　　　　　　　B. 局部清查　　　　　　　　C. 定期清查

D. 内部清查　　　　　　　　E. 外部清查

3. 未达账项通常有(　　)等几种情况。

A. 银行已收款入账而企业未入账

B. 银行已付款入账而企业未入账

C. 银行已付款而银行未入账

D. 企业已收款入账而银行未入账

E. 企业已付款入账而银行未入账

4. 对银行存款的清查应根据(　　)进行。

A. 银行存款实有数　　　　　　B. 银行存款日记账

C. 银行对账单　　　　　　　　D. 未达账项

5. 存货盘存制度一般有(　　)。

A. 永续盘存制　　　　　　　　B. 实地盘存制　　　　　　　C. 权责发生制

D. 收付实现制　　　　　　　　E. 定期盘点制

6. 各种应收、应付款项的清查,包括(　　)的查核。

A. 本企业与外部其他企业单位的应收、应付结算款项

B. 本企业内部各部门之间的应收、应付结算款项

C. 对本企业职工的各种代垫、代付款项

D. 尚未报销的职工预借款项

7. 常用的实物财产清查的方法包括(　　)。

A. 实地盘存法　　　　　　　　B. 技术推算法

C. 函证核对法　　　　　　　　D. 抽样盘点法

E. 永续盘存法

8. 采用实地盘点法进行清查的项目有(　　)。

A. 固定资产　　　　　　　　B. 库存商品　　　　　　　C. 银行存款

D. 往来款项　　　　　　　　E. 现金

四、业务分析题

习 题 一

目的:通过本题的练习,一方面掌握未达账项的基本概念及种类,另一方面学会编制银行存款余额调节表。

资料:

某企业 2024 年 8 月 31 日的银行存款日记账账面余额为 251 200 元,而银行对账单上企业存款余额为 241 200 元,逐笔核对后发现存在以下未达账项:

(1)8 月 26 日,企业开出转账支票 5 000 元,持票人尚未到银行办理转账,银行尚未登账;

(2)8 月 28 日,企业委托银行代收款项 6 000 元,银行已收款入账,但企业未接到银行的收款通知,因而未登记入账;

(3)8 月 29 日,企业送存购货单位签发的转账支票 15 000 元,企业已登账,银行未登账;

(4)8 月 30 日,银行代企业支付水电费 6 000 元,企业尚未接到银行的付款通知,故未登记入账。

要求:根据以上有关内容,编制银行存款余额调节表,确定企业银行存款日记账所列余额是否正确,并分析调节后是否需要编制有关会计分录。

习 题 二

目的:练习财产清查结果的账务处理。

资料:

某企业 2024 年 8 月进行财产清查,其结果如下:

(1)甲材料盘亏 1 500 元,属于自然损耗,经批准计入管理费用;

(2)库存现金短缺 60 元,经研究由出纳人员赔偿;

(3)丁材料盘亏 100 元,经查系保管人员责任心不强所致,经批准责令其赔偿,不考虑进项税额转出;

(4)乙材料因火灾毁损,价值 7 000 元,最后评估残料变价收入 30 元,保险公司应赔 5 000 元,毁损系自然灾害造成,其净损失经批准作为营业外支出处理;

(5)丙材料账面余额 800 元,实查结果盘盈 200 元,经查系材料自然升溢及收发过程中计量误差累计所致,批准后冲减管理费用;

(6)盘亏机器一台,原价 20 000 元,已提折旧 4 000 元,经批准按其净值计入营业外支出;

(7)长期挂账的一笔应付货款 1 250 元,因对方机构撤销而无法支付,经批准计入营业外收入;

(8)由于对方机构撤销,应收而无法收回销货款 1 300 元,经批准冲减坏账准备。

要求:根据上述经济业务编制会计分录,其中财产清查盘点业务应编制上级审批前和经过批准后的会计分录。

第八章

财务会计报告

财务会计报告

☆ **学习目的与要求**

通过本章教学,学生应了解财务会计报告的有关概念,掌握财务会计报告的基本编制方法。

☆ **学习内容**

1.财务会计报告的含义与意义;

2.资产负债表的内容与编制;

3.利润表的内容与编制;

4.现金流量表的结构;

5.所有者权益变动表的结构;

6.财务会计报告的报送。

☆ **学习重点**

1.财务会计报告的定义、意义与种类;

2.资产负债表、利润表的编制。

☆ **学习难点**

1.资产负债表的填列方法;

2.利润表的计算与填列方法;

3.现金流量表。

☆ **案例导入**

张明与李煜是好朋友,张明于2018年投资70万元人民币,创立了振文有限公司,主要经营广告传媒业务,属于其他服务业。由于张明勤奋好学,不断开拓市场,公司越来越红火,于2024年3

月决定增资 50 万元人民币扩大经营规模。由于流动资金的需要,张明决定找李煜商量,要么让李煜投资 30 万元人民币,拥有公司 20% 的权益,享受公司分红;要么李煜借给张明 30 万元人民币,张明按 8% 的年利息率每年末付息给李煜。

请思考:如果你是李煜,为了正确做出决策,你应该从振文有限公司取得哪些相关会计资料进行分析?如果想合作投资,应主要分析什么资料?如果只是想作为债权人,借款给张明,每年收取利息,又应主要查阅哪些会计资料?另外,从这些资料还能获取公司的哪些财务数据?你能不能简单通过这些资料表面分析这些资料的真假?

第一节　财务会计报告概述

一、财务会计报告的概念与意义

(一)财务会计报告的概念

财务会计报告又称财务报告,是指企业以货币作为主要计量单位,根据日常会计核算资料编制的总括反映企业某一特定日期财务状况和某一会计期间经营成果、现金流量的书面报告文件。企业的会计报告是企业会计核算的最终成果,是企业对外提供财务会计信息的主要形式。

前面几章中已经讲到,日常会计核算工作包括设置会计科目和会计账户,运用复式记账法,填制和审核会计凭证、登记会计账簿等。会计账簿尽管能反映某一会计科目增减变动情况及期初期末余额,但银行存款的收付业务反映在银行日记账中,应收账款变动情况分别反映在应收账款总账和明细账中,等等。会计账簿所提供的资料仍然是比较分散的,它难以系统综合地反映企业的经济活动过程及其结果,会计信息使用者从这些分散的会计资料中难以清晰地看出企业经济活动过程的全貌,了解企业的财务状况与经营成果,因此,企业必须通过编制会计报表,为企业会计信息使用者及时、准确、全面地提供会计信息。财务报告是企业提供会计信息的重要手段,也是会计人员的一项重要工作,企业必须提供真实完整的会计报告信息。

企业编制和提供会计报告的目的是真实、完整地反映企业的财务状况、经营成果和现金流量,为财务会计报告使用者提供经济决策所需要的相关会计信息。企业负责人对本企业财务报告的真实性、完整性负责。

(二)财务会计报告的意义

编制和报送会计报告是会计核算的专门方法,是会计核算过程的最后一项工作任务,也是会计核算工作的总结。企业提供真实有用的财务会计报告对会计信息使用者进行正确的决策、加强经营管理有着重要的现实意义。

1.有利于投资者和债权人做出正确的决策

企业是市场经济体系中的基本细胞，企业在日常经营过程中，必然要与外界发生各种各样的关系，如吸收投资和向外界借款，那么，外部人员或者企业要进行正确的决策，减少失误，就必须事前取得企业的相关财务报告信息，并进行分析。如投资者必须对利润表进行分析，预测企业未来发展前景，以便做出合理的投资决策；企业的材料供应商等预期债权人必须对企业的资产负债表进行分析，分析其偿债能力，进而做出是否赊销、是否借款等决策。

2.有利于企业经营管理

企业经营管理是一项全面、系统的工作，企业管理者通过财务报告，就可以了解企业生产经营和财务运作等方面的信息，进而对企业各职能部门进行考核与评价，奖优罚劣；同时，可以通过对财务报告进行分析，总结经验，揭示问题，改进经营管理方法，进一步促进企业经营管理水平的提高。企业工会、各部门职工可以通过财务报告，了解企业的财务状况，为企业发展出谋献策，参加企业管理，同时，还可以起到监督作用，进一步增强企业职工工作积极性。

3.有利于国家宏观调控

国家有关经济管理部门在各企业提供的财务会计报告基础上，通过汇总和分析，可以及时掌握各企业单位的经营情况和整个国家或者地区的总体运行情况，并针对存在的问题及时进行宏观调控，优化资源配置。另外，税务部门还必须通过审阅企业的财务报告，了解企业税金缴纳情况等。企业提供的财务报告，也是会计师事务所进行社会审计的重要资料依据。

二、财务报告的种类

（一）按编报期间分类

按照财务报告编报期间不同，通常将企业的财务报告分为年度财务报告与中期财务报告。中期财务报告是指短于一个完整会计年度的财务报告，又分为半年度、季度和月度财务报告。其中，月度、季度财务报告是指月度和季度终了提供的财务报告；半年度财务报告是指在每个会计年度的前 6 个月结束后对外提供的财务报告；年度财务报告是指年度终了对外提供的财务报告，年度财务报告涵盖期间通常为公历每年的 1 月 1 日至 12 月 31 日，编制内容最为全面，包括所有会计报表及其附注。

（二）按编报主体分类

按编报主体不同，财务会计报告通常分为单位财务会计报告、汇总财务会计报告和合并财务会计报告。单位财务会计报告是指某个单位编制的，用以反映该单位财务状况、经营成果和现金流量的财务会计报告；汇总财务会计报告是由主管部门和政府有关机构根据所属单位上报的财务会计报告和自身会计资料汇总、整理而编制的用以反映某个行业或者行政区划经济活动总体情况的财务会计报告；合并财务会计报告是由企业集团通过分析调整各子公司个别财务会计报告而编制的用以反映企业集团整体财务状况、经营成果和现金流量的财务会计报告。

（三）按时态属性分类

按报告反映指标的时态属性不同，财务会计报告分为静态财务会计报告和动态财务会计报告两种。静态财务会计报告是指报告所提供信息的时态属性是时点指标,用以说明各会计要素在某一特定时点的财务状况的财务会计报告,如资产负债表,它根据各账户余额填列;动态财务会计报告是指报告所提供信息的时态属性是时期指标,用以说明各会计要素在某一段时期内增减变动及发生额情况的财务会计报告,根据各账户各期发生额填列,如利润表。

三、财务会计报告的构成

《企业会计准则——基本准则》规定:企业的财务会计报告包括会计报表、会计报表附注和其他应当在财务报告中披露的相关信息和资料。企业对外提供的财务报告的内容、会计报表种类和格式、会计报表附注的主要内容等由会计准则规定,各个组成部分在财务核算中的作用各不相同,各单位不能随意变更、简化。

(一)财务报表

财务报表是财务会计报告的主体和核心内容,企业对外提供的会计报表至少包括资产负债表、利润表、现金流量表和所有者权益变动表,小企业编制的会计报表可以不包括现金流量表。

1.资产负债表

资产负债表是反映企业在某一特定日期财务状况的报表,主要提供有关企业财务状况方面的信息,属于静态财务会计报表。通过资产负债表,可以反映企业在某一特定日期的资产总额及其结构,表明企业拥有或控制的资源及其分布情况;可以反映企业在某一特定日期的负债总额及其结构,表明企业未来需要用多少资产或劳务清偿债务以及清偿时间;可以反映企业所有者在某一特定日期所拥有的权益,据以判断资本保值、增值的情况以及企业的偿债能力。

2.利润表

利润表是反映企业在一定会计期间经营成果的报表,主要提供有关企业经营成果方面的信息,属于动态报表。利润表可以反映企业一定会计期间的收入实现情况和费用耗费情况,可以反映企业一定会计期间生产经营活动的成果,据以判断资本保值及增值情况。

3.现金流量表

现金流量表是反映企业在一定会计期间的现金及现金等价物流入和流出情况的会计报表,属于动态财务报表。现金流量表可以反映企业一定期间不同业务内容分别产生的现金流入与现金流出情况,据以分析企业特定时期的现金运行情况是否正常合理。

4.所有者权益变动表

所有者权益变动表是反映企业所有者权益的各组成部分在一定期间内的增减变动情况的财务会计报表,对于股份有限公司,也称股东权益变动表。通过所有者权益变动表,可以了解企业所有者权益变动的情况,进而分析企业资本保值及增值情况。

(二)会计报表附注

会计报表附注是对在资产负债表、利润表、现金流量表和所有者权益变动表等报表中列示项目的文字描述或明细资料,以及对未能在这些报表中列示项目的说明等。通过报表附注,会计信息使用者可以更加全面、系统地了解企业财务状况、经营成果和现金流量的全貌,进而做出更加科学合理的经济决策。

（三）其他财务报告

财务状况说明书等属于企业财务报告中的其他财务报告,主要是用来补充说明基本财务报表中无法用数据表达的一些基本资料,进而对企业的生产经营情况、财务状况和经营成果以及利润分配情况等进行文字说明。

财务会计报告构成如图 8-1 所示。

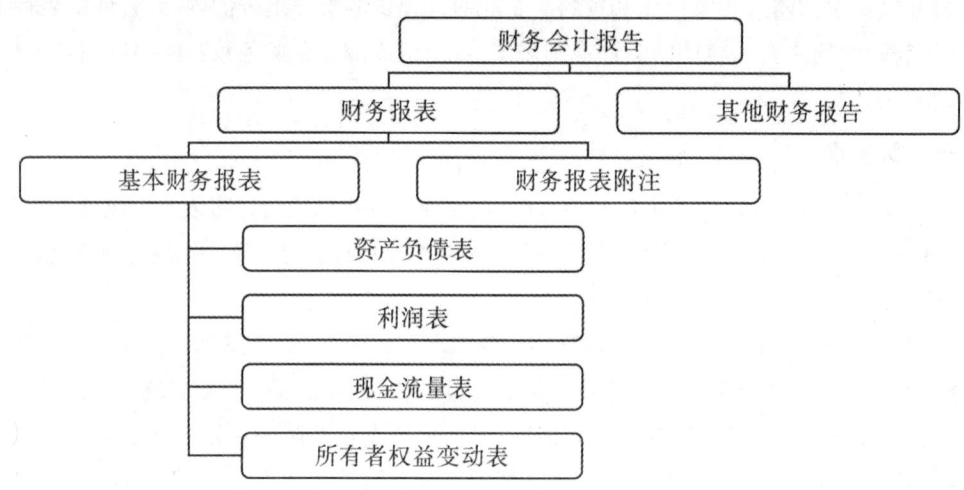

图 8-1　财务会计报告构成

四、财务会计报告的编制原则和要求

财务会计报告编制原则是指编制财务会计报告时应该遵循的基本准则,通常认为,财务会计报告编制原则主要有真实性、完整性、一致性、可比性、重要性等。

编制财务会计报告的要求,是指在编制财务报告过程中应遵守的一些基本规范。一般情况下,财务报告编制的要求主要有以下五点。

(1)真实性。企业应该根据真实的财务数据进行填报。企业在编制年度财务报告前,应当全面清查资产、核实债务,包括结算款项、存货、投资、固定资产和在建工程等。在年度中间,应根据具体情况对各项财产物资和结算款项进行重点抽查、轮流清查或者定期清查。企业清查、核实后,应当将清查、核实的结果及其处理办法向企业的董事会或者相应机构报告,并根据国家统一的会计准则规定进行相应的会计处理。

(2)及时性。企业应当按照国家会计有关法律法规的规定,在规定的期间内及时报送相关的财务会计报告,以便会计信息使用者及时了解企业财务状况、经营成果和现金流量,使用会计报告信息,及时有效地做出科学合理的经济决策。

(3)准确性。企业提供的财务会计报告应当准确无误,只有财务会计报告数据准确无误,才能保证会计信息使用者依据财务会计报告做出正确的财务决策。

(4)完整性。企业在编制财务报告时,应当按照国家统一会计准则规定的会计报表格式和内容,根据登记完整、核对无误的会计账簿记录和其他有关资料编制会计报表,做到内容完整、数字真实、计算准确,不得漏报或者任意取舍。

(5)规范性。资产负债表、利润表和现金流量表等都属于企业对外提供的财务会计报表,为了保证会计信息使用者清晰了解企业财务状况与经营成果,为了便于国家统计汇总,为了比较不同企业财务情况,各企业必须按照国家统一规定的财务会计报表的格式与内容、各项指标的计算口径进行填列报送。

第二节 资产负债表

一、资产负债表的格式

资产负债表是以"资产=负债+所有者权益"这一会计平衡公式为理论基础编制的会计报表。资产负债表一般有表首、正表、补充资料等三部分。

(一)表首

表首概括地说明报表名称、编制单位、报表日期、报表编号、货币名称及计量单位等,提供给税务部门的报表还必须填明纳税人识别号以及纳税所属时间。

(二)正表

正表是资产负债表的主体部分,列示了用以说明企业财务状况的各个项目,它一般有两种格式:报告式资产负债表和账户式资产负债表。报告式资产负债表是上下结构,上半部列示资产,下半部列示负债和所有者权益。账户式资产负债表是左右结构,左边列示资产,右边列示负债和所有者权益。在我国,资产负债表采用账户式,资产负债表左右两方平衡,即资产总计等于负债和所有者权益总计。

在资产负债表中,资产按照其流动性由强到弱的顺序分类依次分项列示,包括流动资产和非流动资产;负债按照其流动性由强到弱的顺序分类依次分项列示,包括流动负债和非流动负债;所有者权益按照实收资本(股本)、资本公积、盈余公积、未分配利润等项目分项列示。

(三)补充资料

补充资料列示在资产负债表的下方,主要是会计信息使用者需要了解但在正表里面无法反映或者难以反映的一些资料,如商业承兑汇票贴现的金额、融资租入固定资产的原价等。如果企业发生了这些业务,企业就应该根据有关会计账户,在补充资料里予以填明。

资产负债表如表8-1所示。

表8-1　资产负债表

会企01表

编制单位：　　　　　　　　　　　年　　月　　日　　　　　　　　　　单位：元

资产	期末余额	年初余额	负债和所有者权益（或股东权益）	期末余额	年初余额
流动资产：			流动负债：		
货币资金			短期借款		
交易性金融资产			交易性金融负债		
衍生金融资产			衍生金融负债		
应收票据			应付票据		
应收账款			应付账款		
预付款项			预收款项		
应收利息			应付职工薪酬		
应收股利			应交税费		
其他应收款			应付利息		
存货			应付股利		
持有待售资产			其他应付款		
一年内到期的非流动资产			持有待售负债		
其他流动资产			一年内到期的非流动负债		
流动资产合计			其他流动负债		
非流动资产：			流动负债合计		
可供出售金融资产			非流动负债：		
持有至到期投资			长期借款		
长期应收款			应付债券		
长期股权投资			其中：优先股		
投资性房地产			永续债		
固定资产			长期应付款		
在建工程			专项应付款		
工程物资			预计负债		
固定资产清理			递延收益		
生产性生物资产			递延所得税负债		

资产	期末余额	年初余额	负债和所有者权益（或股东权益）	期末余额	年初余额
油气资产			其他非流动负债		
无形资产			非流动负债合计		
开发支出			负债合计		
商誉			所有者权益（或股东权益）：		
长期待摊费用			实收资本（或股本）		
递延所得税资产			其他权益工具		
其他非流动资产			其中：优先股		
非流动资产合计			永续债		
			资本公积		
			减：库存股		
			其他综合收益		
			盈余公积		
			未分配利润		
			所有者权益（或股东权益）合计		
资产总计			负债和所有者权益（或股东权益）总计		

补充资料：
1. 已贴现的商业承兑汇票____元。
2. 融资租入固定资产原价____元。

二、资产负债表的编制方法

企业会计准则规定：会计报表至少应当反映相关两个期间的比较数据。也就是说，企业需要提供比较资产负债表，所以，资产负债表各项目需要分为年初数和期末数两栏分别填列。

表中年初数栏内各项目数字应根据上年年末资产负债表期末数栏内所列数字填列。如果本年度资产负债表规定的各个项目的名称和内容同上年度不相一致，应对上年年末资产负债表各项目的名称和数字按照本年度的规定进行调整，按调整后的数字填入本表年初数栏内。

期末数是指某一会计期末的数字，即月末、季末、半年末或年末的数字。资产负债表各项目期末数栏内的数字，有的根据总账期末余额直接填列，如"固定资产原价""累计折旧"等；有的根据总账期末余额计算填列，如"货币资金"项目，需要根据"库存现金""银行存款""其他货币资金"账户的期末余额合计数填列；有的根据明细账期末余额分析计算填列，如"应付账款"项目，需要根据"应付账款""预付账款"账户所属相关明细账的期末贷方余额计算填列；有的根据总账和明细账余额分析计算填列，如"长期待摊费用"等。

（一）根据各相应总分类账户期末余额直接填列

资产负债表中部分指标与账户名称完全一致，或者名称不完全一致，但两者反映的内容是完全一致的，此时可根据相应的总分类账户的期末余额直接填列。

1.资产类项目

（1）"交易性金融资产"项目，反映企业购入的各种能随时变现并准备随时变现的股票、债券和基金投资。本项目应根据"交易性金融资产"账户的期末余额填列。

（2）"应收票据"项目，反映企业收到的未到期也未向银行贴现的应收票据，包括商业承兑汇票和银行承兑汇票。本项目应根据"应收票据"账户的期末余额填列。已向银行贴现和已背书转让的应收票据不包括在本项目内。

（3）"应收股利"项目，反映企业因股权投资而应收取的现金股利，企业应收其他单位的利润，也包括在本项目内。本项目应根据"应收股利"账户的期末余额填列。

（4）"应收利息"项目，反映企业因债权投资而应收取的利息。本项目应根据"应收利息"账户的期末余额填列。

（5）"可供出售金融资产"项目，反映企业持有的可供出售金融资产的期末价值。本项目应根据"可供出售金融资产"账户的期末余额填列。

（6）"投资性房地产"项目，反映企业拥有的用于出租的建筑物和土地使用权的金额。本项目应根据"投资性房地产"账户的期末余额填列。

（7）"在建工程"项目，反映企业期末各项未完工程的实际支出，包括交付安装的设备价值，未完建筑安装工程已经耗用的材料、工资和费用支出，预付出包工程的价款，已经建筑安装完毕但尚未交付使用的工程等的可收回金额。本项目应根据"在建工程"账户的期末余额填列。

（8）"工程物资"项目，反映企业工程物资的期末价值，应根据"工程物资"总分类账户的期末余额填列。

（9）"固定资产清理"项目，反映企业因出售、毁损、报废等原因转入清理但尚未清理完毕的固定资产的账面价值，与固定资产清理过程中所发生的清理费用和变价收入等各项金额的差额。本项目应根据"固定资产清理"账户的期末借方余额填列。

（10）"开发支出"项目，反映企业自行研究开发无形资产在期末尚未完成开发阶段的无形资产的价值。本项目应根据"研发支出"账户的期末余额填列。

（11）"商誉"项目，反映企业商誉的期末价值。本项目根据"商誉"账户的期末余额填列。

（12）"递延所得税资产"项目，反映企业递延所得税资产的期末价值，应根据"递延所得税资产"账户期末余额填列。

2.负债类项目

（1）"短期借款"项目，反映企业借入尚未归还的1年期以下（含1年）的借款。本项目应根据"短期借款"账户的期末余额填列。

（2）"交易性金融负债"项目，反映企业承担的以公允价值计量且其变动计入当期损益的、为交易目的所持有的金融负债。本项目应根据"交易性金融负债"账户的期末余额填列。

（3）"应付票据"项目,反映企业为了抵付货款等而开出、承兑的尚未到期付款的应付票据,包括银行承兑汇票和商业承兑汇票。本项目应根据"应付票据"账户的期末余额填列。

（4）"应付职工薪酬"项目,反映企业应付而未付的职工薪酬。应付职工薪酬包括应付职工的工资、奖金、津贴和补贴、职工福利费、医疗保险费和养老保险费等各种保险费以及住房公积金等。本项目应根据"应付职工薪酬"账户期末贷方余额填列。如"应付职工薪酬"账户期末有借方余额,以"—"号填列。

（5）"应交税费"项目,反映企业期末未交、多交或未抵扣的各种税金和其他费用。本项目应根据"应交税费"账户的期末贷方余额填列。如"应交税费"账户期末为借方余额,以"—"号填列。

（6）"应付利息"项目,反映企业尚未支付的应付利息。本项目应根据"应付利息"账户的期末余额填列。

（7）"应付股利"项目,反映企业尚未支付的现金股利。本项目应根据"应付股利"账户的期末余额填列。

（8）"其他应付款"项目,反映企业其余应付和暂收其他单位和个人的各种款项。本项目应根据"其他应付款"账户的期末余额填列。

（9）"预计负债"项目,反映企业预计负债的期末余额。本项目根据"预计负债"账户期末余额填列。

（10）"递延所得税负债"项目,反映企业递延所得税负债的期末余额。本项目应根据"递延所得税负债"账户的期末余额填列。

3.所有者权益（或股东权益）项目

（1）"实收资本(或股本)"项目,反映企业各投资者实际投入的资本(或股本)总额。本项目应根据"实收资本(或股本)"账户的期末余额填列。

（2）"资本公积"项目,反映企业资本公积的期末余额。本项目应根据"资本公积"账户的期末余额填列。

（3）"盈余公积"项目,反映企业盈余公积的期末余额。本项目应根据"盈余公积"账户的期末余额填列。

（二）根据总账期末余额计算填列

根据总账期末余额计算填列,是指根据有关账户的期末余额,进行简单的加、减计算后填列。

1.资产类项目

（1）"货币资金"项目,反映企业库存现金、银行存款、外埠存款、银行汇票存款、银行本票存款以及信用证保证金存款等的合计数。本项目应根据"库存现金""银行存款"以及"其他货币资金"账户的期末余额合计填列。

（2）"其他应收款"项目,反映企业对其他单位和个人的应收和暂付的款项,减去已计提的坏账准备后的净额。本项目应根据"其他应收款"账户的期末余额减去"坏账准备"账户中有关其他应收款计提的坏账准备期末余额后的金额填列。

（3）"存货"项目,反映企业期末库存、在途和加工中的各项存货的价值,包括各种在途材料、委托加工物资、库存商品、在产品、半成品、包装物和低值易耗品等。本项目应根据"在途物资"（或"材料采购"）、"原材料"、"库存商品"、"周转材料"、"委托加工物资"及"生产成本"等账户的期末余额合计减去"存货跌价准备"账户期末余额后的金额填列。

（4）"持有待售资产"项目，反映资产负债表日划分为持有待售类别的非流动资产及划分为持有待售类别的处置组中的流动资产和非流动资产的期末账面价值。该项目应根据在资产类科目新设置的"持有待售资产"科目的期末余额，减去"持有待售资产减值准备"科目的期末余额后的金额填列。

（5）"长期股权投资"项目，反映企业不准备在1年内（含1年）变现的各种股权性质投资的可收回金额。本项目应根据"长期股权投资"账户的期末余额减去"长期股权投资减值准备"账户余额后的金额填列。

（6）"固定资产账面价值"项目，反映企业的各种固定资产的净值之和。本项目应根据"固定资产"账户余额减去"累计折旧"账户和"固定资产减值准备"账户余额后的金额填列。

（7）"生产性生物资产"项目，反映企业期末生产性生物资产的价值。本项目应根据"生产性生物资产"总账期末余额，减去"生产性生物资产累计折旧"账户贷方余额后的金额填列。

（8）"无形资产"项目，反映企业各项无形资产的期末可收回金额。本项目应根据"无形资产"账户的期末余额减去"无形资产减值准备"和"累计摊销"账户期末余额后的金额填列。

2.负债类项目

"持有待售负债"项目，反映资产负债表日处置组中与划分为持有待售类别的资产直接相关的负债的期末账面价值。该项目应根据在负债类科目新设置的"持有待售负债"科目的期末余额填列。

3.所有者权益类项目

"未分配利润"项目，反映企业尚未分配的利润。本项目在非年终填列时，应根据"利润分配——未分配利润"账户的期末贷方余额，加上"本年利润"账户的期末贷方余额，减去"利润分配"账户的期末借方余额填列；如为期末未弥补亏损，则以"—"填列。在年终时，已经进行了年终利润结转的账务处理，"本年利润"账户没有期末余额，应根据"未分配利润"总账的期末余额填列，如为借方余额，则以"—"号填列。

（三）根据明细账期末余额分析填列

根据明细账期末余额分析填列，是指会计报表中某些项目应根据总账所属的明细账的期末余额进行加、减计算填列，而不是根据总账的期末余额填列。

1.资产类项目

（1）"应收账款"项目，反映企业因销售商品、产品和提供劳务等而应向购买单位收取的各种款项净值。本项目应根据"应收账款"账户和"预收账款"账户所属各明细账的期末借方余额合计，减去"坏账准备"账户中有关应收账款计提的坏账准备期末余额后的金额填列。计算公式如下：

应收账款=应收账款明细账借方期末余额之和+预收账款明细账借方期末余额之和－坏账准备

（2）"预付款项"项目，反映企业预付给供应单位的款项。本项目应根据"预付账款"和"应付账款"两个总账账户所属各明细账的期末借方余额合计填列。计算公式如下：

预付款项＝预付账款明细账借方期末余额之和＋应付账款明细账借方期末余额之和

2.负债类项目

(1)"应付账款"项目,反映企业因购买原材料、商品和接受劳务供应等应付给供应单位的款项。本项目应根据"应付账款"账户和"预付账款"账户所属各有关明细账的期末贷方余额合计填列。如"应付账款"账户所属各明细账期末有借方余额,应在本表"预付款项"项目内填列。计算公式如下:

应付账款＝应付账款明细账贷方期末余额之和＋预付账款明细账贷方期末余额之和

(2)"预收款项"项目,反映企业预收购买单位的账款。本项目应根据"预收账款"和"应收账款"账户所属各有关明细账户的期末贷方余额合计填列。计算公式如下:

预收款项＝预收账款明细账贷方期末余额之和＋应收账款明细账贷方期末余额之和

(四)根据总账和明细账余额分析计算填列

根据总账和明细账期末余额分析计算填列,是指资产负债表中某些项目的金额应根据总账的期末余额,结合所属明细账期末余额进行分析计算填列。

1.资产类项目

(1)"其他流动资产"项目,反映企业除以上流动资产项目外的其他流动资产。本项目应根据"其他流动资产"账户的期末借方余额,加上"衍生工具""套期工具"等账户期末余额之和填列。

(2)"长期应收款"项目,反映企业应收期限在1年以上(不含1年)的款项。本项目应根据"长期应收款"账户的期末余额减去"未实现融资收益"账户期末贷方余额进行填列。

(3)"长期待摊费用"项目,反映企业尚未摊销的摊销期限在1年以上(不含1年)的各种费用,如租入固定资产改良支出及摊销期限在1年以上(不含1年)的其他待摊费用。本项目应根据"长期待摊费用"账户的期末余额填列。

2.负债类项目

(1)"长期借款"项目,反映企业借入尚未归还的1年期以上(不含1年)的借款本息。本项目应根据"长期借款"账户的期末余额填列。

(2)"其他流动负债"项目,反映企业除以上流动负债以外的其他流动负债。本项目应根据有关账户的期末余额填列。如其他流动负债价值较大的,应在会计报表附注中披露其内容及金额。

(3)"应付债券"项目,反映企业发行的尚未偿还的各种长期债券的本息。本项目应根据"应付债券"账户偿还期在1年以上的明细账期末余额填列。

(4)"其他非流动负债"项目,反映企业除以上非流动负债项目以外的其他非流动负债。本项目应根据有关账户的期末余额填列。如其他非流动负债价值较大的,应在会计报表附注中披露其内容和金额。

上述非流动负债各项目中将于1年内(含1年)到期的负债,应在"一年内到期的非流动负债"项目内单独反映。上述非流动负债各项目均应根据有关账户期末余额减去将于1年内(含1年)到期的非流动负债后的金额填列。

三、资产负债表编制举例

【例8-1】振文有限公司2023年12月31日全部总账和有关明细账余额见表8-2。

表 8-2　总账和有关明细账余额表

单位：元

总账	明细账户	借方金额	贷方金额	总账	明细账户	借方金额	贷方金额
库存现金		15 000		短期借款			120 000
银行存款		200 000		应付账款			100 000
应收账款		300 000			G 公司		50 000
	A 公司	200 000			H 公司	10 000	
	B 公司		30 000		I 公司		60 000
	C 公司	130 000		其他应付款			10 000
预付账款		60 000		应付职工薪酬			15 000
	D 公司	13 000		应交税费			3 000
	E 公司		3 000	长期借款			100 000
	F 公司	50 000		实收资本			700 000
其他应收款		8 000		盈余公积			50 000
原材料		200 000		利润分配	未分配利润		215 000
生产成本		50 000					
库存商品		100 000					
固定资产		500 000					
累计折旧			120 000				

根据上述资料，编制该公司 2023 年 12 月 31 日的资产负债表，见表 8-3。

表 8-3　资产负债表

2023 年 12 月 31 日

会企 01 表

编制单位：振文有限公司　　　　　填表日期：2023 年 12 月 31 日　　　　　金额单位：元

资产	行次	期末余额	年初余额	负债和所有者权益（或股东权益）	行次	期末余额	年初余额
流动资产：				流动负债：			
货币资金	1	215 000		短期借款	31	120 000	
交易性金融资产	2			应付票据	32		
应收票据	3			应付账款	33	113 000	
应收账款	4	330 000		预收账款	34	30 000	
预付账款	5	73 000		应付职工薪酬	35	15 000	

资产	行次	期末余额	年初余额	负债和所有者权益（或股东权益）	行次	期末余额	年初余额
应收股利	6			应交税费	36	3 000	
应收利息	7			应付利息	37		
其他应收款	8	8 000		应付股利	38		
存货	9	350 000		其他应付款	39	10 000	
其中：原材料	10	200 000		其他流动负债	40		
在产品	11	50 000		流动负债合计	41	291 000	
库存商品	12	100 000		非流动负债：			
周转材料	13			长期借款	42	100 000	
其他流动资产	14			长期应付款	43		
流动资产合计	15	976 000		递延收益	44		
非流动资产：				其他非流动负债	45		
长期债券投资	16			非流动负债合计	46	100 000	
长期股权投资	17			负债合计	47	391 000	
固定资产原价	18	500 000		所有者权益（或股东权益）：			
减：累计折旧	19	120 000		实收资本（或股本）	48	700 000	
固定资产账面价值	20	380 000		资本公积	49		
在建工程	21			盈余公积	50	50 000	
工程物资	22			未分配利润	51	215 000	
固定资产清理	23			所有者权益（或股东权益）合计	52	965 000	
生产性生物资产	24						
无形资产	25						
开发支出	26						
长期待摊费用	27						
其他非流动资产	28						
非流动资产合计	29	380 000					
资产合计	30	1 356 000		负债和所有者权益（或股东权益）总计	53	1 356 000	

表中：

货币资金＝15 000（现金）＋200 000（银行存款）＝215 000（元）

应收账款＝200 000（A公司）＋130 000（C公司）＝330 000（元）

预付账款＝13 000（D公司）＋50 000（F公司）＋10 000（H公司）＝73 000（元）

其他应收款＝8 000（元）

存货＝200 000（原材料）＋50 000（生产成本）＋100 000（库存商品）＝350 000（元）

固定资产原价＝500 000（元）

累计折旧＝120 000（元）

固定资产账面价值＝500 000－120 000＝380 000（元）

短期借款＝120 000（元）

应付账款＝3 000（E公司）＋50 000（G公司）＋60 000（I公司）＝113 000（元）

预收账款＝30 000元（B公司）

应付职工薪酬＝15 000（元）

应交税费＝3 000（元）

其他应付款＝10 000（元）

长期借款＝100 000（元）

实收资本＝700 000（元）

盈余公积＝50 000（元）

未分配利润＝215 000（元）

第三节　利润表

一、利润表的内容与格式

利润表也称损益表或者收益表，是反映企业在某一会计期间（通常为1年）经营成果的会计报表。经营成果一般是指企业实现的净利润，也称财务成果。通过利润表可以考核企业利润计划的完成情况，分析企业的盈利能力以及利润增减变化的原因，预测企业利润的发展趋势，为投资者及企业管理者等会计信息使用者提供有用的财务信息。

（一）利润表的内容

利润表主要反映企业一定时期的经营成果，表中的指标比资产负债表要少，通常情况下，利润表主要反映收入、费用和利润三个方面的内容。收入按性质不同分为营业收入（具体包括主营业务收入与其他业务收入）、公允价值变动损益、投资收益和营业外收入等；费用按性质不同分为营业成本（具体包括主营业务成本与其他业务成本）、税金及附加、销售费用、管理费用、财务费用、资产减值损失、营业外支出和所得税费用等;利润按收入与费用的不同配比分为营业利润、利润总额和净利润等。

(二)利润表的格式

利润表是以"利润＝收入－费用"这一会计等式为依据编制而成的。利润表一般由表首、正表两部分组成。

表首主要概括地说明报表名称、编制单位、报表所属期间、报表编号、货币名称及计量单位等;正表是利润表的主体,反映形成经营成果的各个项目和计算过程。

利润表的正表通常采用报告式的上下结构,有多步式和单步式两种格式。

1.单步式利润表

单步式利润表是将当期所有的收入列在一起,然后将所有的费用列在一起,两者相减得出当期净利润的。由于它整个过程只有一个相减过程即可计算出净利润,因此称为"单步式"。单步式利润表的格式如表8-4所示。

表8-4　利润表(单步式)

编制单位:　　　　　　　　　　　　年　月　　　　　　　　　　　　单位:元

项目	行次	本期金额	本年累计金额
收入:			
营业收入			
…			
收入合计			
成本费用:			
营业成本			
…			
成本费用合计			
净利润			

2.多步式利润表

在我国,利润表采用多步式,多步式利润表将同类收入与费用排列在一起,并按利润形成的主要环节列示一些中间利润指标。由于它将净利润的计算分成多个步骤,所以称之为"多步式"。多步式利润表每个项目通常又分为"本期金额"和"上期金额"两栏分别列示。

多步式利润表主要分三步计算企业的利润(或亏损)。

第一步,计算营业利润。计算公式为:

营业利润＝营业收入－营业成本－税金及附加－销售费用－管理费用－财务费用

　　　　　－资产减值损失±公允价值变动损益±投资损益

第二步,计算利润总额。计算公式为:

以营业利润为基础，加上营业外收入，减去营业外支出，计算出利润总额。计算公式为：

$$利润总额＝营业利润＋营业外收入－营业外支出$$

第三步，以利润总额为基础，减去所得税费用，计算净利润(或净亏损)。计算公式为：

$$净利润＝利润总额－所得税费用$$

多步式利润表能够提供中间利润指标，并提示了它们之间的关系，便于进行比较分析，有利于预测企业未来的盈利能力。多步式利润表如表8-5所示。

表8-5　利润表（多步式）

会企02表

编制单位：　　　　　　　　　年　　月　　　　　　　　　　单位：元

项目	本期金额	上期金额
一、营业收入		
减：营业成本		
税金及附加		
销售费用		
管理费用		
财务费用		
资产减值损失		
加：公允价值变动收益（损失以"－"号填列）		
投资收益（损失以"－"号填列）		
其中：对联营企业和合营企业的投资收益		
资产处置收益（损失以"－"号填列）		
其他收益		
二、营业利润（亏损以"－"号填列）		
加：营业外收入		
减：营业外支出		
三、利润总额（亏损总额以"－"号填列）		
减：所得税费用		
四、净利润（净亏损以"－"号填列）		
（一）持续经营净利润（净亏损以"－"号填列）		
（二）终止经营净利润（净亏损以"－"号填列）		
五、其他综合收益的税后净额		
（一）以后不能重分类进损益的其他综合收益		

项目	本期金额	上期金额
1. 重新计量设定受益计划净负债或净资产的变动		
2. 权益法下在被投资单位不能重分类进损益的其他综合收益中享有的份额		
…		
（二）以后将重分类进损益的其他综合收益		
1. 权益法下在被投资单位以后将重分类进损益的其他综合收益中享有的份额		
2. 可供出售金融资产公允价值变动损益		
3. 持有至到期投资重分类为可供出售金融资产损益		
4. 现金流量套期损益的有效部分		
5. 外币财务报表折算差额		
…		
六、综合收益总额		
七、每股收益：		
（一）基本每股收益		
（二）稀释每股收益		

二、利润表的编制方法

（一）本期发生额的填制方法

利润表反映的是企业一定时期内的经营成果，属于动态的时期指标，所以，各项目本期金额一般都是根据对应账户本期发生额分析填列。

（1）"营业收入"项目，反映企业经营主要业务和其他业务所确认的收入总额。本项目应根据"主营业务收入"和"其他业务收入"账户的发生额分析填列。

（2）"营业成本"项目，反映企业经营主要业务和其他业务发生的实际成本总额。本项目应根据"主营业务成本"和"其他业务成本"账户的发生额分析填列。

（3）"税金及附加"项目，反映企业经营业务应负担的消费税、城市维护建设税、资源税、土地增值税和教育费附加等，注意，增值税属于价外税，不应计算在内。本项目应根据"税金及附加"账户的发生额分析填列。

（4）"销售费用"项目，反映企业在商品销售过程中发生的广告费和专设的销售机构职工薪酬等经营费用。本项目应根据"销售费用"账户的发生额分析填列。

（5）"管理费用"项目，反映企业为组织和管理生产经营活动所发生的费用。本项目应根据"管理费用"账户的发生额分析填列。

（6）"财务费用"项目，反映企业为筹集生产经营所需资金而发生的利息等费用。本项目应根据"财务费用"账户的发生额分析填列。

（7）"资产减值损失"项目，反映企业发生的各项减值损失。应根据"资产减值损失"账户的发生额分析填列。

（8）"公允价值变动损益"项目，反映企业各项资产公允价值变动所形成的当期利得和损失。本项目应根据"公允价值变动损益"账户的发生额分析填列；如为净损失，以"—"填列。

（9）"投资收益"项目，反映企业以各种方式对外投资所取得的收益。本项目应根据"投资收益"账户的发生额分析填列；如为投资损失，以"—"号填列。

（10）"资产处置收益"项目，反映企业出售划分为持有待售的非流动资产（金融工具、长期股权投资和投资性房地产除外）或处置组时确认的处置利得或损失，以及处置未划分为持有待售的固定资产、在建工程、生产性生物资产及无形资产而产生的处置利得或损失。债务重组中因处置非流动资产产生的利得或损失和非货币性资产交换产生的利得或损失也包括在本项目内。该项目应根据在损益类科目新设置的"资产处置损益"科目的发生额分析填列；如为处置损失，以"—"号填列。

（11）"其他收益"项目，反映计入其他收益的政府补助等。该项目应根据在损益类科目新设置的"其他收益"科目的发生额分析填列。

（12）"营业利润"项目，反映企业一定时期发生的营业利润总额。本项目应根据前面行次内容相加减计算填列。

（13）"营业外收入"项目，反映企业发生的营业利润以外的收益，主要包括债务重组利得、与企业日常活动无关的政府补助、盘盈利得、捐赠利得等。该项目应根据"营业外收入"科目的发生额分析填列。

（14）"营业外支出"项目，反映企业发生的营业利润以外的支出，主要包括债务重组损失、公益性捐赠支出、非常损失、盘亏损失、非流动资产毁损报废损失等。该项目应根据"营业外支出"科目的发生额分析填列。

（15）"利润总额"项目，反映企业一定时期内所取得的总利润。本项目应根据相关行次内容相加减计算填列。

（16）"所得税费用"项目，反映企业按规定应该缴纳的企业所得税费用。本项目应根据"所得税费用"账户的发生额分析填列。

（17）"净利润"项目，反映企业一定时期内获得的税后净利润总额。本项目根据相关行次计算填列。

（18）"持续经营净利润"项目，反映净利润中与持续经营相关的净利润；如为净亏损，以"—"号填列。该项目应按照《企业会计准则第42号——持有待售的非流动资产、处置组和终止经营》的相关规定列报。

（19）"终止经营净利润"项目，反映净利润中与终止经营相关的净利润；如为净亏损，以"—"号填列。该项目应按照《企业会计准则第42号——持有待售的非流动资产、处置组和终止经营》的相关规定列报。

（20）如果为股份公司，还应该分别填列每股收益等项目内容。

（二）利润表的编制步骤

(1)根据原始凭证编制记账凭证,登记总账及明细账,并进行账证核对、账账核对及账实核对。

(2)在保证所有会计业务均入账的前提下,编制试算平衡表,检查会计账户的正确性,为编制会计报表做准备。

(3)依据试算平衡表损益类账户的发生额,结合有关明细账户的发生额,计算并填列利润表的各项目。

(4)检验利润表的完整性及正确性,包括表头部分的填制是否齐全、各项目的填列是否正确、各种利润的计算是否正确。

(5)有关人员签字盖章。

三、利润表编制方法举例

【例8-2】振文有限公司2024年8月有关收入、费用类账户的发生额资料如下:

主营业务收入	1 000 000元
主营业务成本	400 000元
税金及附加	30 000元
管理费用	160 000元
财务费用	20 000元
销售费用	100 000元
资产减值损失	5 000元
投资收益	-20 000元
营业外收入	10 000元
营业外支出	5 000元
其他业务收入	30 000元
其他业务成本	20 000元
所得税费用	70 000元

则振文有限公司2024年8月份的利润表如表8-6所示(上期金额:略)。

表8-6 利润表

会企02表

编制单位:振文有限公司　　　　　　　　2024年8月　　　　　　　　单位:元

项目	行次	本期金额	上期金额
一、营业收入	1	1 030 000	
减:营业成本	2	420 000	
税金及附加	3	30 000	
销售费用	4	100 000	
管理费用	5	160 000	

续表

项目	行次	本期金额	上期金额
财务费用	6	20 000	
资产减值损失	7	5 000	
加：公允价值变动收益	8		
投资收益	9	−20 000	
二、营业利润	10	275 000	
加：营业外收入	11	10 000	
减：营业外支出	12	5 000	
三、利润总额	13	280 000	
减：所得税费用	14	70 000	
四、净利润	15	210 000	
五、每股收益：	16		
（一）基本每股收益	17		
（二）稀释每股收益	18		

第四节　现金流量表

一、现金流量表的内容与格式

现金流量表是以现金及现金等价物为基础编制的财务状况变动表，属于动态报表，反映企业在一定时期内现金流入与现金流出等会计信息，是企业对外报送的一张重要的财务会计报表。它为财务报表使用者提供企业一定会计期间内现金及现金等价物流入和流出的信息，以便于会计信息使用者正确了解和评价企业获取现金及现金等价物的能力，并据以预测企业未来现金流量。

现金流量表中涉及以下三个重要名词。

（一）现金

现金是指企业的库存现金以及可随时用于支付的银行存款，包括库存现金、银行存款和其他货币资金。但是，如果银行存款和其他货币资金中含有不能随时用于支付的存款，应予以扣除，不能包含在现金里面。

（二）现金等价物

现金等价物是指企业持有的期限较短（通常指从购买日起 3 个月内到期）、流动性较强、易于转换为已知金额现金、价值变动风险很小的投资。现金等价物虽然不是现金，但因为它的支付能力与现金差别不大，故可以视为现金。一项投资被确认为现金等价物必须同时满足四个条件：期限短、流动性强、易于变现、金额确定。所以，现金等价物通常包括 3 个月到期的债券投资等。

（三）现金流量

现金流量是指企业一定时期内现金和现金等价物的流入和流出的金额。在现金流量表中，主要包括经营活动产生的现金流量、投资活动产生的现金流量和筹资活动产生的现金流量，每一类现金流量又分流入与流出两部分列示。

1.经营活动产生的现金流量

经营活动是指企业投资活动和筹资活动以外的所有交易和事项。对于工商企业而言，经营活动主要包括销售商品、提供劳务、购买商品、接受劳务及支付税费等。

通常情况下，经营活动产生的现金流入项目主要有销售商品、提供劳务收到的现金，收到的税费返还，收到的其他与经营活动有关的现金。经营活动产生的现金流出项目主要有购买商品、接受劳务支付的现金，支付给职工以及为职工支付的现金，支付的各项税费，支付的其他与经营活动有关的现金。

2.投资活动产生的现金流量

投资活动是指企业长期资产的购建和不包括在现金等价物范围内的投资及其处置活动。

通常情况下，投资活动产生的现金流入项目主要有收回投资所收到的现金，取得投资收益所收到的现金，处置固定资产、无形资产和其他长期资产所收回的现金净额，收到的其他与投资活动有关的现金。投资活动产生的现金流出项目主要有购建固定资产、无形资产和其他长期资产所支付的现金，投资所支付的现金，支付的其他与投资活动有关的现金。

3.筹资活动产生的现金流量

筹资活动是指导致企业资本及债务规模和构成发生变化的活动。

通常情况下，筹资活动产生的现金流入项目主要有吸收投资所收到的现金，取得借款所收到的现金，收到的其他与筹资活动有关的现金。筹资活动产生的现金流出项目主要有偿还债务所支付的现金，分配股利、利润或偿付利息所支付的现金，支付的其他与筹资活动有关的现金。

现金流量表分为两部分，第一部分为表首，第二部分为正表。

表首概括地说明报表名称、编制单位、报表所属年度、报表编号、货币名称及计量单位等。

正表是现金流量表的主体部分，反映现金流量表的各项目内容。正表有六项，一是经营活动产生的现金流量；二是投资活动产生的现金流量；三是筹资活动产生的现金流量；四是汇率变动对现金的影响；五是现金及现金等价物净增加额；六是期末现金及现金等价物余额。现金流量表的基本格式见表8-7。

表8-7 现金流量表

会企03表

编制单位：　　　　　　　　　　年　　　月　　　　　　　　　　　　　　　　单位：元

项目	本期金额	上期金额
一、经营活动产生的现金流量：		
销售商品、提供劳务收到的现金		
收到的税费返还		
收到其他与经营活动有关的现金		
经营活动现金流入小计		
购买商品、接受劳务支付的现金		
支付给职工以及为职工支付的现金		
支付的各项税费		
支付其他与经营活动有关的现金		
经营活动现金流出小计		
经营活动产生的现金流量净额		
二、投资活动产生的现金流量：		
收回投资收到的现金		
取得投资收益收到的现金		
处置固定资产、无形资产和其他长期资产收回的现金净额		
处置子公司及其他营业单位收到的现金净额		
收到其他与投资活动有关的现金		
投资活动现金流入小计		
购建固定资产、无形资产和其他长期资产支付的现金		
投资支付的现金		
取得子公司及其他营业单位支付的现金净额		
支付其他与投资活动有关的现金		
投资活动现金流出小计		
投资活动产生的现金流量净额		
三、筹资活动产生的现金流量：		
吸收投资收到的现金		
取得借款收到的现金		
收到其他与筹资活动有关的现金		
筹资活动现金流入小计		
偿还债务支付的现金		
分配股利、利润或偿付利息支付的现金		
支付其他与筹资活动有关的现金		
筹资活动现金流出小计		
筹资活动产生的现金流量净额		

续表

项目	本期金额	上期金额
四、汇率变动对现金及现金等价物的影响		
五、现金及现金等价物净增加额		
加：期初现金及现金等价物余额		
六、期末现金及现金等价物余额		

二、现金流量表的编制方法

现金流量表的编制比较复杂,涉及内容较多,将在中级财务会计等后续专业课程中专门讲述,本书从略。

第五节　所有者权益变动表

所有者权益变动表是反映公司一定期间(年度或中期)内至截至期末所有者权益变动情况的报表。所有者权益变动表应当全面反映一定时期所有者权益变动的情况,包括:

(1)所有者权益总量的增减变动;

(2)所有者权益增减变动的重要结构性信息;

(3)直接计入所有者权益的利得和损失。

2007 年以前,公司所有者权益变动情况是以资产负债表附表形式予以体现的。新准则颁布后,上市公司需要正式对外呈报所有者权益变动表,所有者权益变动表成为与资产负债表、利润表和现金流量表并列披露的第四张财务报表。

通过查阅所有者权益变动表,既可以为报表使用者提供所有者权益总量增减变动的信息,也能为其提供所有者权益增减变动的结构性信息,特别是能够让报表使用者理解所有者权益增减变动的根源。

所有者权益变动表各项目均需填列"本年金额"和"上年金额"两栏。

所有者权益变动表"上年金额"栏内各项数字,应根据上年度所有者权益变动表"本年金额"内所列数字填列。上年度所有者权益变动表规定的各个项目的名称和内容同本年度不一致的,应对上年度所有者权益变动表各项目的名称和数字按照本年度的规定进行调整,填入所有者权益变动表的"上年金额"栏内。

所有者权益变动表"本年金额"栏内各项数字一般应根据"实收资本(或股本)""资本公积""盈余公积""利润分配""库存股""以前年度损益调整"科目的发生额分析填列。所有者权益变动表如表8-8所示。

会计学原理（第三版）

表 8-8　所有者

编制单位：

项目	本年金额						
	实收资本（或股本）	其他权益工具			资本公积	减：库存股	其他综合收益
		优先股	永续债	其他			
一、上年年末余额							
加：会计政策变更							
前期差错更正							
其他							
二、本年年初余额							
三、本年增减变动金额（减少以"－"号填列）							
（一）综合收益总额							
（二）所有者投入和减少资本							
1.所有者投入的普通股							
2.其他权益工具持有者投入资本							
3.股份支付计入所有者权益的金额							
4.其他							
（三）利润分配							
1.提取盈余公积							
2.对所有者（或股东）的分配							
3.其他							
（四）所有者权益内部结转							
1.资本公积转增资本（或股本）							
2.盈余公积转增资本（或股本）							
3.盈余公积弥补亏损							
4.其他							
四、本年年末余额							

权益变动表

会企 04 表

年度：

单位：元

					上年金额							
盈余公积	未分配利润	所有者权益合计	实收资本（或股本）	其他权益工具			资本公积	减：库存股	其他综合收益	盈余公积	未分配利润	所有者权益合计
				优先股	永续债	其他						

第六节　财务会计报告的报送与审核

一、财务会计报告的报送

为了充分发挥财务会计报告的作用,保证会计信息的质量,企业必须按照有关会计法律法规的规定,及时编制和对外提供真实、准确、完整的会计报告。

（一）完整性

财务会计报告由会计报表、会计报表附注和财务情况说明书组成。为了帮助会计信息使用者做出正确合理的财务决策,企业必须完整地提供会计法规定的所有财务报告。《企业会计准则第30号——财务报表列报》第二条规定,财务报表至少应包括资产负债表、利润表、现金流量表、所有者权益变动表和附注;《企业会计准则第32号——中期财务报告》第三条规定,中期财务报告至少应当包括资产负债表、利润表、现金流量表和附注。

（二）准确性

财务会计报告应当根据经过审核的会计账簿记录和有关资料编制。《企业会计准则第30号——财务报表列报》第四条规定,企业应当以持续经营为基础,根据实际发生的交易和事项,按照《企业会计准则——基本准则》和其他各项会计准则的规定进行确认和计量,在此基础上编制财务报表。为了帮助报告使用者做出正确的决策,企业必须根据财务实际,编制正确的财务报告以供会计信息使用者使用。

（三）一致性

企业财务报告的使用者是多方面的,有企业内部管理者与企业职工,还有外部投资者、债权人以及国家政府机关、社会中介组织,企业向不同的会计资料使用者提供的财务会计报告,其编制依据应当一致,所有单位都不能向不同使用者分别提供不同的财务报告。

（四）及时性

为了保证财务报告信息的时效性,企业必须依据相关法律法规的规定,在规定的时间内及时向外报送所有财务报告。

二、财务会计报告的审核

财务会计报告的审核,是指有关人员对企业财务会计报告所反映的财务状况、经营成果和现金流量情况的合法性、公允性以及会计处理方法的一贯性等进行审查验证,以便于会计报告使用者能据以做出正确的经营决策和实施监督控制。

（一）单位负责人的审核

我国会计相关法律法规规定：单位负责人对报送财务报告的合法性、真实性负法律责任。各单位对外报送的会计报表应当由单位负责人、财务负责人等签章。

（二）注册会计师的审核

有关法律、行政法规规定：实行注册资本实缴制的单位，会计报表、会计报表附注和财务情况说明书须经注册会计师审计的，必须按时委托会计师事务所和注册会计师进行审核，注册会计师及其所在的会计师事务所出具的审计报告应当随同财务会计报告一并提供。

【本章小结】

本章主要讲述财务会计报告的定义、作用、种类及编制要求；资产负债表、利润表等的结构及编制方法；财务会计报告的报送与审核。

资产负债表是反映企业在某一特定日期财务状况的报表，属于静态报表。通过本表，可以了解企业在某一特定日期的资产、负债以及所有者权益的总额及其结构分布。它以会计等式"资产＝负债＋所有者权益"作为编制基础。我国采用账户式的报表格式。

利润表是反映企业在一定会计期间经营成果的报表，属于动态报表。通过本表，可以了解企业一定会计期间的收入实现情况和费用耗费情况。它以会计等式"收入—费用＝利润"作为编制基础。我国采用多步式的报表格式。

现金流量表是反映企业一定会计期间现金和现金等价物流入和流出情况的报表，属于动态报表。现金流量表有助于评价企业支付能力、偿债能力和周转能力；有助于预测企业未来现金流量；有助于分析企业收益质量及影响现金净流量的因素。

财务报表必须按照规定的格式与内容，在规定的时间内及时报送。单位所报送的财务报告必须由单位负责人、财务负责人审核签章，应该经由会计师事务所审计的，还必须同时披露审计报告。

【思考题】

1. 什么是财务会计报告？它由哪几个部分构成？

2. 什么是资产负债表？它的结构如何？

3. 什么是利润表？它的结构如何？

4. 资产负债表与利润表分别应该如何编制？

5. 资产负债表与利润表、现金流量表各自的作用分别是什么？

6. 财务会计报告的报送有何要求？

【练习题】

一、判断题

1. 财务报告属于单位的机密，一般情况下不得向外报送。（　　）

2. 财务报告就是企业向有关部门提供的财务报表。（　　）

3.资产负债表是根据会计动态恒等式编制而成的。（　　）

4.资产负债表是反映企业一定时间的财务状况、资产与负债构成的一种动态报表。（　　）

5.利润表一般采用多步式编制。（　　）

6.营业收入应包括主营业务收入和其他业务收入，但在报表中以营业收入来体现。（　　）

7.所有企业的年度财务报告都必须经过会计师事务所审计，并将注册会计师出具的审计报告与财务报告一同报送。（　　）

8.单位的财务报告由单位会计编制，与单位负责人无关。（　　）

9.现金流量表主要反映某一时点现金流入与流出情况，属于动态报表。（　　）

10.财务报表报送内容包括资产负债表、利润表、现金流量表和所有者权益变动表及其他相关资料，应当完整及时。（　　）

11.资产负债表中资产各项目是按照各自流动性由强到弱的顺序依次排列的。（　　）

12.资产负债表各项目主要是根据各账户发生额和期末余额编制的。（　　）

二、单项选择题

1.财务报表属于（　　）。

A.静态报表

B.动态报表

C.有的报表属于动态报表，而有的报表属于静态报表

D.内部报表

2.我国目前资产负债表正表的格式主要是采用（　　）。

A.科目汇总形式　　　　　　　　B.报告式

C.账户式　　　　　　　　　　　D.混合式

3.资产负债表是反映企业在（　　）财务状况的会计报表。

A.一定时期　　　　　　　　　　B.某一特定日期

C.某一特定时期　　　　　　　　D.某一特定会计结算期

4.在下列各个会计报表中，属于反映企业对外的静态报表的是（　　）。

A.利润表　　　　　　　　　　　B.成本报表

C.现金流量表　　　　　　　　　D.资产负债表

5.在下列各个会计报表中，属于纯粹企业内部管理用的报表是（　　）。

A.利润表　　　　　　　　　　　B.成本报表

C.现金流量表　　　　　　　　　D.资产负债表

6.资产负债表中"应收账款"项目填列方法属于（　　）。

A.根据总账期末余额填列　　　　B.根据几个总账基本余额计算填列

C.根据明细账分析填列　　　　　D.根据总账分析填列

7.现金流量表中不属于现金及其等价物的科目是（　　）。

A. 现金   B. 原材料

C. 银行存款   D. 其他货币资金

8. 会计报表中项目数字的直接来源是( )。

A. 原始凭证   B. 记账凭证

C. 会计账簿   D. 科目汇总表

9. 下列不属于资产负债表中某一项目名称的有( )。

A. 生产成本   B. 递延所得税资产

C. 资本公积   D. 短期借款

10. 资产负债表中存货不包括( )。

A. 生产成本   B. 周转材料

C. 工程物资   D. 材料采购

11. 某企业 12 月应缴所得税为 10 000 元,增值税为 36 000 元,城建税为 2 520 元,教育费附加为 1 080 元,无其他税费,则利润表中税金及附加应为( )。

A. 10 000 元   B. 360 000 元

C. 46 000 元   D. 3 600 元

12. 必须在单位所报送的财务报告上签章的有( )。

A. 单位负责人   B. 税务会计

C. 成本会计   D. 注册会计师

三、多项选择题

1. 在利润表中,应列入"税金及附加"项目中的税金有( )。

A. 增值税   B. 消费税

C. 城市维护建设税   D. 教育费附加

2. 下列财务报表中属于动态报表的有( )。

A. 现金流量表   B. 资产负债表

C. 利润表   D. 所有者权益变动表

3. 通过资产负债表,可以反映( )。

A. 单位一定时期资产变化情况   B. 某一特定日期资产结构

C. 某一特定日期负债结构   D. 某一特定日期所有者权益结构

4. 企业的下列报表中,属于对外的会计报表的有( )。

A. 资产负债表   B. 利润表

C. 所有者权益变动表   D. 现金流量表

5. 下列属于根据总账相关的明细账分析填列的项目有( )。

A. 应收账款   B. 预收账款

C. 其他应收款   D. 应付账款

6. 利润表中可以根据相关账户发生额分析填列的有( )。

A. 营业收入 B. 营业成本

C. 税金及附加 D. 营业利润

7. 现金流量表中现金及现金等价物主要包括的内容有（　　）。

A. 库存现金 B. 三年期定期银行存款

C. 其他货币资金 D. 长期股权投资

8. 下列属于现金流量表正表主要内容的有（　　）。

A. 经营活动产生的现金流量 B. 筹资活动产生的现金流量

C. 投资活动产生的现金流量 D. 汇率变动产生的现金流量

9. 单位报送财务报告应当满足（　　）。

A. 及时性 B. 准确性

C. 一致性 D. 完整性

10. 利润表中能够反映的利润指标主要有（　　）。

A. 营业利润 B. 利润总额

C. 息税前利润 D. 税后净利润

11. 下列项目中，属于利润表中的项目的有（　　）。

A. 长期待摊费用 B. 管理费用

C. 营业外支出 D. 财务费用

12. 资产负债表中"存货"项目应包括（　　）。

A. 生产成本 B. 库存材料

C. 库存商品 D. 周转材料

四、业务分析题

1. 某企业 2023 年 12 月 31 日有关往来账户总账及明细账如下所示。请根据相关数据计算资产负债表中"应收账款""应付账款"两个项目的金额。

应收账款：　　　　36 000 元（借方）

其中：甲企业　12 000 元（借方）

乙企业　48 000 元（借方）

丙企业　24 000 元（贷方）

应付账款：　　　　52 000 元（贷方）

其中：X 企业　13 000 元（贷方）

Y 企业　24 000 元（贷方）

Z 企业　12 000 元（借方）

W 企业　27 000 元（贷方）

预收账款：　　　　8 000 元（贷方）

其中：A 企业　15 000 元（贷方）

B 企业　7 000 元（借方）

2. 红阳公司 2024 年 7 月 31 日资产负债表简表如下：

资产负债表（简表）

编制单位：红阳公司　　　　　　　　2024 年 7 月 31 日　　　　　　　　单位：万元

资产	期末余额	负债和所有者权益	期末余额
货币资金	20	短期借款	8
应收票据	5	应付账款	18
应收账款	20	应付职工薪酬	1
其他应收款	2	应交税费	0.5
存货	8	长期借款	10
固定资产原值	120	实收资本	60
累计折旧	80	未分配利润	0.5
固定资产净值	40		
无形资产	3		
资产合计	98	负债和所有者权益合计	98

2024 年 8 月红阳公司发生如下经济业务或者事项：

(1) 采购员张武借款 0.2 万元；

(2) 采购材料一批，金额为 8 万元，材料已入库，款未付；

(3) 购买办公用品 1 万元；

(4) 销售商品一批，价款为 8 万元，商品已经发出，款已收回；

(5) 驾车违规罚款 0.2 万元；

(6) 计提并分配固定资产折旧 2 万元，其中，用于行政管理部门 1.5 万元，用于销售专设机构的 0.5 万元；

(7) 预提财务利息 0.1 万元；

(8) 计提并分配职工工资 3 万元，其中，管理部门 1 万元，生产部门 1.2 万元，销售部门 0.8 万元；

(9) 结转所销售商品成本 3 万元；

(10) 月终计算并确认所得税为 2 万元，税金及附加为 1 万元，不考虑其他税费。

要求：

(1) 编制红阳公司 8 月份相关业务的会计分录；

(2) 编制红阳公司 8 月 31 日资产负债表（年初数：略）；

(3) 编制红阳公司 8 月份利润表。

五、计算题

资料：

甲公司 2024 年 8 月份相关总分类账户期末余额如下：

总分类账户期末余额

单位：元

会计账户	借方余额	贷方余额	会计账户	借方余额	贷方余额
库存现金	15 000		实收资本		1 105 000
银行存款	200 000		资本公积		200 000
应收账款	100 000		盈余公积		100 000
生产成本	500 000		短期借款		100 000
库存商品	300 000		长期借款		300 000
固定资产	1 000 000		应付账款		50 000
累计折旧		200 000	应付职工薪酬		150 000
无形资产	300 000		应交税费		100 000
原材料	300 000		应付股利		410 000

列式计算：

1. 货币资金＝_____

2. 存货＝_____

3. 负债＝_____

4. 所有者权益＝_____

5. 资产总额＝_____

第九章

账务处理程序

☆ 学习目的与要求

通过本章教学,学生应该了解账务处理程序的概念、意义和种类,掌握记账凭证、汇总记账凭证、科目汇总表等账务处理程序的特点、要求、基本内容和编制方法。

☆ 学习内容

1. 账务处理程序概述;

2. 记账凭证账务处理程序;

3. 汇总记账凭证账务处理程序;

4. 科目汇总表账务处理程序。

☆ 学习重点

1. 账务处理程序的含义与基本要求;

2. 记账凭证账务处理程序;

3. 科目汇总表账务处理程序。

☆ 学习难点

科目汇总表账务处理程序的应用。

☆ 案例导入

红星广告传媒有限责任公司主要从事广告代理,公司注册资本为人民币60万元,年营业收入大约为560万元,现有员工7人,其中经理1人,5人从事业务,1名出纳会计,其广告设计委托别人制作,公司财务活动不多,但为了健全内部控制、规范财务活动,现决定招聘一名会计人员。

张一萌大学毕业应聘后从事该公司会计工作,公司经理告诉她来公司后主要负责财务工作,要求她搞好财务核算,规范财务行为,制定出适宜的财务处理流程。

请思考:什么是财务处理流程? 有哪些流程可供选择? 结合红星广告传媒有限责任公司的实际情况,实施哪种账务处理程序比较合适?

第一节 账务处理程序概述

一、账务处理程序的概念

账务处理程序也称会计核算组织程序或会计核算形式,是指在单位的会计循环中,会计凭证、会计账簿、会计报表相结合的方式,包括会计凭证和会计账簿的种类、格式,会计凭证与会计账簿之间的联系方法,由原始凭证到编制记账凭证、登记明细分类账和总分类账、编制会计报表的工作程序和方法等。

由于会计凭证、会计账簿、会计报表之间的结合方式不同,于是形成了不同的账务处理程序,不同的账务处理程序又有不同的方法、特点和适用范围。

二、账务处理程序的意义

在实际工作中,由于各单位自身的业务性质、经营规模、组织结构、经济业务繁简程度、经营管理要求和特点不同,会计账务处理的程序也不相同。各单位应当根据各自的实际情况和具体条件把会计凭证和会计账簿合理地组织起来,选择适合本单位经济业务特点的账务处理程序。

科学合理地选择适用于本单位的账务处理程序对于有效组织会计核算具有重要意义。

(一)有利于会计工作程序的规范化

选择适当的凭证、账簿与报表之间的联系方式,可以保证会计信息加工过程的严密性,有利于会计工作程序的规范化,提高会计信息的质量。

(二)增强会计信息的可靠性

采用科学的凭证、账簿与报表之间的联系方式,有利于保证会计记录的完整性、正确性,通过凭证、账簿及报表之间的牵制作用,增强会计信息的可靠性。

(三)提高会计核算工作效率

确定合理的凭证、账簿与报表之间的联系方式,有利于减少不必要的会计核算环节,能够适当降低会计信息成本,提高会计核算工作效率。

三、账务处理程序的种类

在我国,目前企业账务处理程序主要有:

(1)记账凭证账务处理程序(直接根据记账凭证逐笔登记三栏式总账);

(2)汇总记账凭证账务处理程序(根据编制的汇总记账凭证登记三栏式总账);

(3)科目汇总表账务处理程序(根据科目汇总表登记三栏式总账);

(4)多栏式日记账账务处理程序(根据登记的多栏式货币资金科目日记账汇总登记特殊格式的多栏式总账);

(5)日记总账账务处理程序(直接根据记账凭证逐笔序时登记多栏式日记总账)。

上述几种账务处理程序的主要不同之处在于登记总分类账的程序和方法不同。有的不经过任何形式的汇总,直接根据记账凭证登记总账,如记账凭证账务处理程序和日记总账账务处理程序;有的要经过某种形式的汇总,然后再根据汇总后的数据登记总账,如汇总记账凭证账务处理程序(用凭证汇总)、科目汇总表账务处理程序(用表格汇总)和多栏式日记账账务处理程序(用账簿汇总)。

实际工作中,后两种账务处理程序极少采用,本章也不详细讲述。

四、设计账务处理程序的基本要求

(一)适合单位特点

在设计本单位账务处理程序时,要结合本单位实际情况,设计出适应本单位生产经营活动特点、规模大小和业务繁简程度的账务处理程序。

(二)满足单位需要

在设计本单位账务处理程序时,要有利于全面、及时、正确地反映本单位经济活动情况,能够提供高质量的会计核算信息,满足投资者和债权人等外部和单位内部信息使用者的需要。

(三)提高单位效率

在设计本单位账务处理程序时,在保证财务核算质量的前提下,要有利于简化会计核算手续,节约会计核算工作的人力、物力和财力,提高会计工作效率。

第二节 记账凭证账务处理程序

一、记账凭证账务处理程序的特点

记账凭证账务处理程序是指在日常会计核算时,对所发生的交易或事项,根据原始凭证或原始凭证汇总表编制记账凭证,然后直接根据记账凭证逐笔登记总分类账的一种账务处理程序。它是最原始、最基本的账务处理程序,其他各种账务处理程序都是在此基础上发展形成的。

记账凭证账务处理程序的显著特点是,在会计核算中直接根据记账凭证,逐笔序时地登记总分类账。

二、记账凭证账务处理程序中凭证和账簿的设置

在记账凭证账务处理程序中,记账凭证可以只设置通用记账凭证一种,也可以设置收款凭证、付款凭证和转账凭证三种格式的记账凭证。

记账凭证账务处理程序需要设置的账簿有库存现金日记账、银行存款日记账、明细分类账和总分类账,其中库存现金日记账、银行存款日记账和总分类账一般采用三栏式,明细分类账根据不同需要分别采用三栏式、多栏式和数量金额式。

三、记账凭证账务处理程序的一般步骤

记账凭证账务处理程序的一般步骤如下:

(1)根据原始凭证编制原始凭证汇总表;

(2)根据原始凭证或原始凭证汇总表编制记账凭证;

(3)根据收款凭证、付款凭证(或记录收款和付款的通用记账凭证)逐笔登记库存现金日记账和银行存款日记账;

(4)根据原始凭证、原始凭证汇总表和记账凭证登记各种明细分类账;

(5)根据记账凭证逐笔登记总分类账(与其他账务处理程序区别之处);

(6)期末,将库存现金日记账、银行存款日记账和明细分类账的余额与有关总分类账的余额相核对;

(7)期末,根据总分类账和明细分类账编制会计报表。

记账凭证账务处理程序如图9-1所示。

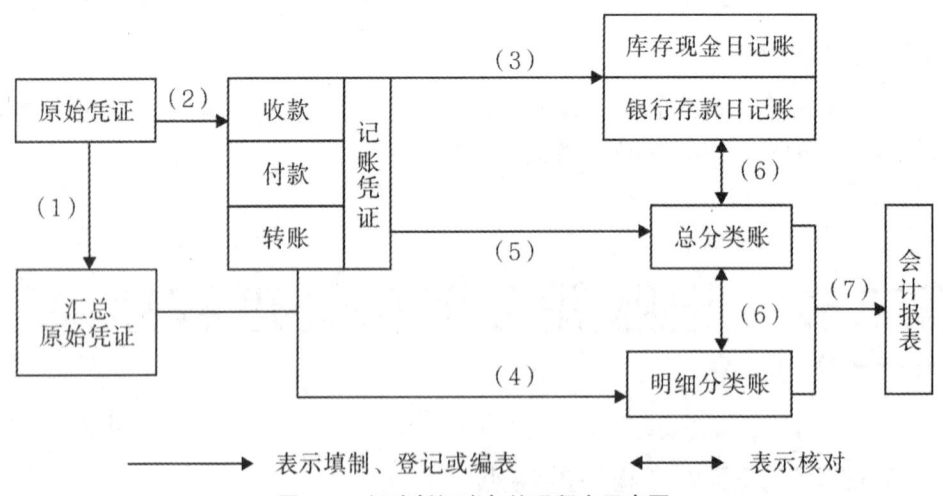

图9-1　记账凭证账务处理程序示意图

四、记账凭证账务处理程序优缺点及适用范围

1.记账凭证账务处理程序的优点

(1)账务处理程序简单明了,易于理解;

(2)总分类账可以较详细地反映交易或事项的发生情况,便于查账、对账。

2.记账凭证账务处理程序的缺点

当经济业务、记账凭证数量较多时,登记总分类账的工作量也较大。

3.记账凭证账务处理程序的适用范围

记账凭证账务处理程序一般适用于规模较小、交易或事项较少的单位。在使用时,应尽量将原始凭证进行汇总,编制成汇总原始凭证,再根据汇总原始凭证编制记账凭证。

五、案例

(一)资料

致远公司 2023 年 12 月初各账户余额明细如表 9-1 所示。

表 9-1　账户余额明细

金额单位:元

账户名称	借方余额	账户名称	贷方余额
库存现金	2 500	短期借款	500 000
银行存款	65 600	应付账款	280 000
应收账款	250 000	应付职工薪酬	40 180
其他应收款	2 000	应交税费	25 650
原材料	560 000	应付利息	2 500
库存商品	467 500	实收资本	500 000
固定资产	485 000	资本公积	120 670
累计折旧	(162 700)	利润分配	112 560
		本年利润	88 340
合计	1 669 900	合计	1 669 900

有关明细分类账户的余额如下:

应收账款:东盛公司　　　　　　　　　　　　　　　　　250 000 元

原材料:甲材料 1 500 千克,单价 200 元 / 千克,金额　　　300 000 元

　　　　乙材料 2 600 千克,单价 100 元 / 千克,金额　　　260 000 元

库存商品:A 产品 200 件,单位成本 300 元 / 件,总成本　　60 000 元

　　　　B 产品 150 件,单位成本 350 元 / 件,总成本　　52 500 元

　　　　C 产品 1 000 件,单位成本 355 元 / 件,总成本　 355 000 元

应付账款:威宇公司　　　　　　　　　　　　　　　　　280 000 元

短期贷款利率:一年期短期贷款利率 6%

该公司 2023 年 12 月份发生以下各项经济业务:

(1)12 月 1 日,收到股东新增注册资本 200 000 元,存入银行。

(2)12 月 1 日,收到东盛公司还来前欠货款 250 000 元,存入银行。

(3)12 月 2 日,采购员张超借支差旅费 1 000 元,以现金支付。

(4)12 月 2 日,向华顺公司销售 B 产品 1 200 件,价款 540 000 元及税款 70 200 元已存入银行。

(5)12月3日,购入甲材料2 000千克,不含税单价200元/千克,增值税专用发票上注明价款400 000元,税款52 000元,全部款项以银行存款支付,材料已入库。

(6)12月5日,以现金支付甲材料运杂费850元。

(7)12月5日,以转账支票交纳上月应交税费。

(8)12月5日,以转账支票支付上月应付利息。

(9)12月6日,向银行提取现金40 180元,用以发放上月工资。

(10)12月6日,以现金40 180元发放上月应付职工工资。

(11)12月6日,采购员张超出差归来,报销差旅费1 200元,差额由出纳以现金补付。

(12)12月8日,以转账支票归还临时借款80 000元。

(13)12月8日,行政办公室赵雪报销办公用品购置费800元,并退回现金100元(赵雪上月借支900元)。

(14)12月8日,以现金购入360元劳防用品,交生产车间使用。

(15)12月9日,生产车间领用甲材料2 400千克(单价200元/千克),其中800千克用于制造A产品,1 100千克用于制造B产品,车间一般性耗用500千克。

(16)12月9日,购入不需安装的新机器一台,增值税专用发票上注明价款100 000元,税款13 000元,以转账支票支付。

(17)12月10日,向威宇公司购入乙材料800千克,价款80 000元及税款10 400元均尚未支付,材料已验收入库。

(18)12月12日,向东盛公司销售A产品1 000件,增值税专用发票上注明价款400 000元,增值税52 000元,货款尚未收到。

(19)12月12日,以银行存款支付本月包装费4 800元。

(20)12月15日,生产车间领用乙材料3 200千克(单价100元/千克),其中1 200千克用于制造A产品,1 600千克用于制造B产品,400千克用于车间一般性消耗。

(21)12月15日,以转账支票支付生产车间设备修理费2 560元。

(22)12月15日,以转账支票支付销售产品运杂费1 680元。

(23)12月16日,以转账支票支付销售部门产品检测费2 500元。

(24)12月16日,开出现金支票2 000元,提取现金。

(25)12月16日,以现金支付行政办公室购置办公用品的费用680元。

(26)12月18日,转账支付前欠威宇货款150 000元。

(27)12月20日,经批准报废清理旧机器一台,原值56 000元,已提折旧52 800元。

(28)12月20日,报废机器清理费用1 200元以转账支票支付。

(29)12月20日,报废机器残料出售,收到价款5 300元,存入银行(不考虑残料出售涉及的相关税费)。

(30)12月20日,报废机器净收入900元转入营业外收入处理。

(31)12月25日,以转账支票支付本月水电费30 430元(具体明细如表9-2所示),其中生产车间耗用24 000元,行政管理部门耗用3 000元。

表 9-2　水电费明细

名称	单位	金额	税率	税额
水	吨	2 000	9%	180
电	度	25 000	13%	3 250
合计		27 000		3 430

(32)12 月 26 日,收到东盛公司转账支付的货款 200 000 元。

(33)12 月 28 日,以转账支票支付销售展览费 3 200 元。

(34)12 月 28 日,以转账支票支付广告费 2 800 元。

(35)12 月 30 日,计提本月工资 42 000 元,其中生产工人工资 28 600 元(生产 A 产品工人工资 12 870 元,生产 B 产品工人工资 15 730 元),车间技术管理人员工资 6 600 元,行政管理部门人员工资 6 800 元。

(36)12 月 30 日,按工资计提"三险一金"(医疗保险费 10%,养老保险费 12%,失业保险费 2%,住房公积金 10.5%,计算时取整)。

(37)12 月 30 日,计提本月固定资产折旧 4 000 元,其中车间用固定资产折旧 3 000 元,行政管理部门固定资产折旧 1 000 元。

(38)12 月 30 日,计提本月应付利息 2 100 元。

(39)12 月 30 日,归集本月制造费用,分配如表 9-3 所示。

表 9-3　本月制造费用

费用明细		劳防费	维修费	车间一般耗用	车间水电费	车间管理人员工资	车间折旧	合计
分配金额	A 产品	162	1 152	63 000	10 800	3 995	1 350	80 459
	B 产品	198	1 408	77 000	13 200	4 882	1 650	98 338
合计		360	2 560	140 000	24 000	8 877	3 000	178 797

(40)12 月 30 日,结转已完工产品(本月产品全部完工入库,月末无在产品,如表 9-4 所示,计算时取整)。

表 9-4　结转已完工产品

产品名称	直接材料	直接人工	制造费用	合计	入库数量	单价
A 产品	280 000	17 310	80 459	377 769	1 230	307
B 产品	380 000	21 157	98 338	499 495	1 430	349
合计	660 000	38 467	178 797	877 264		

(41)12 月 30 日,结转已销产品生产成本,A 产品每件 306 元,B 产品每件 349 元,如表 9-5 所示。

表 9-5 结转已销产品生产成本

产品名称	月初库存		本月入库		平均单价	本月销售		期末库存	
	数量	金额	数量	金额		数量	金额	数量	金额
A 产品	200	60 000	1 230	377 769	306	1 000	306 000	430	131 769
B 产品	150	52 500	1 430	499 495	349	1 200	418 800	380	133 195
合计		112 500		877 264			724 800		264 964

(42)12 月 30 日,结转本月应交而未交增值税 43 370 元。

(43)12 月 30 日,计提本月应交城市维护建设税 3 035.9 元,应交教育费附加 1 301.1 元。

(44)12 月 30 日,结转各损益账户,计算本月利润总额。

(45)12 月 30 日,计提本月应交所得税 = (940 900 - 763 375) × 25% = 44 381.25(元)。

(46)12 月 30 日,结转本月所得税费用。

(47)12 月 30 日,结转本年利润。

(48)12 月 30 日,分配净利润(法定盈余公积按净利润的 10% 计提,任意盈余公积按净利润的 5% 计提,投资者利润按净利润的 50% 分配)。

(49)12 月 30 日,结转利润分配各明细账余额至未分配利润明细账。

(二)选用记账凭证账务处理程序处理该企业经济业务

(1)根据上述经济业务编制收、付款凭证和转账凭证如表 9-6 至表 9-57 所示。

表 9-6 业务（1）

收 款 凭 证

借方科目：银行存款　　　　　　　　2023 年 12 月 1 日　　　　　　　　银收字第 1 号

摘 要	贷 方		金 额											✓
	总账科目	明细科目	亿	千	百	十	万	千	百	十	元	角	分
股东增资	实收资本	X 股东			2	0	0	0	0	0	0	0	✓
合　　　计					¥	2	0	0	0	0	0	0	

表 9-7 业务（2）

收 款 凭 证

借方科目：银行存款　　　　　　　　2023 年 12 月 1 日　　　　　　　　银收字第 2 号

摘 要	贷 方		金 额											✓
	总账科目	明细科目	亿	千	百	十	万	千	百	十	元	角	分
收东盛前欠货款	应收账款	东盛				2	5	0	0	0	0	0	✓
合　　　计						¥	2	5	0	0	0	0	

表 9-8 业务（3）

付 款 凭 证

贷方科目： 库存现金　　　　　　　　2023 年 12 月 2 日　　　　　　　　现付字第 1 号

摘　要	借　方		金　额											√
	总账科目	明细科目	亿	千	百	十	万	千	百	十	元	角	分	
张超借支	其他应收款	张超						1	0	0	0	0	0	√
合　　计							¥	1	0	0	0	0	0	

表 9-9 业务（4）

收 款 凭 证

借方科目： 银行存款　　　　　　　　2023 年 12 月 2 日　　　　　　　　银收字第 3 号

摘　要	贷　方		金　额											√
	总账科目	明细科目	亿	千	百	十	万	千	百	十	元	角	分	
销华顺 B 产品	主营业务收入	B 产品				5	4	0	0	0	0	0	0	√
	应交税费	应交增值税（销项税额）					7	0	2	0	0	0	0	√
合　　计						¥	6	1	0	2	0	0	0	

表 9-10 业务（5）

付 款 凭 证

贷方科目： 银行存款　　　　　　　　2023 年 12 月 3 日　　　　　　　　银付字第 1 号

摘　要	借　方		金　额											√
	总账科目	明细科目	亿	千	百	十	万	千	百	十	元	角	分	
购甲材料	原材料	甲材料				4	0	0	0	0	0	0	0	√
	应交税费	应交增值税（进项税额）					5	2	0	0	0	0	0	√
合　　计						¥	4	5	2	0	0	0	0	

表 9-11 业务（6）

付 款 凭 证

贷方科目： 库存现金　　　　　　　　2023 年 12 月 5 日　　　　　　　　现付字第 2 号

摘　要	借　方		金　额											√
	总账科目	明细科目	亿	千	百	十	万	千	百	十	元	角	分	
付甲材料运杂费	原材料	甲材料							8	5	0	0	0	√
合　　计								¥	8	5	0	0	0	

表 9-12　业务（7）

付 款 凭 证

贷方科目：　银行存款　　　　　　　2023 年 12 月 5 日　　　　　　　　　　银付字第 2 号

摘　要	借　方		金　额										√
	总账科目	明细科目	亿	千	百	十	万	千	百	十	元	角	分	
交上月税费	应交税费	未交增值税					2	5	6	5	0	0	0	√
合　　　计						¥	2	5	6	5	0	0	0	

表 9-13　业务（8）

付 款 凭 证

贷方科目：　银行存款　　　　　　　2023 年 12 月 5 日　　　　　　　　　　银付字第 3 号

摘　要	借　方		金　额										√
	总账科目	明细科目	亿	千	百	十	万	千	百	十	元	角	分	
支付上月利息	应付利息							2	5	0	0	0	0	√
合　　　计							¥	2	5	0	0	0	0	

表 9-14　业务（9）

付 款 凭 证

贷方科目：　银行存款　　　　　　　2023 年 12 月 6 日　　　　　　　　　　银付字第 4 号

摘　要	借　方		金　额										√
	总账科目	明细科目	亿	千	百	十	万	千	百	十	元	角	分	
取现	库存现金							4	0	1	8	0	0	0	√
合　　　计							¥	4	0	1	8	0	0	0	

注：一笔业务涉及现金及银行存款之间收付的，一般只编制付款凭证。

表 9-15　业务（10）

付 款 凭 证

贷方科目：　库存现金　　　　　　　2023 年 12 月 6 日　　　　　　　　　　现付字第 3 号

摘　要	借　方		金　额										√
	总账科目	明细科目	亿	千	百	十	万	千	百	十	元	角	分	
发放上月工资	应付职工薪酬							4	0	1	8	0	0	0	√
合　　　计							¥	4	0	1	8	0	0	0	

表 9-16　业务（11）

转 账 凭 证

2023 年 12 月 6 日

转字第 1 号

摘　要	总账科目	明细科目	借方金额											贷方金额											√
			亿	千	百	十	万	千	百	十	元	角	分	亿	千	百	十	万	千	百	十	元	角	分	
张超报差旅费	管理费用	差旅费					1	0	0	0	0	0													√
	其他应收款																	1	0	0	0	0	0	√
合　　计						¥	1	0	0	0	0	0					¥	1	0	0	0	0	0	

表 9-17　业务（11）

付 款 凭 证

贷方科目：库存现金　　　　2023 年 12 月 6 日

现付字第 4 号

摘　要	借　方		金　额											√
	总账科目	明细科目	亿	千	百	十	万	千	百	十	元	角	分	
补付张超差旅费	管理费用	差旅费							2	0	0	0	0	√
合　　　　计								¥	2	0	0	0	0	

表 9-18　业务（12）

付 款 凭 证

贷方科目：银行存款　　　　2023 年 12 月 8 日

银付字第 5 号

摘　要	借　方		金　额											√
	总账科目	明细科目	亿	千	百	十	万	千	百	十	元	角	分	
归还借款	短期借款						8	0	0	0	0	0	0	√
合　　　　计							¥	8	0	0	0	0	0	0	

表 9-19　业务（13）

转 账 凭 证

2023 年 12 月 8 日

转字第 2 号

摘　要	总账科目	明细科目	借方金额											贷方金额											√
			亿	千	百	十	万	千	百	十	元	角	分	亿	千	百	十	万	千	百	十	元	角	分	
赵雪报费用	管理费用	办公费						8	0	0	0	0													√
	其他应收款																		8	0	0	0	0	√
合　　计							¥	8	0	0	0	0						¥	8	0	0	0	0	

表 9-20　业务（13）

收 款 凭 证

借方科目：库存现金　　　　　　　2023 年 12 月 8 日　　　　　　　　　现收字第 1 号

摘　要	贷　方		金　额											√
	总账科目	明细科目	亿	千	百	十	万	千	百	十	元	角	分	
赵雪退多借支	其他应收款							1	0	0	0	0	0	√
合　　计								¥	1	0	0	0	0	

表 9-21　业务（14）

付 款 凭 证

贷方科目：库存现金　　　　　　　2023 年 12 月 8 日　　　　　　　　　现付字第 5 号

摘　要	借　方		金　额											√
	总账科目	明细科目	亿	千	百	十	万	千	百	十	元	角	分	
车间购劳防用品	制造费用	劳防费							3	6	0	0	0	√
合　　计								¥	3	6	0	0	0	

表 9-22　业务（15）

转 账 凭 证

2023 年 12 月 9 日　　　　　　　　　　　　　　　　转字第 3 号

摘　要	总账科目	明细科目	借方金额											贷方金额											√
			亿	千	百	十	万	千	百	十	元	角	分	亿	千	百	十	万	千	百	十	元	角	分	
车间领用材料	生产成本	A 产品（直接材料）				1	6	0	0	0	0	0	0												√
	生产成本	B 产品（直接材料）				2	2	0	0	0	0	0	0												√
	制造费用	材料费				1	0	0	0	0	0	0	0												√
	原材料	甲材料															4	8	0	0	0	0	0	0	√
合　　计					¥	4	8	0	0	0	0	0	0			¥	4	8	0	0	0	0	0	0	

表 9-23　业务（16）

付 款 凭 证

贷方科目：银行存款　　　　　　　2023 年 12 月 9 日　　　　　　　　　银付字第 6 号

摘　要	借　方		金　额											√
	总账科目	明细科目	亿	千	百	十	万	千	百	十	元	角	分	
购机器设备	固定资产					1	0	0	0	0	0	0	0	√
	应交税费	应交增值税（进项税额）					1	3	0	0	0	0	0	√
合　　计					¥	1	1	3	0	0	0	0	0	

表 9-24　业务（17）

转 账 凭 证

2023 年 12 月 10 日　　　　　　　　　　　　　　　　　　　　　　转字第 4 号

摘　要	总账科目	明细科目	借方金额										贷方金额										√
			亿	千	百	十	万	千	百	十	元	角	分	亿	千	百	十	万	千	百	十	元	角	分	
购乙材料	原材料	乙材料				8	0	0	0	0	0	0													√
	应交税费	应交增值税（进项税额）				1	0	4	0	0	0	0													√
	应付账款	威宇														9	0	4	0	0	0	0	0	√
合　　计					¥	9	0	4	0	0	0	0	0			¥	9	0	4	0	0	0	0	0	

表 9-25　业务（18）

转 账 凭 证

2023 年 12 月 12 日　　　　　　　　　　　　　　　　　　　　　　转字第 5 号

摘　要	总账科目	明细科目	借方金额										贷方金额										√
			亿	千	百	十	万	千	百	十	元	角	分	亿	千	百	十	万	千	百	十	元	角	分	
销 A 产品	应收账款	东盛				4	5	2	0	0	0	0													√
	主营业务收入	A 产品														4	0	0	0	0	0	0	0	√
	应交税费	应交增值税（销项税额）															5	2	0	0	0	0	0	√
合　　计					¥	4	5	2	0	0	0	0	0			¥	4	5	2	0	0	0	0	0	

表 9-26　业务（19）

付 款 凭 证

贷方科目：银行存款　　　　　　　　　　2023 年 12 月 12 日　　　　　　　　　　银付字第 7 号

摘　要	借　方		金　额										√
	总账科目	明细科目	亿	千	百	十	万	千	百	十	元	角	分	
付包装费	销售费用	包装费						4	8	0	0	0	0	√
合　　　　计							¥	4	8	0	0	0	0	

表 9-27　业务（20）

转 账 凭 证

2023 年 12 月 15 日　　　　　　　　　　　　　　　　　　　　　　转字第 6 号

摘　要	总账科目	明细科目	借方金额										贷方金额										√
			亿	千	百	十	万	千	百	十	元	角	分	亿	千	百	十	万	千	百	十	元	角	分	
车间领用材料	生产成本	A 产品（直接材料）				1	2	0	0	0	0	0													√
	生产成本	B 产品（直接材料）				1	6	0	0	0	0	0													√
	制造费用	材料费					4	0	0	0	0	0													√
	原材料	乙材料														3	2	0	0	0	0	0	0	√
合　　计					¥	3	2	0	0	0	0	0	0			¥	3	2	0	0	0	0	0	0	

表 9-28　业务（21）

付 款 凭 证

贷方科目：<u>银行存款</u>　　　　　　2023 年 12 月 15 日　　　　　　银付字第 8 号

摘　要	借　方		金　额											√
	总账科目	明细科目	亿	千	百	十	万	千	百	十	元	角	分	
付车间维修费	制造费用	车间维修费						2	5	6	0	0	0	√
合　　计							¥	2	5	6	0	0	0	

表 9-29　业务（22）

付 款 凭 证

贷方科目：<u>银行存款</u>　　　　　　2023 年 12 月 15 日　　　　　　银付字第 9 号

摘　要	借　方		金　额											√
	总账科目	明细科目	亿	千	百	十	万	千	百	十	元	角	分	
付销售运杂费	销售费用	运杂费						1	6	8	0	0	0	√
合　　计							¥	1	6	8	0	0	0	

表 9-30　业务（23）

付 款 凭 证

贷方科目：<u>银行存款</u>　　　　　　2023 年 12 月 16 日　　　　　　银付字第 10 号

摘　要	借　方		金　额											√
	总账科目	明细科目	亿	千	百	十	万	千	百	十	元	角	分	
付产品检测费	销售费用	检测费						2	5	0	0	0	0	√
合　　计								¥	2	5	0	0	0	0

表 9-31　业务（24）

付 款 凭 证

贷方科目：<u>银行存款</u>　　　　　　2023 年 12 月 16 日　　　　　　银付字第 11 号

摘　要	借　方		金　额											√
	总账科目	明细科目	亿	千	百	十	万	千	百	十	元	角	分	
提现	库存现金							2	0	0	0	0	0	√
合　　计								¥	2	0	0	0	0	0

表9-32 业务（25）

付 款 凭 证

贷方科目：库存现金　　　　　　　　2023 年 12 月 16 日　　　　　　　　现付字第 6 号

摘 要	借 方		金 额											√
	总账科目	明细科目	亿	千	百	十	万	千	百	十	元	角	分	
支付办公费	管理费用	办公费						6	8	0	0	0		√
合　　　计							¥	6	8	0	0	0		

表9-33 业务（26）

付 款 凭 证

贷方科目：银行存款　　　　　　　　2023 年 12 月 18 日　　　　　　　　银付字第 12 号

摘 要	借 方		金 额											√
	总账科目	明细科目	亿	千	百	十	万	千	百	十	元	角	分	
付前欠货款	应付账款	威宇			1	5	0	0	0	0	0	0		√
合　　　计				¥	1	5	0	0	0	0	0	0		

表9-34 业务（27）

转 账 凭 证

2023 年 12 月 20 日　　　　　　　　转字第 7 号

摘 要	总账科目	明细科目	借方金额											贷方金额											√
			亿	千	百	十	万	千	百	十	元	角	分	亿	千	百	十	万	千	百	十	元	角	分	
机器报废	固定资产清理						3	2	0	0	0	0													√
	累计折旧					5	2	8	0	0	0	0													√
	固定资产																5	6	0	0	0	0	0	√
合　　　计						¥	5	6	0	0	0	0	0				¥	5	6	0	0	0	0	0	

表9-35 业务（28）

付 款 凭 证

贷方科目：银行存款　　　　　　　　2023 年 12 月 20 日　　　　　　　　银付字第 13 号

摘 要	借 方		金 额											√
	总账科目	明细科目	亿	千	百	十	万	千	百	十	元	角	分	
付机器清理费	固定资产清理							1	2	0	0	0	0	√
合　　　计								¥	1	2	0	0	0	0	

表 9-36　业务（29）

收 款 凭 证

借方科目：<u>银行存款</u>　　　　　　　2023 年 12 月 20 日　　　　　　　　　银收字第 4 号

摘　要	贷　方		金　额											√
	总账科目	明细科目	亿	千	百	十	万	千	百	十	元	角	分	
机器残料收入	固定资产清理							5	3	0	0	0	0	√
合　　　计							¥	5	3	0	0	0	0	

表 9-37　业务（30）

转 账 凭 证

2023 年 12 月 20 日　　　　　　　　　　　　　　转字第 8 号

摘要	总账科目	明细科目	借方金额											贷方金额											√
			亿	千	百	十	万	千	百	十	元	角	分	亿	千	百	十	万	千	百	十	元	角	分	
机器报废	固定资产清理							9	0	0	0	0													√
	营业外收入																		9	0	0	0	0	√
合　　　计								¥	9	0	0	0	0						¥	9	0	0	0	0	

表 9-38　业务（31）

付 款 凭 证

贷方科目：<u>银行存款</u>　　　　　　　2023 年 12 月 25 日　　　　　　　　　银付字第 14 号

摘　要	借　方		金　额											√
	总账科目	明细科目	亿	千	百	十	万	千	百	十	元	角	分	
付水电费	制造费用	水电费						2	4	0	0	0	0	√
	管理费用	水电费						3	0	0	0	0	0	√
	应交税费	应交增值税（进项税额）						3	4	3	0	0	0	√
合　　　计							¥	3	0	4	3	0	0	0	

表 9-39　业务（32）

收 款 凭 证

借方科目：<u>银行存款</u>　　　　　　　2023 年 12 月 26 日　　　　　　　　　银收字第 5 号

摘　要	贷　方		金　额											√
	总账科目	明细科目	亿	千	百	十	万	千	百	十	元	角	分	
收东盛公司货款	应收账款	东盛					2	0	0	0	0	0	0	√
合　　　计							¥	2	0	0	0	0	0	0	

表 9-40　业务（33）

付 款 凭 证

贷方科目：**银行存款**　　　　　2023 年 12 月 28 日　　　　　银付字第 15 号

摘　要	借　方		金　额											√
	总账科目	明细科目	亿	千	百	十	万	千	百	十	元	角	分	
付展览费	销售费用	展览费						3	2	0	0	0	0	√
合　　　计							¥	3	2	0	0	0	0	

表 9-41　业务（34）

付 款 凭 证

贷方科目：**银行存款**　　　　　2023 年 12 月 28 日　　　　　银付字第 16 号

摘　要	借　方		金　额											√
	总账科目	明细科目	亿	千	百	十	万	千	百	十	元	角	分	
付广告费	销售费用	广告费						2	8	0	0	0	0	√
合　　　计							¥	2	8	0	0	0	0	

表 9-42　业务（35）

转 账 凭 证

2023 年 12 月 30 日　　　　　转字第 9 号

摘要	总账科目	明细科目	借方金额											贷方金额											√
			亿	千	百	十	万	千	百	十	元	角	分	亿	千	百	十	万	千	百	十	元	角	分	
计提工资	生产成本	A 产品（直接人工）				1	2	8	7	0	0	0													√
	生产成本	B 产品（直接人工）				1	5	7	3	0	0	0													√
	制造费用	工资					6	6	0	0	0	0													√
	管理费用	工资					6	8	0	0	0	0													√
	应付职工薪酬																4	2	0	0	0	0	0	√
合　　　计						¥	4	2	0	0	0	0	0				¥	4	2	0	0	0	0	0	

表 9-43　业务（36）

转 账 凭 证

2023 年 12 月 30 日　　　　　转字第 10 号

摘要	总账科目	明细科目	借方金额											贷方金额											√
			亿	千	百	十	万	千	百	十	元	角	分	亿	千	百	十	万	千	百	十	元	角	分	
计提三险一金	生产成本	A 产品（直接人工）					4	4	4	0	0	0													√
	生产成本	B 产品（直接人工）					5	4	2	7	0	0													√
	制造费用	工资					2	2	7	7	0	0													√
	管理费用	工资					2	3	4	6	0	0													√
	应付职工薪酬																	1	4	4	9	0	0	0	√
合　　　计							¥	1	4	4	9	0	0	0					¥	1	4	4	9	0	0	0

表 9-44　业务（37）

转 账 凭 证

2023 年 12 月 30 日　　　　　　　　　　　　　　　　转字第 11 号

摘要	总账科目	明细科目	借方金额										贷方金额										√
			亿	千	百	十	万	千	百	十	元	角	分	亿	千	百	十	万	千	百	十	元	角	分	
计提折旧	制造费用	折旧					3	0	0	0	0	0													√
	管理费用	折旧					1	0	0	0	0	0													√
	累计折旧																	4	0	0	0	0	0		√
合　　计						¥	4	0	0	0	0	0					¥	4	0	0	0	0	0		

表 9-45　业务（38）

转 账 凭 证

2023 年 12 月 30 日　　　　　　　　　　　　　　　　转字第 12 号

摘要	总账科目	明细科目	借方金额										贷方金额										√
			亿	千	百	十	万	千	百	十	元	角	分	亿	千	百	十	万	千	百	十	元	角	分	
计提利息	财务费用	利息					2	1	0	0	0	0													√
	应付利息																	2	1	0	0	0	0		√
合　　计						¥	2	1	0	0	0	0					¥	2	1	0	0	0	0		

表 9-46　业务（39）

转 账 凭 证

2023 年 12 月 30 日　　　　　　　　　　　　　　　　转字第 13 号

摘要	总账科目	明细科目	借方金额										贷方金额										√
			亿	千	百	十	万	千	百	十	元	角	分	亿	千	百	十	万	千	百	十	元	角	分	
归集分配	生产成本	A产品（制造费用）					8	0	4	5	9	0	0												√
	生产成本	B产品（制造费用）					9	8	3	3	8	0	0												√
	制造费用																1	7	8	7	9	7	0	0	√
合　　计						¥	1	7	8	7	9	7	0	0			¥	1	7	8	7	9	7	0	0	

表 9-47　业务（40）

转 账 凭 证

2023 年 12 月 30 日　　　　　　　　　　　　　　　　转字第 14 号

摘要	总账科目	明细科目	借方金额										贷方金额										√
			亿	千	百	十	万	千	百	十	元	角	分	亿	千	百	十	万	千	百	十	元	角	分	
成品入库	库存商品	A产品					3	7	7	7	6	9	0	0											√
	库存商品	B产品					4	9	9	4	9	5	0	0											√
	生产成本	A产品															3	7	7	7	6	9	0	0	√
	生产成本	B产品															4	9	9	4	9	5	0	0	√
合　　计						¥	8	7	7	2	6	4	0	0		¥	8	7	7	2	6	4	0	0	

表 9-48 业务（41）

转 账 凭 证

2023 年 12 月 30 日　　　　　　　　　　　　　　　　　　　转字第 15 号

摘 要	总账科目	明细科目	借方金额 亿	千	百	十	万	千	百	十	元	角	分	贷方金额 亿	千	百	十	万	千	百	十	元	角	分	√
结转已销成本	主营业务成本	A产品				3	0	6	0	0	0	0	0												√
	主营业务成本	B产品				4	1	8	8	0	0	0	0												√
	库存商品	A产品															3	0	6	0	0	0	0	0	√
	库存商品	B产品															4	1	8	8	0	0	0	0	√
合　计			¥			7	2	4	8	0	0	0	0	¥			7	2	4	8	0	0	0	0	

表 9-49 业务（42）

转 账 凭 证

2023 年 12 月 30 日　　　　　　　　　　　　　　　　　　　转字第 16 号

摘 要	总账科目	明细科目	借方金额 亿	千	百	十	万	千	百	十	元	角	分	贷方金额 亿	千	百	十	万	千	百	十	元	角	分	√
结转增值税	应交税费	应交增值税（转出未交增值税）					4	3	3	7	0	0	0												√
	应交税费	未交增值税																4	3	3	7	0	0	0	√
合　计			¥				4	3	3	7	0	0	0	¥				4	3	3	7	0	0	0	

表 9-50 业务（43）

转 账 凭 证

2023 年 12 月 30 日　　　　　　　　　　　　　　　　　　　转字第 17 号

摘 要	总账科目	明细科目	借方金额 亿	千	百	十	万	千	百	十	元	角	分	贷方金额 亿	千	百	十	万	千	百	十	元	角	分	√
计提税金及附加	税金及附加							4	3	3	7	0	0												√
	应交税费	应交城建税																	3	0	3	5	9	0	√
	应交税费	应交教育费附加																	1	3	0	1	1	0	√
合　计			¥					4	3	3	7	0	0	¥					4	3	3	7	0	0	

表 9-51 业务（44）

转 账 凭 证

2023 年 12 月 30 日　　　　　　　　　　　　　　　　　　　转字第 18 号

摘 要	总账科目	明细科目	借方金额 亿	千	百	十	万	千	百	十	元	角	分	贷方金额 亿	千	百	十	万	千	百	十	元	角	分	√
结转收入	主营业务收入					9	4	0	0	0	0	0	0												√
	营业外收入								9	0	0	0	0												√
	本年利润																9	4	0	9	0	0	0	0	√
合　计			¥			9	4	0	9	0	0	0	0	¥			9	4	0	9	0	0	0	0	

表 9-52　业务（44）

转 账 凭 证

2023 年 12 月 30 日　　　　　　　　　　　　　　　　　转字第 19 号

摘　要	总账科目	明细科目	借方金额 亿	千	百	十	万	千	百	十	元	角	分	贷方金额 亿	千	百	十	万	千	百	十	元	角	分	√
结转成本费用	本年利润					7	6	2	0	4	3	0	0												√
	主营业务成本							7	2	4	8	0	0	0	0			√
	税金及附加									4	3	3	7	0	0			√
	管理费用									1	5	8	2	6	0	0		√
	销售费用									1	4	9	8	0	0	0		√
	财务费用										2	1	0	0	0	0		√
合　　计			¥	7	6	2	0	4	3	0	0			¥	7	6	2	0	4	3	0	0		

表 9-53　业务（45）

转 账 凭 证

2023 年 12 月 30 日　　　　　　　　　　　　　　　　　转字第 20 号

摘　要	总账科目	明细科目	借方金额 亿	千	百	十	万	千	百	十	元	角	分	贷方金额 亿	千	百	十	万	千	百	十	元	角	分	√
计提所得税	所得税费用						4	4	7	1	4	2	5												√
	应交税费	应交企业所得税															4	4	7	1	4	2	5	√
合　　计			¥	4	4	7	1	4	2	5			¥	4	4	7	1	4	2	5		

表 9-54　业务（46）

转 账 凭 证

2023 年 12 月 30 日　　　　　　　　　　　　　　　　　转字第 21 号

摘　要	总账科目	明细科目	借方金额 亿	千	百	十	万	千	百	十	元	角	分	贷方金额 亿	千	百	十	万	千	百	十	元	角	分	√
结转所得税	本年利润						4	4	7	1	4	2	5												√
	所得税费用	应交所得税															4	4	7	1	4	2	5	√
合　　计			¥	4	4	7	1	4	2	5			¥	4	4	7	1	4	2	5		

表 9-55　业务（47）

转 账 凭 证

2023 年 12 月 30 日　　　　　　　　　　　　　　　　　转字第 22 号

摘　要	总账科目	明细科目	借方金额 亿	千	百	十	万	千	百	十	元	角	分	贷方金额 亿	千	百	十	万	千	百	十	元	角	分	√
结转本年利润	本年利润						2	2	2	4	8	2	7	5											√
	利润分配	未分配利润														2	2	2	4	8	2	7	5	√
合　　计			¥	2	2	2	4	8	2	7	5		¥	2	2	2	4	8	2	7	5		

表9-56　业务（48）

转 账 凭 证

2023 年 12 月 30 日

转字第 23 号

摘 要	总账科目	明细科目	借方金额										贷方金额										√
			亿	千	百	十	万	千	百	十	元	角	分	亿	千	百	十	万	千	百	十	元	角	分	√
利润分配	利润分配	提取法定盈余公积					2	2	2	4	8	2	8												√
		提取任意盈余公积					1	1	1	2	4	1	4												√
		应付股利				1	1	1	2	4	1	3	8												√
	盈余公积	法定盈余公积																2	2	2	4	8	2	8	
		任意盈余公积																1	1	1	2	4	1	4	
	应付股利																1	1	1	2	4	1	3	8	
合　　计				¥	1	4	4	6	1	3	8	0			¥	1	4	4	6	1	3	8	0	

表9-57　业务（49）

转 账 凭 证

2023 年 12 月 30 日

转字第 24 号

摘 要	总账科目	明细科目	借方金额										贷方金额										√
			亿	千	百	十	万	千	百	十	元	角	分	亿	千	百	十	万	千	百	十	元	角	分	√
结转未分配利润	利润分配	未分配利润				1	4	4	6	1	3	8	0												√
	利润分配	提取法定盈余公积																2	2	2	4	8	2	8	√
		提取任意盈余公积																1	1	1	2	4	1	4	√
		应付股利																1	1	1	2	4	1	3	8	
合　　计				¥	1	4	4	6	1	3	8	0			¥	1	4	4	6	1	3	8	0	

（2）登记银行存款日记账和库存现金日记账，如表9-58和表9-59所示。

表9-58　银行存款日记账

第　页

2023 年		凭证		支票		摘要	√	借方金额	贷方金额	借或贷	余额
月	日	字	号	种类	号数						
12	1					期初余额				借	65 600.00
12	1	银收	1			股东增资		200 000.00		借	265 600.00
12	1	银收	2			收东盛前欠货款		250 000.00		借	515 600.00
12	2	银收	3			销华顺B产品		610 200.00		借	1 125 800.00
12	3	银付	1			购甲材料			452 000.00	借	673 800.00
12	5	银付	2			交纳上月税费			25 650.00	借	648 150.00
12	5	银付	3			支付上月利息			2 500.00	借	645 650.00

续表

2023年		凭证		支票		摘要	√	借方金额	贷方金额	借或贷	余额
月	日	字	号	种类	号数						
12	6	银付	4			取现			40 180.00	借	605 470.00
12	8	银付	5			归还借款			80 000.00	借	525 470.00
12	9	银付	6			购机器设备			113 000.00	借	412 470.00
12	12	银付	7			付包装费			4 800.00	借	407 670.00
12	15	银付	8			支付车间维修费			2 560.00	借	405 110.00
12	15	银付	9			支付销售运杂费			1 680.00	借	403 430.00
12	16	银付	10			支付产品检测费			2 500.00	借	400 930.00
12	16	银付	11			提现			2 000.00	借	398 930.00
12	18	银付	12			付前欠货款			150 000.00	借	248 930.00
12	20	银付	13			付机器清理费			1 200.00	借	247 730.00
12	20	银收	4			机器残料收入		5 300.00		借	253 030.00
12	25	银付	14			付水电费			30 430.00	借	222 600.00
12	26	银收	5			收东盛前欠货款		200 000.00		借	422 600.00
12	28	银付	15			付销售展览费			3 200.00	借	419 400.00
12	28	银付	16			付广告费			2 800.00	借	416 600.00
						本期发生额及期末余额		1 265 500.00	914 500.00	借	416 600.00
						结转下年					

表 9-59　库存现金日记账

第　　页

2023年		凭证		对应科目	摘要	√	借方金额	贷方金额	余额
月	日	字	号						
12	1				期初余额				2 500.00
12	2	现付	1	其他应收款	张超借支			1 000.00	1 500.00
12	5	现付	2	原材料	付甲材料运杂费			850.00	650.00
12	6	银付	4	银行存款	取现		40 180.00		40 830.00
12	6	现付	3	应付职工薪酬	发放上月工资			40 180.00	650.00
12	6	现付	4	管理费用	补付张超差旅费			200.00	450.00
12	8	现收	1	其他应收款	赵雪退多借支		100.00		550.00
12	8	现付	5	制造费用	车间购劳防用品			360.00	190.00
12	16	银付	11	银行存款	提现		2 000.00		2 190.00
12	16	现付	6	管理费用	支付办公费			680.00	1 510.00
					本期发生额及期末余额		42 280.00	43 270.00	1 510.00
					结转下年				

(3)登记明细分类账(以"应收账款""原材料——甲材料""应交税费——应交增值税""销售费用"为例),如表9-60至表9-63所示。

表9-60　应交税费（增值税）明细账（借贷方均多栏式明细分类账）

第　　页

2023年		凭证		摘要	借方				贷方			借或贷	余额
月	日	字	号		合计	进项税额	转出未交增值税	…	合计	销项税额	…		
12	2	银收	3	销华顺B产品	略				略	70 200.00		贷	略
12	3	银付	1	购甲材料	…	52 000.00			…			…	
12	9	银付	6	购机器设备	…	13 000.00			…			…	
12	10	转	4	购乙材料	…	10 400.00			…			…	
12	12	转	5	销东盛A产品	…				…	52 000.00		…	
12	25	银付	14	付水电费	…	3 430.00			…			…	
12	30	转	16	转出应交未交增值税	…		43 370.00		…			…	
				本期发生额及期末余额	…	78 830.00	43 370.00		…	122 200.00		平	

表9-61　应收账款明细分类账（三栏式）

总账科目：应收账款
子目或户名：东盛公司

总页　　分页

2023年		凭证		摘要	借方金额	√	贷方金额	√	借或贷	余额
月	日	字	号							
12	1			期初余额					借	250 000.00
12	1	银收	2	收东盛前欠货款			250 000.00		平	
12	12	转	5	销东盛A产品	452 000.00				借	452 000.00
12	26	银收	5	收东盛前欠货款			200 000.00		借	252 000.00
				本期发生额及期末余额	452 000.00		450 000.00		借	252 000.00
				结转下年						

表9-62 原材料明细分类账（数量金额式）

明细科目：甲材料　　　　　　　　　　　　　　　　　　　　　　　　　　　总页　　分页

品名：_____　类别：_____　存放地点：_____　规格：_____　计量单位：_____　编号：_____

2023年		凭证		摘要	借方金额			√	贷方金额			√	借或贷	余额		
月	日	字	号		数量	单价	金额		数量	单价	金额			数量	单价	金额
12	1			期初余额									借	1 500	略	300 000.00
12	3	银付	1	购甲材料	2 000		400 000.00						借	3 500		700 000.00
12	5	现付	2	付运杂费			850.00						借	3 500		700 850.00
12	9	转	3	车间领用					2 400		480 000.00		借	1 100		220 850.00
				本期发生额及期末余额	2 000		400 850.00		2 400		480 000.00		借	1 100		220 850.00
				结转下年												

表9-63 销售费用明细分类账（借方多栏式明细分类账）

第　页

2023年		凭证		摘要	借方						余额
月	日	字	号		包装费	运杂费	检测费	展览费	广告费	…	
12	12	银付	7	付包装费	4 800.00						4 800.00
12	15	银付	9	支付销售运杂费		1 680.00					6 480.00
12	16	银付	10	支付产品检测费			2 500.00				8 980.00
12	28	银付	15	付销售展览费				3 200.00			12 180.00
12	28	银付	16	付广告费					2 800.00		14 980.00
12	30	转	19	结转成本费用	4 800.00	1 680.00	2 500.00	3 200.00	2 800.00		
				本期发生额及期末余额	4 800.00	1 680.00	2 500.00	3 200.00	2 800.00		

（4）登记总分类账（以"库存现金""应收账款""原材料""应交税费""销售费用""制造费用""管理费用"为例），如表9-64至表9-70所示。

表 9-64　总分类账

科目：库存现金　　　　　　　　　　　　　　　　　　　　　　　　　　　　第　　页

2023年		凭证		摘要	√	借方金额	贷方金额	借或贷	余额
月	日	字	号						
12	1			期初余额				借	2 500.00
12	2	现付	1	张超借支			1 000.00	借	1 500.00
12	5	现付	2	付甲材料运杂费			850.00	借	650.00
12	6	银付	4	取现		40 180.00		借	40 830.00
12	6	现付	3	发放上月工资			40 180.00	借	650.00
12	6	现付	4	补付张超差旅费			200.00	借	450.00
12	8	现收	1	赵雪退多借支		100.00		借	550.00
12	8	现付	5	车间购劳防用品			360.00	借	190.00
12	16	银付	11	提现		2 000.00		借	2 190.00
12	16	现付	6	支付办公费			680.00	借	1 510.00
				本期发生额及期末余额		42 280.00	43 270.00	借	1 510.00
				结转下年					

表 9-65　总分类账

科目：应收账款　　　　　　　　　　　　　　　　　　　　　　　　　　　　第　　页

2023年		凭证		摘要	√	借方金额	贷方金额	借或贷	余额
月	日	字	号						
12	1			期初余额				借	250 000.00
12	1	银收	2	收东盛前欠货款			250 000.00	平	
12	12	转	5	销东盛A产品		452 000.00		借	452 000.00
12	26	银收	5	收东盛前欠货款			200 000.00	借	252 000.00
				本期发生额及期末余额		452 000.00	450 000.00	借	252 000.00
				结转下年					

表 9-66　总分类账

科目：原材料　　　　　　　　　　　　　　　　　　　　　　　　　　　　　第　　页

2023年		凭证		摘要	√	借方金额	贷方金额	借或贷	余额
月	日	字	号						
12	1			期初余额				借	560 000.00
12	3	银付	1	购甲材料		400 000.00			
12	5	现付	2	付甲材料运杂费		850.00			
12	9	转	3	车间领用			480 000.00		
12	10	转	4	购乙材料		80 000.00			
12	15	转	6	车间领用			320 000.00	借	240 850.00
				本期发生额及期末余额		480 850.00	800 000.00	借	240 850.00
				结转下年					

表 9-67　总分类账

科目：应交税费　　　　　　　　　　　　　　　　　　　　　　　　　　　　　第　　页

2023年		凭证		摘要	√	借方金额	贷方金额	借或贷	余额
月	日	字	号						
12	1			期初余额				贷	25 650.00
12	2	银收	3	销华顺B产品			70 200.00		
12	3	银付	1	购甲材料		52 000.00			
12	5	银付	2	交纳上月税费		25 650.00			
12	9	银付	6	购机器设备		13 000.00			
12	10	转	4	购乙材料		10 400.00			
12	12	转	5	销东盛A产品			52 000.00		
12	25	银付	14	付水电费		3 430.00			
12	30	转	16	结转本月应交未交增值税		43 370.00			
12	30	转	16	结转本月应交未交增值税			43 370.00		
12	30	转	17	计提本月税金及附加			3 035.9		
12	30	转	17	计提本月税金及附加			1 301.1		
12	30	转	20	计提所得税			44 714.25	贷	92 421.25
				本期发生额及期末余额		147 850.00	214 621.25	贷	92 421.25
				结转下年					

表 9-68 总分类账

科目：**销售费用**   第   页

2023年		凭证		摘要	√	借方金额	贷方金额	借或贷	余额
月	日	字	号						
12	12	银付	7	付包装费		4 800.00			
12	15	银付	9	支付销售运杂费		1 680.00			
12	16	银付	10	支付产品检测费		2 500.00			
12	28	银付	15	付销售展览费		3 200.00			
12	28	银付	16	付广告费		2 800.00			
12	30	转	19	结转成本费用			14 980.00	平	
				本期发生额及期末余额		14 980.00	14 980.00	平	

表 9-69 总分类账

科目：**销售费用**   第   页

2023年		凭证		摘要	√	借方金额	贷方金额	借或贷	余额
月	日	字	号						
12	8	现付	5	车间购劳防用品		360.00			
12	9	转	3	车间领用材料		100 000.00			
12	15	转	6	车间领用材料		40 000.00			
12	15	银付	8	付车间维修费		2 560.00			
12	25	银付	14	付水电费		24 000.00			
12	30	转	9	计提工资		6 600.00			
12	30	转	10	计提"三险一金"		2 277.00			
12	30	转	11	计提折旧		3 000.00			
12	30	转	13	分配制造费用			178 797.00		
				本月发生额合计及余额		178 797.00	178 797.00	平	

表 9-70　总分类账

科目：管理费用　　　　　　　　　　　　　　　　　　　　　　　　　　　　　　第　　页

2023年		凭证		摘要	√	借方金额	贷方金额	借或贷	余额
月	日	字	号						
12	6	转	1	张超报差旅费		1 000.00			
12	6	现付	4	张超报差旅费		200.00			
12	8	转	2	赵雪报费用		800.00			
12	16	现付	6	支付办公费		680.00			
12	25	银付	14	付水电费		3 000.00			
12	30	转	9	计提工资		6 800.00			
12	30	转	10	计提三险一金		2 346.00			
12	30	转	11	计提折旧		1 000.00			
12	30	转	19	结转成本费用			15 826.00		
				本月发生额合计及余额		15 826.00	15 826.00	平	

（5）账账核对（略）。

（6）编制会计报表，如表 9-71 和表 9-72 所示。

表 9-71　资产负债表

会企 01 表

编制单位：致远公司　　　　　　　　2023 年 12 月 31 日　　　　　　　　单位：元

资产	期末数	年初数	负债和所有者权益	期末数	年初数
流动资产：			流动负债：		
货币资金	418 110		短期借款	420 000	
交易性金融资产			交易性金融负债		
应收票据			应付票据		
应收账款	252 000		应付账款	220 400	
预付账款			预收账款		
应收股利			应付职工薪酬	56 490	
应收利息			应付股利	111 241.38	
其他应收款	1 100		应交税费	92 421.25	

续表

资产	期末数	年初数	负债和所有者权益	期末数	年初数
存货	860 814		应付利息	2 100	
一年内到期的非流动资产			其他应付款		
其他流动资产			一年内到期的非流动负债		
流动资产合计	1 532 024		其他流动负债		
非流动资产：			流动负债合计	902 652.63	
可供出售金融资产			非流动负债：		
持有至到期投资			长期借款		
长期应收款			应付债券		
长期股权投资			长期应付款		
投资性房地产			专项应付款		
固定资产	415 100		预计负债		
工程物资			其他非流动负债		
在建工程			非流动负债合计		
固定资产清理			负债合计	902 652.63	
无形资产			所有者权益：		
开发支出			股本	700 000	
长期待摊费用			资本公积	120 670	
其他非流动资产			盈余公积	33 372.42	
非流动资产合计	415 100		未分配利润	190 428.95	
			所有者权益合计	1 044 471.37	
资产总计	1 947 124		负债和所有者权益总计	1 947 124	

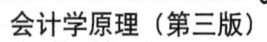

表 9-72　利润表

会企 02 表

编制单位：致远公司　　　　　　　　2023 年 12 月　　　　　　　　单位：元

项目	本期数	上期数
一、营业收入	940 000	
减：营业成本	724 800	
税金及附加	4 337	
销售费用	14 980	
管理费用	15 826	
财务费用	2 100	
资产减值损失		
加：公允价值变动损益		
投资收益		
二、营业利润	177 957	
加：营业外收入	900	
减：营业外支出		
三、利润总额	178 857	
减：所得税费用	44 714.25	
四、净利润	134 142.75	
五、每股收益		
（一）基本每股收益		
（二）稀释每股收益		

第三节　汇总记账凭证账务处理程序

一、汇总记账凭证账务处理程序的特点

汇总记账凭证账务处理程序是指在日常会计核算时，根据原始凭证或原始凭证汇总表编制记账凭证，且定期根据记账凭证分类汇总编制汇总收款凭证、汇总付款凭证和汇总转账凭证，再根据

汇总记账凭证登记总分类账的一种账务处理程序。

汇总记账凭证账务处理程序的显著特点是,在会计核算中根据收、付、转记账凭证编制汇总收、付、转记账凭证,并据以登记总分类账。

二、汇总记账凭证账务处理程序中凭证和账簿的设置

在汇总记账凭证账务处理程序中,日常账务处理过程中除设置收款凭证、付款凭证和转账凭证外,还应设置汇总收款凭证、汇总付款凭证和汇总转账凭证。在手工核算条件下,凭证的设置与记账凭证账务处理程序不同,一般不采用通用记账凭证。在会计信息化条件下,也可以使用通用凭证。

汇总记账凭证账务处理程序中账簿的设置与记账凭证账务处理程序基本相同。

三、汇总记账凭证的编制方法

在汇总记账凭证账务处理程序下,关键是编制汇总记账凭证。为了便于编制汇总记账凭证,必须注意以下几点。

（一）汇总收、付款凭证

由于收款凭证左上角是借方科目,每张收款凭证只能写一个借方科目,因而收款凭证上的分录只能是"一借一贷"或"一借多贷",不可能出现"多借一贷"。汇总收款凭证应只按"库存现金"和"银行存款"账户的借方设置,并只按相应的贷方科目归类汇总。

由于付款凭证左上角是贷方科目,每张付款凭证只能写一个贷方科目,因而付款凭证上的分录只能是"一借一贷"或"多借一贷",不可能出现"一借多贷"。汇总付款凭证应只按"库存现金"和"银行存款"账户的贷方设置,并只按相应的借方科目归类汇总。

在编制凭证时应当注意,对库存现金和银行存款之间相互划转的业务,一般只编制付款凭证。例如以库存现金存入银行,应编制库存现金付款凭证;从银行提取现金,应编制银行存款付款凭证。

汇总收款凭证和汇总付款凭证都要定期(一般为每隔五天或十天)填列,每月填制一张。月终,根据库存现金及银行存款汇总收款凭证的合计数,分别记入总分类账户库存现金和银行存款账户的借方,以及各个对应账户的贷方;根据库存现金、银行存款汇总付款凭证的合计数,分别记入总分类账户库存现金、银行存款账户的贷方,以及各个对应账户的借方。

（二）汇总转账凭证

汇总转账凭证在习惯上一般按每一科目的贷方分别设置,并根据转账凭证汇总其对应的借方科目。汇总转账凭证定期汇总填列,每月填制一张。

为了便于填制汇总转账凭证,平时填制转账凭证时只能"一贷多借",不能"一借多贷"。月终,根据汇总转账凭证的合计数分别记入总分类账中各个借方账户的借方以及该汇总凭证所列的贷方账户的贷方。如果在月份内某一贷方科目的转账凭证为数不多时,也可不编制汇总转账凭证,直接根据转账凭证记入总分类账。

四、汇总记账凭证账务处理的一般程序

汇总记账凭证账务处理的一般程序如下:

(1)根据原始凭证编制汇总原始凭证；

(2)根据原始凭证或汇总原始凭证编制记账凭证；

(3)根据收款凭证、付款凭证逐笔登记库存现金日记账和银行存款日记账；

(4)根据原始凭证、汇总原始凭证和记账凭证登记各种明细分类账；

(5)根据各种记账凭证编制有关汇总记账凭证(与其他账务处理程序区别之处)；

(6)根据各种汇总记账凭证登记总分类账(与其他账务处理程序区别之处)；

(7)期末,将库存现金日记账、银行存款日记账和明细分类账的余额同有关总分类账的余额相核对；

(8)期末,根据总分类账和明细分类账的记录编制会计报表。

汇总记账凭证账务处理程序如图9-2所示。

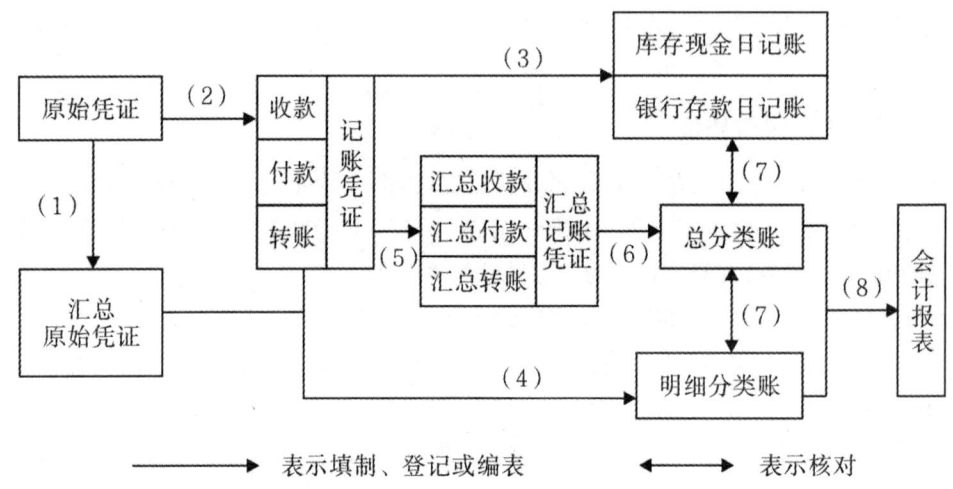

图9-2　汇总记账凭证账务处理程序示意图

五、优缺点及适用范围

（一）汇总记账凭证账务处理程序的优点

(1)记账凭证通过汇总记账凭证汇总后月末一次登记总分类账,减轻了登记总账的工作量,为及时编制会计报表提供了条件；

(2)汇总记账凭证按照会计科目的对应关系归类、汇总编制,能够明确地反映账户之间的对应关系,有利于分析资金运动的来龙去脉,便于查账、用账。

（二）汇总记账凭证账务处理程序的缺点

(1)汇总转账凭证按每一贷方科目汇总编制,不考虑交易或事项的性质,不利于会计核算工作的分工。

(2)总分类账的记录比较简略,难以具体反映企业的经济活动；

(3)当转账凭证较多时,编制汇总转账凭证的工作量较大,对会计人员的业务水平要求较高。

（三）汇总记账凭证账务处理程序的适用范围

汇总记账凭证账务处理程序一般适用于规模较大，交易或事项较多，特别是转账业务较少而收付业务较多的单位。

六、案例

选用汇总记账凭证账务处理程序处理第二节致远公司2023年12月的经济业务。

(1)根据经济业务编制收、付款凭证和转账凭证，同第二节(略)。

(2)登记库存现金日记账和银行存款日记账，同第二节(略)。

(3)登记明细分类账，同第二节(略)。

(4)编制汇总记账凭证(以"银行存款""应交税费""应付账款"为例)，如表9-73至表9-76所示。

表9-73　汇总收款凭证

借方账户：银行存款　　　　　　　　　　2023年12月　　　　　　　　　　汇银收字第1号

贷方账户	金额				记账	
	（1）	（2）	（3）	合计	借方	贷方
实收资本	200 000.00			200 000.00		
应收账款	250 000.00		200 000.00	450 000.00		
主营业务收入	540 000.00			540 000.00		
应交税费	70 200.00			70 200.00		
固定资产清理		5 300.00		5 300.00		

附注：（1）自 1 日至 10 日收款凭证共计 3 张
　　　（2）自 11 日至 20 日收款凭证共计 1 张
　　　（3）自 21 日至 31 日收款凭证共计 1 张

表9-74　汇总转账凭证

贷方账户：应交税费　　　　　　　　　　2023年12月　　　　　　　　　　汇转字第1号

借方账户	金额				记账	
	（1）	（2）	（3）	合计	借方	贷方
应收账款		52 000.00		52 000.00		
应交税费			43 370.00	43 370.00		
税金及附加			4 337.00	4 337.00		
所得税费用			44 714.25	44 714.25		

附注：（1）自 1 日至 10 日 转账凭证共计 0 张
　　　（2）自 11 日至 20 日 转账凭证共计 1 张
　　　（3）自 21 日至 31 日 转账凭证共计 3 张

表 9-75　汇总转账凭证

贷方账户：应付账款　　　　　　　　　2023 年 12 月　　　　　　　　　汇转字第 2 号

借方账户	金额				记账	
	（1）	（2）	（3）	合计	借方	贷方
原材料	80 000.00			80 000.00		
应交税费	10 400.00			10 400.00		

附注：（1）自 1 日至 10 日　转账凭证共计 1 张
　　　（2）自 11 日至 20 日　转账凭证共计 0 张
　　　（3）自 21 日至 31 日　转账凭证共计 0 张

表 9-76　汇总付款凭证

贷方账户：银行存款　　　　　　　　　2023 年 12 月　　　　　　　　　汇银付字第 1 号

借方账户	金额				记账	
	（1）	（2）	（3）	合计	借方	贷方
原材料	400 000.00			400 000.00		
应交税费	90 650.00		3 430.00	94 080.00		
应付利息	2 500.00			2 500.00		
库存现金	40 180.00	2 000.00		42 180.00		
短期借款	80 000.00			80 000.00		
固定资产	100 000.00			100 000.00		
销售费用		8 980.00	6 000.00	14 980.00		
制造费用		2 560.00	24 000.00	26 560.00		
应付账款		150 000.00		150 000.00		
固定资产清理		1 200.00		1 200.00		
管理费用			3 000.00	3 000.00		

附注：（1）自 1 日至 10 日　付款凭证共计 6 张
　　　（2）自 11 日至 20 日　付款凭证共计 7 张
　　　（3）自 21 日至 31 日　付款凭证共计 3 张

(5)登记总分类账(以"银行存款""应交税费"为例),如表 9-77 和表 9-78 所示。

表 9-77　总分类账

科目：应交税费　　　　　　　　　　　　　　　　　　　　　　　　　　　第　　页

2023年		凭证		摘要	对应科目	√	借方金额	贷方金额	借或贷	余额
月	日	字	号							
12	1			期初余额					贷	25 650.00
12	31	汇银收	1	汇总记账	银行存款			70 200.00		
12	31	汇银付	1	汇总记账	银行存款		94 850.00			
12	31	汇转	1	汇总记账	应收账款			52 000.00		

| 2023年 | | 凭证 | | 摘要 | 对应科目 | √ | 借方金额 | 贷方金额 | 借或贷 | 余额 |
月	日	字	号							
12	31	汇转	1	汇总记账	应交税费		43 370.00	43 370.00		
12	31	汇转	1	汇总记账	税金及附加			4 337.00		
12	31	汇转	1	汇总记账	所得税费用			44 714.25		
12	31	汇转	2	汇总记账	应付账款		10 400.00			
				本期发生额及期末余额			148 620.00	214 621.25	贷	91 651.25
				结转下年						

表 9-78　总分类账

科目：银行存款　　　　　　　　　　　　　　　　　　　　　　　　　　　　　　第　　页

| 2023年 | | 凭证 | | 摘要 | 对应科目 | √ | 借方金额 | 贷方金额 | 借或贷 | 余额 |
月	日	字	号							
12	1			期初余额					借	65 600.00
12	31	汇银收	1	汇总记账	实收资本		200 000.00			
12	31	汇银收	1	汇总记账	应收账款		450 000.00			
12	31	汇银收	1	汇总记账	主营业务收入		540 000.00			
12	31	汇银收	1	汇总记账	应交税费		70 200.00			
12	31	汇银收	1	汇总记账	固定资产清理		5 300.00			
12	31	汇银付	1	汇总记账	原材料			400 000.00		
12	31	汇银付	1	汇总记账	应交税费			94 850.00		
12	31	汇银付	1	汇总记账	应付利息			2 500.00		
12	31	汇银付	1	汇总记账	库存现金			42 180.00		
12	31	汇银付	1	汇总记账	短期借款			80 000.00		
12	31	汇银付	1	汇总记账	固定资产			100 000.00		
12	31	汇银付	1	汇总记账	销售费用			14 980.00		
12	31	汇银付	1	汇总记账	制造费用			26 560.00		
12	31	汇银付	1	汇总记账	应付账款			150 000.00		
12	31	汇银付	1	汇总记账	固定资产清理			1 200.00		
12	31	汇银付	1	汇总记账	管理费用			3 000.00		
				本期发生额及期末余额			1 265 500.00	915 270.00	借	415 830.00
				结转下年						

(6)账账核对(略)。

(7)会计报表的编制同前。

第四节　科目汇总表账务处理程序

一、科目汇总表账务处理程序的特点

科目汇总表账务处理程序又称记账凭证汇总表账务处理程序,它是指在日常会计核算时根据记账凭证定期编制科目汇总表,再根据科目汇总表登记总分类账的一种账务处理程序。

科目汇总表账务处理程序的显著特点是,在会计核算中设置了科目汇总表,根据一定期间的记账凭证编制科目汇总,并据以登记总账。

二、科目汇总表账务处理程序中凭证和账簿的设置

科目汇总表账务处理程序中凭证的设置与记账凭证账务处理程序相同,记账凭证可以只设置通用记账凭证一种,也可以设置收款凭证、付款凭证和转账凭证三种格式的记账凭证。

科目汇总表账务处理程序中账簿的设置与记账凭证账务处理程序及汇总记账凭证账务处理程序都相同。

三、科目汇总表的编制方法

科目汇总表的编制方法是根据一定时期内已审核无误的全部记账凭证按照相同会计科目归类后,定期编制科目汇总表。

（一）科目汇总表的汇总期

科目汇总表的汇总期由企业根据自身经济业务的特点自行决定,可以每5天、10天、15天汇总一次,业务量不多的企业甚至可以一月汇总一次。企业也可以按凭证类型每50(由企业自行决定)个编号汇总一次,或每装订一本记账凭证汇总一次。

（二）科目汇总表的保管

科目汇总表是登记总分类账的依据,具有记账凭证的性质,应附在编制时所依据的记账凭证之前,与记账凭证装订在一起,存档保管。

（三）科目汇总表的编号

一个月内编制多张科目汇总表的,应进行顺序编号,如"科汇1号""科汇2号"等。

（四）科目汇总表的编制方法

(1)直接编制法:按汇总期内全部审核无误的记账凭证直接编制科目汇总表。这种编制方法一

般适用于经济业务涉及的会计科目不多的企业,且要求日常账务处理中记账凭证尽量采用简单分录形式,以方便在编制科目汇总表时频繁地翻阅记账凭证。

(2)T形账户编制法:首先根据汇总期全部审核无误的记账凭证所涉及的全部总账科目开设T形账户,将汇总期的记账凭证逐笔序时登记到开设的T形账户上;然后逐项计算出各T形账户借、贷方发生额合计;最后将各T形账户上的借、贷方发生额合计抄录到科目汇总表上,计算出所有会计科目的借、贷方发生额总计并进行试算平衡。

四、科目汇总表账务处理的一般程序

科目汇总表账务处理的一般程序如下:

(1)根据原始凭证编制汇总原始凭证;

(2)根据原始凭证或汇总原始凭证编制记账凭证;

(3)根据收款凭证、付款凭证逐笔登记库存现金日记账和银行存款日记账;

(4)根据原始凭证、汇总原始凭证和记账凭证登记各种明细分类账;

(5)根据各种记账凭证编制科目汇总表(与其他账务处理程序区别之处);

(6)根据科目汇总表登记总分类账(与其他账务处理程序区别之处);

(7)期末,将库存现金日记账、银行存款日记账和明细分类账的余额同有关总分类账的余额相核对;

(8)期末,根据总分类账和明细分类账的记录编制会计报表。

科目汇总表账务处理程序如图9-3所示。

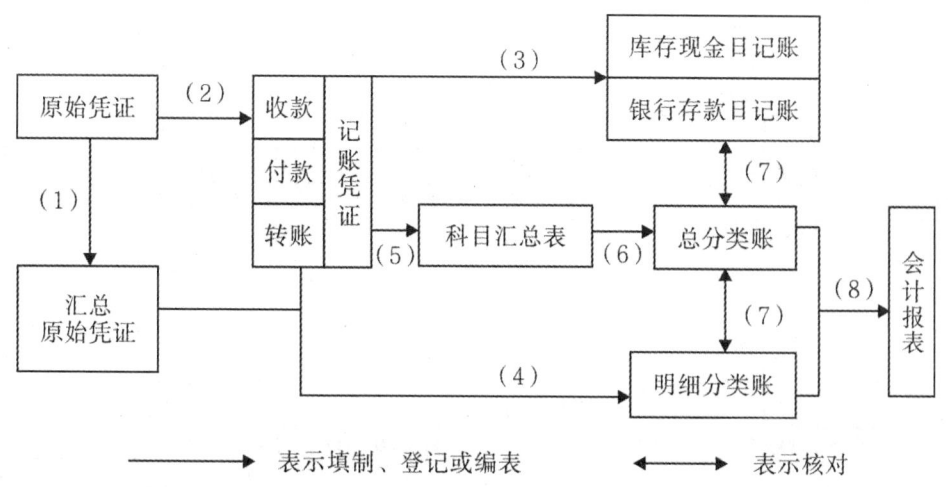

图9-3 科目汇总表账务处理程序示意图

五、科目汇总表账务处理程序的优缺点及适用范围

(一)科目汇总表账务处理程序的优点

(1)根据科目汇总表登记总分类账大大减轻了登记总分类账的工作量;

(2)通过编制科目汇总表,可对发生额进行试算平衡,及时发现记账凭证中的错误;

（3）简明易懂,方便易学。

（二）科目汇总表账务处理程序的缺点

科目汇总表不能反映账户之间的对应关系,不利于根据账簿记录检查和分析交易或事项的来龙去脉,不便于查对账目。

（三）科目汇总表账务处理程序的适用范围

科目汇总表账务处理程序适用范围较广,特别适用于规模大、业务量多的大中型企业。

六、案例

选用科目汇总表账务处理程序处理第二节致远公司 2023 年 12 月的经济业务。

（1）根据经济业务编制收、付款凭证和转账凭证,同第二节(略)。

（2）登记库存现金日记账和银行存款日记账,同第二节(略)。

（3）登记明细分类账,同第二节(略)。

（4）编制科目汇总表。

①根据记账凭证编制科目汇总表工作底稿,工作底稿采用 T 形账户的形式,如图 9-4 所示。

库存现金

银付 4	40 180	现付 1	1 000
现收 1	100	现付 2	850
		现付 3	40 180
		现付 4	200
		现付 5	360
1—10 小计	40 280		42 590
银付 11	2 000	现付 6	680
11—20 小计	2 000		680
本月合计	42 280		43 270

应收账款

		银收 2	250 000
1—10 小计			250 000
转 5	452 000		
11—20 小计	452 000		
		银收 5	200 000
21—31 小计			200 000

银行存款

银收 1	200 000	银付 1	452 000
银收 2	250 000	银付 2	25 650
银收 3	610 200	银付 3	2 500
		银付 4	40 180
		银付 5	80 000
		银付 6	113 000
1—10 小计	1 060 200		713 330
银收 4	5 300	银付 7	4 800
		银付 8	2 560
		银付 9	1 680
		银付 10	2 500
		银付 11	2 000
		银付 12	150 000
		银付 13	1 200
11—20 小计	5 300		164 740
银收 5	200 000	银付 14	30 430
		银付 15	3 200
		银付 16	2 800

图 9-4 科目汇总表工作底稿

本月合计	452 000		450 000

其他应收款

现付 1	1 000	转 1	1 000
		转 2	800
		现收 1	100
1—10 小计	1 000		1 900
本月合计	1 000		1 900

库存商品

转 14	877 264	转 15	724 800
21—31 小计	877 264		724 800
本月合计	877 264		724 800

累计折旧

转 7	52 800		
11—20 小计	52 800		
		转 11	4 000
21—31 小计			4 000
本月小计	52 800		4 000

固定资产清理

转 7	3 200	银收 4	5 300
银付 13	1 200		
转 8	900		
11—20 小计	5 300		5 300
本月小计	5 300		5 300

短期借款

银付 5	80 000		
1—10 小计	80 000		
本月合计	80 000		

应付职工薪酬

现付 3	40 180		
1—10 小计	40 180		
		转 9	42 000
		转 10	14 490

21—31 小计	200 000		36 430
本月合计	1 265 500		914 500

原材料

银付 1	400 000	转 3	480 000
现付 2	850		
转 4	80 000		
1—10 小计	480 850		480 000
		转 6	320 000
11—20 小计			320 000
本月合计	480 850		800 000

固定资产

银付 6	100 000		
1—10 小计	100 000		
		转 7	56 000
11—20 小计			56 000
本月合计	100 000		56 000

应付账款

		转 4	90 400
1—10 小计			90 400
银付 12	150 000		
11—20 小计	150 000		
本月合计	150 000		90 400

应付利息

银付 3	2 500		
1—10 小计	2 500		
		转 12	2 100
21—31 小计			2 100
本月合计	2 500		2 100

实收资本

		银收 1	200 000
1—10 小计			200 000

续图 9—4

	借方		贷方
21—31 小计			56 490
本月合计	40 180		56 490

应交税费

	借方		贷方
银付 1	52 000	银收 3	70 200
银付 2	25 650		
银付 6	13 000		
转 4	10 400		
1—10 小计	101 050		70 200
		转 5	52 000
11—20 小计			52 000
银付 14	3 430	转 16	43 370
转 16	43 370	转 17	4 337
		转 20	44 714.25
21—31 小计	46 800		92 421.25
本月合计	147 850		214 621.25

主营业务成本

	借方		贷方
转 15	724 800	转 19	724 800
21—31 小计	724 800		724 800
本月合计	724 800		724 800

主营业务收入

	借方		贷方
		银收 3	540 000
1—10 小计			540 000
		转 5	400 000
11—20 小计			400 000
转 18	940 000		
21—31 小计	940 000		
本月合计	940 000		940 000

管理费用

	借方		贷方
转 1	1 000		
现付 4	200		
转 2	800		
1—10 小计	2 000		
现付 6	680		
11—20 小计	680		
银付 14	3 000	转 19	15 826
转 9	6 800		
转 10	2 346		
转 11	1 000		
21—31 小计	13 146		15 826
本月合计	15 826		15 826

	借方		贷方
本月合计			200 000

本年利润

	借方		贷方
转 19	762 043	转 18	940 900
转 21	44 714.25		
转 22	222 482.75		
21—31 小计	1 029 240		940 900
本月合计	1 029 240		940 900

所得税费用

	借方		贷方
转 20	44 714.25	转 21	44 714.25
21—31 小计	44 714.25		44 714.25
本月合计	44 714.25		44 714.25

税金及附加

	借方		贷方
转 17	4 337	转 19	4 337
21—31 小计	4 337		4 337
本月合计	4 337		4 337

销售费用

	借方		贷方
银付 7	4 800		
银付 9	1 680		
银付 10	2 500		
11—20 小计	8 980		
银付 15	3 200	转 19	14 980
银付 16	2 800		
21—31 小计	6 000		14 980
本月合计	14 980		14 980

财务费用

	借方		贷方
转 12	2 100	转 19	2 100
21—31 小计	2 100		2 100
本月合计	2 100		2 100

制造费用

	借方		贷方
现付 5	360		
转 3	100 000		
1—10 小计	100 360		
转 6	40 000		
银付 8	2 560		
11—20 小计	42 560		
银付 14	24 000	转 13	178 797
转 9	6 600		
转 10	2 277		
转 11	3 000		

续图 9-4

生产成本

转 3	380 000		
1—10 小计	380 000		
转 6	280 000		
11—20 小计	280 000		
转 9	28 600	转 14	877 264
转 10	9 867		
转 13	178 797		
21—31 小计	217 264		877 264
本月合计	877 264		877 264

盈余公积

		转 23	33 372.42
21—31 小计			33 372.42
本月合计			33 372.42

21—31 小计	35 877		178 797
本月合计	178 797		178 797

应付股利

		转 23	111 241.38
21—31 小计			111 241.38
本月合计			111 241.38

营业外收入

		转 8	900
11—20 小计			900
转 18	900		
21—31 合计	900		
本月合计	900		900

利润分配

转 23	144 613.80	转 22	222 482.75
转 24	144 613.80	转 24	144 613.80
21—31 小计	289 227.60		367 096.55
本月合计	289 227.60		367 096.55

续图 9-4

②根据工作底稿编制科目汇总表(见表 9-79)。

表 9-79　科目汇总表

单位:元

会计科目	1—10 日		11—20 日		21—31 日		本月合计	
	借方	贷方	借方	贷方	借方	贷方	借方	贷方
库存现金	40 280	42 590	2 000	680			42 280	43 270
银行存款	1 060 200	713 330	5 300	164 740	200 000	36 430	1 265 500	914 500
应收账款		250 000	452 000			200 000	452 000	450 000
其他应收款	1 000	1 900					1 000	1 900
原材料	480 850	480 000		320 000			480 850	800 000
生产成本	380 000		280 000		217 264	877 264	877 264	877 264
制造费用	100 360		42 560		35 877	178 797	178 797	178 797
库存商品					877 264	724 800	877 264	724 800
固定资产	100 000			56 000			100 000	56 000
累计折旧			52 800			4 000	52 800	4 000
固定资产清理			5 300	5 300			5 300	5 300
短期借款	80 000						80 000	
应付账款		90 400	150 000				150 000	90 400

续表

会计科目	1—10 日		11—20 日		21—31 日		本月合计	
	借方	贷方	借方	贷方	借方	贷方	借方	贷方
应付职工薪酬	40 180					56 490	40 180	56 490
应付股利						111 241.38		111 241.38
应交税费	101 050	70 200		52 000	46 800	92 421.25	147 850	214 621.25
应付利息	2 500					2 100	2 500	2 100
实收资本		200 000						200 000
盈余公积						33 372.42		33 372.42
本年利润					1 029 240	940 900	1 029 240	940 900
主营业务收入		540 000		400 000	940 000		940 000	940 000
主营业务成本					724 800	724 800	724 800	724 800
税金及附加					4 337	4 337	4 337	4 337
管理费用	2 000		680		13 146	15 826	15 826	15 826
销售费用			8 980		6 000	14 980	14 980	14 980
财务费用					2 100	2 100	2 100	2 100
营业外收入				900	900		900	900
所得税费用					44 714.25	44 714.25	44 714.25	44 714.25
利润分配					289 227.60	367 096.55	289 227.60	367 096.55
本月合计	2 388 420	2 388 420	999 620	999 620	4 431 669.85	4 431 669.85	7 819 709.85	7 819 709.85

(5)根据科目汇总表登记总分类账(以"库存现金""银行存款""生产成本""应交税费""管理费用"为例),如表9-80至表9-84所示。

表9-80 总分类账

科目：库存现金 第 页

2023 年		凭证		摘要	√	借方金额	贷方金额	借或贷	余额
月	日	字	号						
12	1			期初余额				借	2 500
12	10	科汇	1	1—10 日发生额		40 280	42 590	借	190
12	20	科汇	1	11—20 日发生额		2 000	680	借	1 510
				本期发生额及余额		42 280	43 270	借	1 510
				结转下年					

表 9-81　总分类账

科目：__银行存款__　　　　　　　　　　　　　　　　　　　　　　　　第　　页

2023 年		凭证		摘要	√	借方金额	贷方金额	借或贷	余额
月	日	字	号						
12	1			期初余额				借	65 600
12	10	科汇	1	1—10 日发生额		1 060 200	713 330	借	412 470
12	20	科汇	1	11—20 日发生额		5 300	164 740	借	253 030
12	31	科汇	1	21—31 日发生额		200 000	36 430	借	416 600
				本期发生额及余额		1 265 500	914 500	借	416 600
				结转下年					

表 9-82　总分类账

科目：__生产成本__　　　　　　　　　　　　　　　　　　　　　　　　第　　页

2023 年		凭证		摘要	√	借方金额	贷方金额	借或贷	余额
月	日	字	号						
12	10	科汇	1	1—10 日发生额		380 000		借	380 000
12	20	科汇	1	11—20 日发生额		280 000		借	660 000
12	31	科汇	1	21—31 日发生额		217 264	877 264	平	
				本期发生额及余额		877 264	877 264	平	

表 9-83　总分类账

科目：__应交税费__　　　　　　　　　　　　　　　　　　　　　　　　第　　页

2023 年		凭证		摘要	√	借方金额	贷方金额	借或贷	余额
月	日	字	号						
12	1			期初余额				贷	25 650
12	10	科汇	1	1—10 日发生额		101 050	70 200	借	5 200
12	20	科汇	1	11—20 日发生额			52 000	贷	46 800
12	31	科汇	1	21—31 日发生额		46 800	92 421.25	贷	92 421.25
				本期发生额及余额		147 850	214 621.25	贷	92 421.25
				结转下年					

表 9-84　总分类账

科目：管理费用　　　　　　　　　　　　　　　　　　　　　　　　　　　　　第　　页

2023年		凭证		摘要	√	借方金额	贷方金额	借或贷	余额
月	日	字	号						
12	10	科汇	1	1—10日发生额		2 000		借	2 000
12	20	科汇	1	11—20日发生额		680		借	2 680
12	31	科汇	1	21—31日发生额		13 146	15 826	平	
				本期发生额及余额		15 826	15 826	平	

(6)账账核对（略）。

(7)根据总分类账和明细分类账的记录编制会计报表（略）。

【本章小结】

本章主要讲述三种常用的账务处理程序,包括其各自的优缺点、适用范围及核算过程。

账务处理程序也称会计核算组织程序或会计核算形式,是指在单位的会计循环中,会计凭证、会计账簿、会计报表相结合的方式,包括会计凭证和会计账簿的种类、格式,会计凭证与会计账簿之间的联系方法,由原始凭证到编制记账凭证、登记明细分类账和总分类账、编制会计报表的工作程序和方法等。

记账凭证账务处理程序是指在日常会计核算时,对所发生的交易或事项根据原始凭证或原始凭证汇总表编制记账凭证,然后直接根据记账凭证逐笔登记总分类账的一种账务处理程序。它是最原始、最基本的账务处理程序,其他各种账务处理程序都是在此基础上发展形成的。记账凭证账务处理程序的显著特点是在会计核算中直接根据记账凭证逐笔序时地登记总分类账。

汇总记账凭证账务处理程序是指在日常会计核算时,根据原始凭证或原始凭证汇总表编制记账凭证,定期根据记账凭证分类汇总编制汇总收款凭证、汇总付款凭证和汇总转账凭证,再根据汇总记账凭证登记总分类账的一种账务处理程序。汇总记账凭证账务处理程序的显著特点是,在会计核算中根据收、付、转记账凭证编制汇总收、付、转账凭证,并据以登记总分类账。

科目汇总表账务处理程序又称记账凭证汇总表账务处理程序,它是指在日常会计核算时根据记账凭证定期编制科目汇总表,再根据科目汇总表登记总分类账的一种账务处理程序。科目汇总表账务处理程序的显著特点是,在会计核算中设置了科目汇总表,根据一定期间的记账凭证编制科目汇总表,并据以登记总账。

【思考题】

1. 什么是账务处理程序? 制定正确的账务处理程序有什么重大意义?

2. 企业设计账务处理程序主要考虑哪些因素?

3.记账凭证账务处理程序有何优缺点? 适用于什么样的企业?

4.汇总记账凭证账务处理程序有何优缺点? 适用于什么样的企业?

5.科目汇总表账务处理程序有何优缺点? 适用于什么样的企业?

6.科目汇总表账务处理程序应该如何设计记账凭证? 记账凭证账务处理程序又应如何设计记账凭证?

【练习题】

一、判断题

1.不同的账务处理程序有相同的方法、特点和适用范围。(　　)

2.不同的账务处理程序区别在于记账凭证种类与账簿种类的要求不同。(　　)

3.不同的账务处理程序根本区别在于登记总账的依据不同。(　　)

4.同一单位可以同时采用几种不同的账务处理程序。(　　)

5.记账凭证账务处理程序是最原始、最基本的账务处理程序。(　　)

6.小企业一般采取科目汇总表账务处理程序。(　　)

7.编制科目汇总表不仅可以起到试算平衡的作用,还可反映账户之间的对应关系。(　　)

8.科目汇总表不是记账凭证,所以不需装订,也不需存档。(　　)

9.汇总转账凭证在习惯上一般按每一科目的借方分别设置,并根据转账凭证汇总其对应的贷方科目。(　　)

10.为了便于填制汇总转账凭证,平时填制转账凭证时只能是"一借一贷"。(　　)

二、单项选择题

1.各种账务处理程序最主要的区别是(　　)。

A.账簿组织不同　　　　　　　　　B.记账程序不同

C.登记总分类账的依据不同　　　　D.记账方法不同

2.各种账务处理程序的共同之处是(　　)。

A.适用范围相同　　　　　　　　　B.登记总分类账的依据相同

C.会计凭证的组织相同　　　　　　D.会计账簿的组织相同

3.记账凭证账务处理程序的显著特点是(　　)。

A.根据各种记账凭证编制有关汇总记账凭证

B.直接根据记账凭证逐笔登记总分类账

C.根据各种记账凭证编制科目汇总表

D.根据汇总记账凭证登记总分类账

4.记账凭证账务处理程序适用于(　　)。

A.规模较小、业务量较少的单位

B.规模较小、业务量较多的单位

C.规模较大、业务量较少的单位

D.规模较大、业务量较多的单位

5.填制转账凭证时,只能"一贷多借",不能"一借多贷",是为了(　　　)。

A.便于填制汇总转账凭证 　　　　　　B.便于填制汇总付款凭证

C.便于填制汇总收款凭证 　　　　　　D.便于填制科目汇总表

6.汇总收款凭证是根据(　　　)汇总编制而成的。

A.原始凭证 　　　　　　　　　　　　B.汇总原始凭证

C.付款凭证 　　　　　　　　　　　　D.收款凭证

7.以记账凭证为依据,按每一贷方科目分别设置,并根据相对应的借方科目定期归类汇总的记账凭证是(　　　)。

A.汇总收款凭证 　　　　　　　　　　B.汇总付款凭证

C.汇总转账凭证 　　　　　　　　　　D.汇总记账凭证

8.科目汇总表账务处理程序的主要缺点是(　　　)。

A.不能反映经济业务的全貌

B.不能反映会计账户的对应关系

C.不利于会计分工

D.不能简化总分类账的登记工作

9.科目汇总表的汇总范围是(　　　)。

A.全部科目的借方余额 　　　　　　　B.全部科目的贷方余额

C.全部科目的借、贷发生额 　　　　　D.部分科目的借、贷发生额

10.在我国企业中,普遍采用的账务处理程序是(　　　)。

A.记账凭证账务处理程序

B.汇总记账凭证账务处理程序

C.科目汇总表账务处理程序

D.日记总账账务处理程序

三、多项选择题

1.记账凭证账务处理程序的缺点是(　　　)。

A.核算程序复杂

B.不便于对账和查账

C.登记总分类账的工作量大

D.不便于总分类账与明细分类账的分工协作

2.汇总记账凭证账务处理程序的缺点是(　　　)。

A.登记总账工作量大

B.不能清晰地反映账户之间的对应关系,不利于经济活动的分析和检查

C.汇总记账凭证的编制工作量大

D.不利于日常核算工作的合理分工

3.汇总记账凭证账务处理程序下,收款凭证一般应采用(　　)形式。

A."一借一贷"　　　　　　　　　　B."一借多贷"

C."一贷多借"　　　　　　　　　　D."多借多贷"

4.在各种账务处理程序中,各明细账登记的依据是(　　)。

A.原始凭证　　　　　　　　　　B.原始凭证汇总表

C.记账凭证　　　　　　　　　　D.汇总记账凭证

5.在记账凭证账务处理程序下,登记总分类账应根据(　　)。

A.收款凭证　　　　　　　　　　B.付款凭证

C.转账凭证　　　　　　　　　　D.原始凭证

6.以记账凭证为依据,按有关科目贷方设置,按借方科目归类汇总填制的有(　　)。

A.汇总收款凭证　　　　　　　　B.汇总付款凭证

C.汇总转账凭证　　　　　　　　D.科目汇总表

7.编制汇总记账凭证时,要求(　　)。

A.收款凭证以借方科目为主,按对应的贷方科目归类汇总

B.付款凭证以贷方科目为主,按对应的借方科目归类汇总

C.转账凭证以借方科目为主,按对应的贷方科目归类汇总

D.转账凭证以贷方科目为主,按对应的借方科目归类汇总

8.总账的登记依据可以是(　　)。

A.记账凭证　　　　　　　　　　B.汇总记账凭证

C.科目汇总表　　　　　　　　　D.原始凭证

9.各种账务处理程序的相同之处表现为(　　)。

A.根据原始凭证或原始凭证汇总表编制记账凭证

B.根据记账凭证和有关原始凭证或汇总原始凭证登记明细账

C.根据记账凭证逐笔登记总账

D.根据总账及明细账编制会计报表

10.可以减少总分类账登记工作量的账务处理程序是(　　)。

A.记账凭证账务处理程序

B.科目汇总表账务处理程序

C.汇总记账凭证账务处理程序

D.原始凭证账务处理程序

四、案例分析题

习　题　一

目的:练习记账凭证账务处理程序。

资料1:

某企业2023年8月31日各有关总分类账户和明细分类账户的余额如下表所示。

账户余额表

2023 年 8 月 31 日　　　　　　　　　　　　　　　　单位：元

会计科目	借方余额	会计科目	贷方余额
库存现金	5 600	累计折旧	150 000
银行存款	447 000	短期借款	800 000
应收账款	200 000	应付账款	284 000
其他应收款	2 000	应付职工薪酬	55 000
原材料	304 000	应交税费	32 000
生产成本	152 000	应付利息	4 000
库存商品	960 000	实收资本	1 000 000
固定资产	800 000	本年利润	545 600
合计	2 870 600	合计	2 870 600

有关明细分类账户的余额如下：

应收账款：天宇公司　　　　　　　　　　　　　　　　　　　200 000 元

原材料：A 材料 1 600 千克，单价 100 元 / 千克，金额　　　160 000 元

　　　　B 材料 1 200 千克，单价 120 元 / 千克，金额　　　144 000 元

库存商品：甲产品 2 000 件，单位成本 480 元 / 件，总成本　960 000 元

应付账款：立信公司　　　　　　　　　　　　　　　　　　　284 000 元

短期贷款利率：一年期短期贷款利率 6%

资料 2：

该企业 2023 年 9 月份发生经济业务如下：

(1)9 月 1 日，原股东以货币形式增加注册资本 100 000 元，出资款已按时存入该企业账户；

(2)9 月 1 日，以银行存款支付前欠立信公司贷款 284 000 元；

(3)9 月 2 日，采购员张华借支差旅费 1 000 元，以现金支付；

(4)9 月 2 日，向志远公司销售甲产品 1 000 件，单价 600 元 / 件，货款 600 000 元和增值税 78 000 元均已收到，存入银行；

(5)9 月 2 日，以银行存款支付上月应付利息 4 000 元；

(6)9 月 5 日，以银行存款缴纳上月应交税费 32 000 元；

(7)9 月 5 日，由银行代付上月应付职工薪酬 55 000 元；

(8)9 月 5 日，购入 A 材料 3 000 千克，单价 100 元 / 千克，材料已入库，货款 300 000 元和增值税款 39 000 元以银行存款支付；

(9)9 月 8 日，向立信公司购入 B 材料 3 500 千克，单价 120 元 / 千克，材料已入库，货款 420 000 元和增值税款 54 600 元均未支付；

(10)9 月 8 日，企业购入不需要安装的设备一台，买价 100 000 元，增值税 13 000 元，包装费和运

杂费 800 元,全部款项已用银行存款支付;

(11)9 月 10 日,采购员张华出差归来,报销差旅费 1 200 元,差额由出纳以现金补付;

(12)9 月 10 日,出纳开具现金支票,从银行提取现金 2 000 元;

(13)9 月 12 日,行政办公室周涛报销办公用品购置费 500 元,并退回现金 100 元(张涛上月借支 600 元);

(14)9 月 12 日,按合同向天宇公司销售甲产品 2 000 件,增值税专用发票上注明价款为 1 200 000 元,增值税 156 000 元,货已发出,款项尚未收到;

(15)9 月 15 日,以银行存款支付广告费 20 000 元;

(16)9 月 20 日,本月材料领用汇总如下:

材料领用汇总表

2023 年 9 月

用途	A 材料		B 材料		金额合计/元
	数量/千克	金额/元	数量/千克	金额/元	
生产车间领用	2 500	250 000	2 500	300 000	550 000
车间一般性耗用	300	30 000	150	18 000	48 000
行政管理部门领用	80	8 000	40	4 800	12 800
合计	2 880	288 000	2 690	322 800	610 800

(17)9 月 25 日,收到天宇公司前欠货款 200 000 元,存入银行;

(18)9 月 25 日,支付本月水电费,明细如下:

金额单位:元

名称	单位	金额	税率	税额
水	吨	1 000	9%	90
电	度	20 000	13%	2 600
合计		21 000		2 690

其中,生产车间耗用 18 000 元,行政管理部门耗用 3 000 元;

(19)9 月 30 日,根据工资结算单,计提本月应付工资 60 000 元,其中,生产甲产品的工人工资 45 000 元,车间管理人员工资 5 000 元,行政管理人员工资 5 000 元,销售部门人员工资 5 000 元;

(20)9 月 30 日,计提本月固定资产折旧 8 000 元,其中,生产车间折旧 6 000 元,行政管理部门折旧 1 000 元,销售部门折旧 1 000 元;

(21)9 月 30 日,计提本月短期借款利息 4 000 元;

(22)9 月 30 日,归集本月制造费用,全部转入甲产品生产成本;

单位:元

费用明细	车间耗用材料	水电费	车间管理人员工资	车间折旧	合计
金额	48 000	18 000	5 000	6 000	77 000
合计	48 000	18 000	5 000	6 000	77 000

(23)9 月 30 日,本月完工并验收入库产品 1 500 件,结转完工产品总成本为 720 000 元;

金额单位:元

产品成本	直接材料	直接人工	制造费用	合计	入库数量	单价
期初在产品成本	124 000	10 000	18 000	152 000		
本期发生费用	550 000	45 000	77 000	672 000		
期末在产品成本	91 000	7 000	6 000	104 000		
本期完工产品成本	583 000	48 000	89 000	720 000	1 500	480

(24)9 月 30 日,计提本月应交城市维护建设税 11 662 元,应交教育费附加 4 998 元;

(25)9 月 30 日,结转本月销售产品生产成本,本月销售甲产品 3 000 件;

金额单位:元

产品名称	月初库存		本月入库		平均单价	本月销售		期末库存	
	数量	金额	数量	金额		数量	金额	数量	金额
甲产品	2 000	960 000	1 500	720 000	480	3 000	1 440 000	500	240 000

(26)9 月 30 日,结转本月各项收入;

(27)9 月 30 日,结转本月各项成本费用。

要求:

(1)根据资料 1 开设总分类账户,登记期初余额;

(2)根据资料 2 编制记账凭证,登记总分类账,并结出期末余额(记账凭证以会计分录代替);

(3)编制总分类账户本期发生额及余额表(试算平衡表)。

习 题 二

目的:练习科目汇总表的编制。

资料:根据习题一资料 2 的记账凭证按科目汇总。

编制科目汇总表(格式如下):

科目汇总表

单位:元

会计科目	1—10 日		11—20 日		21—31 日		本月合计	
	借方	贷方	借方	贷方	借方	贷方	借方	贷方

第十章

会计工作组织与管理

☆ 学习目的与要求

通过本章教学,学生应该了解会计组织工作的意义、会计电算化的基本含义与意义,掌握会计人员的职责、会计职业道德、会计人员的法律责任,掌握会计档案保管与销毁的要求及程序,为以后在会计工作中遵纪守法、培养高尚的职业道德情操打下基础。

☆ 学习内容

1. 会计工作组织概述;

2. 会计机构与会计人员;

3. 会计法规制度;

4. 会计职业道德;

5. 会计档案;

6. 会计电算化。

☆ 学习重点

1. 会计人员;

2. 会计法规制度;

3. 会计档案。

☆学习难点

会计人员法律责任与会计法规制度。

☆案例导入

红旗饲料公司创建于 1998 年,该公司拥有员工共 118 人,领导岗位有总经理 1 名、副经理 2 名,其中一名副经理分管财务与人事,另一名副经理分管生产与销售等,公司职能科室设有生产技术科、供应科、销售科、设备管理科、财务科、工会及政工科等,公司有3个仓库、1个基本生产车间、2个销售门市部。其中财务科有4人,一人担任财务科长,一人担任记账会计,一人核算成本,还有一人担任出纳会计。2022年9月,由于现有出纳张婷婷有事辞职,而分管财务与人事的吴经理的女儿吴颖此时正是湖北某高校电子商务专业大四学生,马上就要进行毕业实习,于是吴经理就以吴颖在校期间取得会计从业资格证为由,直接让吴颖提前上班,担任公司出纳会计。吴颖在担任出纳工作中,认为专业不对口,感到出纳工作太具体、琐碎,认为以后还是从事销售较好,于是工作上敷衍了事,经常出错。

请思考:从会计组织与相关会计法规、会计职业道德上考虑,该公司存在着哪些问题?各自的依据是什么?

第一节　会计工作组织概述

一、会计工作组织的含义

会计工作组织是指如何安排、协调和管理好企业的会计工作。从狭义上讲,会计工作组织是指会计人员的配备、会计机构的设置、会计法规的制定与执行以及会计档案的保管。从广义上讲,会计工作组织是指与组织会计工作有关的一切事项,包括会计电算化。

二、会计工作组织的原则

（一）必须按照国家对会计工作的统一要求来组织会计工作

在社会主义市场经济条件下,会计所提供的会计信息既要满足有关各方了解会计主体的财务状况与经营成果的需要,又要符合国家宏观经济管理的要求。会计工作组织受到各种法规、制度的制约,比如《会计法》《总会计师条例》《会计基础工作规范》《会计档案管理办法》《企业会计信息化工作规范》《企业内部控制基本规范》等的制约。所以,各单位组织会计工作必须符合国家会计工作的统一要求。

（二）根据各企业生产经营管理特点来组织会计工作

国家对组织会计工作所做的统一要求只是一般的原则性规定,而每个会计主体都有其不同的实际情况,各自规模大小不同,生产特点也各不相同,所以,各企业应根据自身的实际特点确定适应本企业的会计制度,对会计机构的设置和会计人员的配备做出切合实际的安排。

（三）在保证会计工作质量的前提下，讲求工作效率，节约工作时间和费用

会计信息质量的好坏直接影响到企业信誉以及企业的生产经营管理,因此要严密地组织会计

工作,细致地规定和执行各项会计手续和工作程序,保证会计信息质量。同时,会计工作组织也要兼顾成本与效益原则,尽量节约会计工作时间和费用,要防止会计机构重叠、手续繁杂、重复劳动等不合理的现象发生。

三、组织会计工作的意义

（一）组织好会计工作，有利于保证会计工作的质量与效率

会计反映的对象是企业和行政事业单位的资金运动及其相关的财务收支活动,会计要将这些有用信息反映出来,就必须对企业的资金运动进行连续的、系统的收集、记录、汇总和计算分析,这些数据如何取得、如何传递、如何汇总,企业都必须加以规划,安排不同的人员来组织实施,所以必须制定一套完善的办事程序,将会计不同工作有机地组合在一起,保证顺利而有效地完成会计各项工作。

（二）组织好会计工作，有利于协调其他经济管理工作

会计是一项经济管理工作,是企业经济管理工作系统中的一部分,它与其他经济管理工作既相联系,又有区别。如会计与审计、会计与统计、会计与财政税务等,只有合理组织好会计工作,才能使会计工作与其他经济管理工作相互协调、相互促进、相互补充、密切配合,完成企业整体经济管理工作。

（三）组织好会计工作，有利于加强经济责任制

企业经济业务发生及处理一般都会经过很多环节,且经过多人处理,必须加强会计工作组织,以明确责任。另外,企业实行内部经济责任制也离不开会计,经济责任制是各单位加强内部经济核算的重要手段。科学地组织会计工作,建立健全内部控制制度,可以促使企业内部及有关责任部门管好用好企业资金,有利于提高经济效益,促进内部经济责任制水平的提高。

第二节　会计机构和会计人员

一、会计机构

（一）会计机构的设置

会计机构是直接从事和组织会计工作的职能部门。建立和健全会计机构是加强会计工作、保证会计工作顺利进行的重要条件。《会计法》第三十六条规定:各单位应当根据会计业务的需要,设置会计机构,或者在有关机构中设置会计人员并指定会计主管人员;不具备设置条件的,应当委托

经批准设立从事会计代理记账业务的中介机构代理记账。各单位应当根据单位规模的大小、会计业务的繁简程度和经济管理的需要来决定是否设置和如何设置会计机构。

(1)各单位原则上应该设置会计机构。

会计机构和会计人员是贯彻会计工作顺利进行的前提条件。为了保证会计工作的顺利进行以及会计信息的真实可靠，各单位原则上都应该设置会计机构，无论单位规模的大小，会计工作必须依法开展。

(2)各单位可以根据本单位会计业务繁简情况自行决定是否设置会计机构。

各单位都有其自身特点，为了贯彻成本与效益原则，提高经济效益，保证效果，各单位有权根据自身的需要来决定是否设置单独的会计机构。在一些规模大、会计业务复杂并且业务量很大的单位，可根据"统一领导，分级管理"的原则，在单位内部设置各级、各部门的会计机构。对于一些规模小的企业，可以不设单独的会计机构，甚至不安排单独的会计人员从事会计工作。

(3)不能单独设置会计机构的单位，应当在有关机构中设置会计人员并指定会计主管人员。

为了降低企业成本，提高企业经济效益，在一些规模小、会计业务简单的单位，可以不单独设置会计机构，而在有关机构中设置会计人员并指定会计主管人员。会计主管人员作为中层管理人员，行使会计机构负责人的职权，应按照规定的程序任免。

(4)不具备设置会计机构和会计人员条件的，应当委托经批准设立从事会计代理记账业务的中介机构代理记账。

《会计法》规定，对于一些小型如个体工商户的经济组织，不具备设置会计机构或者在有关机构中设置专职会计人员的条件，可以委托中介机构代理记账，不过，委托代理记账的机构必须是经批准设立的从事会计代理记账的合法的中介机构。

（二）会计工作的组织形式

会计工作的组织形式是指实现会计主体的核算功能所需的组织形式。在实际工作中，企业会计工作的组织形式主要有集中核算和非集中核算两种。

1.集中核算

集中核算就是将企业的主要会计工作都集中在企业会计机构内进行。企业内部的各部门、各单位一般不进行单独核算，只是对所发生的经济业务进行原始记录，办理原始凭证的取得、填制、审核和汇总工作，并定期将这些资料报送企业会计部门进行总分类核算和明细分类核算。实行集中核算可以减少核算层次，精减会计人员，但是不便于企业各部门和各单位及时利用核算资料进行日常的考核和分析。

2.非集中核算

非集中核算又称为分散核算，就是企业的内部各部门要对本身所发生的经济业务进行比较全面的会计核算。如在工业企业里，车间设置成本明细账，登记本车间发生的生产成本并计算出所完成产品的车间成本，厂部会计部门只根据车间报送的资料进行产品成本的总分类核算。又如在商业企业里，把库存商品的明细核算和某些费用的核算等分散在各业务部门进行，至于会计报表的编制以及不宜分散核算的工作,如物资供销、现金收支、银行存款收支、对外往来结算等,仍由企业会计部门集中办理。实行非集中核算,使企业内部各部门、各单位能够及时了解本部门、本单位的经济活动情况,有利于及时分析、解决问题,但这种组织形式会增加核算手续和核算层次。

一个单位是采用集中核算还是非集中核算,国家没有统一的规定,主要取决于该单位规模大小和内部经营管理的需要。

二、会计人员

(一)会计人员的配备

会计人员是指从事会计工作、处理会计业务、完成会计任务的人员。为了充分发挥会计部门的作用,企业内部应根据企业规模、业务量大小及经营管理的要求设置合理的会计岗位,并配备适当的会计人员。会计工作岗位一般可分为会计机构负责人或者会计主管人员、总账会计、出纳会计、成本费用会计、往来会计、稽核会计、档案管理、会计电算化等岗位,会计岗位的设置要与企业自身特点相适应,且必须符合内部控制制度的要求,对于不相容岗位必须相互分离。

(二)会计人员的资格

为了加强对会计工作和会计人员的管理,提高会计人员的素质,充分发挥会计工作在社会主义市场经济建设中的重要作用,《会计法》第三十八条规定:"会计人员应当具备从事会计工作所需要的专业能力。担任单位会计机构负责人(会计主管人员)的,应当具备会计师以上专业技术职务资格或者从事会计工作三年以上经历。"

(三)会计人员的职责

会计人员的职责是考核会计人员工作质量的重要标准。根据《会计法》的规定,会计人员的主要职责包括五个方面。

1.进行会计核算

会计核算的具体内容包括:款项和有价证券的收付;财物的收发、增减和使用;债权债务的发生和结算;资本、基金的增减和经费的收支;收入、费用、成本的计算;财务成果的计算和处理;其他需要办理会计手续、进行会计核算的事项。

2.实行会计监督

会计人员要通过会计核算对本单位各项经济业务的合法性、合理性进行监督,对不真实、不合法的经济业务有权不予办理,并向单位负责人报告。对记载不准确、不完整的原始凭证有权予以退回,并要求按照国家统一的会计制度的规定予以补充、更正。

3.拟定本单位办理会计事务的具体办法

会计人员应按照国家统一的会计法规规定,结合本单位的特点建立和健全本单位内部的会计事项处理方法和会计管理制度,如内部牵制制度、分级管理制度下的分级核算办法等。

4.参与单位经济管理工作

各单位编制的经济计划或者业务计划是指导该单位经济活动或者业务活动的主要依据,也是会计人员编制财务计划的重要依据。会计人员有权参与企业各项经济计划的制订。会计人员通过会计核算和会计监督,可以考核、检查各项收支预算的执行情况,提出进一步加强经营管理、提高经济效益的合理化建议。

5.办理其他会计事项

发展经济离不开会计,社会分工随着经济的发展不断细化,人们对经济管理的要求也逐渐提高,会计也就越来越重要。随着社会的进步,会计所涉及的内容也将更加丰富,如电算化会计、管理会计等。

（四）会计人员的专业技术职务

我国会计人员专业技术职务分为高级会计师、会计师、助理会计师、会计员。其中,高级会计师为高级职务,会计师为中级职务,助理会计师和会计员为初级职务。为提高会计人员的专业知识,我国从 1992 年开始在全国实行会计专业技术职务考试制度,实行考聘分离。

（五）会计人员的工作交接

会计人员工作交接,是指会计人员因工作调动、离职或因病暂时不能工作时,移交人（现任会计人员）应与接管人员办理交接手续的一种工作程序。办理会计交接是有关单位和办理交接双方的法定义务。

移交人对自己经办已经移交的会计凭证、会计账簿、会计报表和其他会计资料的真实性和完整性承担法律责任。移交人员所移交的会计资料是在其经办会计工作期间内所发生的,应当对这些会计资料负责。即使接替人员在交接时没有发现所接会计资料存在问题,如事后发现,仍应该由原移交人负责,原移交人不应以会计资料已经移交而推脱责任。

一般会计人员办理交接手续,应由单位的会计机构负责人或者会计主管人员负责监交;会计机构负责人或者会计主管人员办理交接手续,应该由单位负责人负责监交,必要时可由上级主管部门派人会同监交。

（六）会计人员的法律责任

法律责任是指违反法律规定的行为应当承担的法律后果。法律责任分为民事责任、行政责任和刑事责任。会计法规规定的法律责任主要是行政责任和刑事责任。《会计法》规定,如果会计人员有违法行为,应当追究相关责任人的法律责任。

(1)不依法设置会计账簿等会计违法行为的法律责任。

《会计法》第四十二条规定,有下列行为之一的,由县级以上人民政府财政部门责令限期改正,可以对单位并处三千元以上五万元以下的罚款;对其直接负责的主管人员和其他直接责任人员,可以处二千元以上二万元以下的罚款;属于国家工作人员的,还应当由其所在单位或者有关单位依法给予行政处分：

①不依法设置会计账簿的；

②私设会计账簿的；

③未按照规定填制、取得原始凭证或者填制、取得的原始凭证不符合规定的；

④以未经审核的会计凭证为依据登记会计账簿或者登记会计账簿不符合规定的；

⑤随意变更会计处理方法的；

⑥向不同的会计资料使用者提供的财务会计报告编制依据不一致的；

⑦未按照规定使用会计记录文字或者记账本位币的；

⑧未按照规定保管会计资料，致使会计资料毁损、灭失的；

⑨未按照规定建立并实施单位内部会计监督制度或者拒绝依法实施的监督或者不如实提供有关会计资料及有关情况的；

⑩任用会计人员不符合《会计法》规定的。

有前款所列行为之一，构成犯罪的，依法追究刑事责任。

会计人员有上列行为之一，情节严重的，五年内不得从事会计工作。

(2)伪造、变造会计凭证、会计账簿，编制虚假财务会计报告的法律责任。

《会计法》第四十三条规定：伪造、变造会计凭证、会计账簿，编制虚假财务会计报告，构成犯罪的，依法追究刑事责任。有前款行为，尚不构成犯罪的，由县级以上人民政府财政部门予以通报，可以对单位并处五千元以上十万元以下的罚款；对其直接负责的主管人员和其他直接责任人员，可以处三千元以上五万元以下的罚款；属于国家工作人员的，还应当由其所在单位或者有关单位依法给予撤职直至开除的行政处分；其中的会计人员，五年内不得从事会计工作。

(3)隐匿或者故意销毁依法应当保存的会计凭证、会计账簿、财务会计报告的法律责任。

《会计法》第四十四条规定：隐匿或者故意销毁依法应当保存的会计凭证、会计账簿、财务会计报告，构成犯罪的，依法追究刑事责任。有前款行为，尚不构成犯罪的，由县级以上人民政府财政部门予以通报，可以对单位并处五千元以上十万元以下的罚款；对其直接负责的主管人员和其他直接责任人员，可以处三千元以上五万元以下的罚款；属于国家工作人员的，还应当由其所在单位或者有关单位依法给予撤职直至开除的行政处分；其中的会计人员，五年内不得从事会计工作。

(4)授意、指使、强令会计机构、会计人员及其他人员伪造、变造会计凭证、会计账簿，编制虚假财务会计报告或者隐匿、故意销毁依法应当保存的会计凭证、会计账簿、财务会计报告的法律责任。

《会计法》第四十五条规定：授意、指使、强令会计机构、会计人员及其他人员伪造、变造会计凭证、会计账簿，编制虚假财务会计报告或者隐匿、故意销毁依法应当保存的会计凭证、会计账簿、财务会计报告，构成犯罪的，依法追究刑事责任；尚不构成犯罪的，可以处五千元以上五万元以下的罚款；属于国家工作人员的，还应当由其所在单位或者有关单位依法给予降级、撤职、开除的行政处分。

(5)单位负责人打击报复会计人员的法律责任。

《会计法》第四十六条规定：单位负责人对依法履行职责、抵制违反《会计法》规定行为的会计人员以降级、撤职、调离工作岗位、解聘或者开除等方式实行打击报复，构成犯罪的，依法追究刑事责任；尚不构成犯罪的，由其所在单位或者有关单位依法给予行政处分。对受打击报复的会计人员，应当恢复其名誉和原有职务、级别。

第三节　会计法规制度

一、会计法规的内容与意义

（一）会计法规的内容

会计法规监督和是管理会计工作的各种法律、法令、条例、规则、章程、制度等规范性文件的总称。我国现行会计基本规范体系主要包括会计法、会计准则、会计制度、会计基础工作规范、企业财务报告条例、会计档案管理办法、会计从业资格管理办法及内部会计控制基本规范等。

（二）会计法规的意义

1.有利于规范会计行为

会计行为是指会计机构和会计人员有目的的财务收支活动，也就是运用货币量度对经济活动过程中使用的财产物资和发生的劳动耗费等进行的系统的计算、记录、分析和检查等活动。会计法规规定了各项会计工作应该如何做、怎么做，所以，会计法规的制定有利于规范会计机构和会计人员的行为。

2.有利于维护财经纪律

会计行为是否规范、会计资料质量是否有保证都会直接或间接地影响政府管理部门、利益相关者和社会公众的利益，进而影响整个市场经济秩序，会计法规规定了会计人员哪些该做，哪些不该做，应当如何做等，所以会计法规有利于维护市场经济秩序以及财经纪律。

3.有利于保证会计工作顺利进行和保障会计人员依法行使职权

会计法规对会计机构和会计人员的职责和权限做出了明确规定，并对单位负责人规定了法律责任，以避免其打击报复会计人员，所以会计法规有利于会计机构正常运行，有利于会计人员合法地正常从事会计工作。

二、会计法规体系

我国经过多年的努力，已经建立和初步完善了会计法规体系。现行的会计法规体系主要由会计法律、会计行政法规、国家统一的会计制度和地方性会计法律制度四个层次组成。

（一）会计法律

1.会计法律的含义与内容

会计法律,是指由全国人民代表大会及其常委会经过一定立法程序制定的有关会计工作的法律。现行的会计法律主要包括 1985 年 1 月 21 日第六届全国人大常委会第九次会议通过、根据 1993 年 12 月 29 日第八届全国人大常委会第五次会议第一次修正、1999 年 10 月 31 日第九届全国人大常委会第十二次会议修订、根据 2017 年 11 月 4 日第十二届全国人大常委会第三十次会议第二次修正的《会计法》,以及《中华人民共和国注册会计师法》;其他法律中与会计相关的条款规定,如《中华人民共和国企业破产法》《中华人民共和国公司法》《中华人民共和国证券法》等相关条款。

2.《会计法》

《会计法》是会计法规体系的最高层次,是制定其他会计法规的依据,也是指导会计工作的最高准则。

(1)《会计法》的主要内容有:总则,会计核算,公司、企业会计核算的特别规定,会计监督,会计机构和会计人员,会计法律责任和附则。

(2)《会计法》的立法宗旨是:规范会计行为,保证会计资料真实、完整,加强经济管理和财务管理,提高经济效益,维护社会主义市场经济秩序。

(3)《会计法》的适用范围:中华人民共和国境内的国家机关、社会团体、公司、企业、事业单位和其他组织都适用于《会计法》。具体包括两类:一是实行独立核算、办理会计事务的单位;二是主管机关及其有关机关,包括各级财政部门、税务部门和业务主管部门等。

（二）会计行政法规

会计行政法规,是指由国务院制定并发布,或者国务院有关部门拟定并经国务院批准发布,调整经济生活中某些方面会计关系的法律规范。它通常以条例、办法、规定等具体名称出现。会计行政法规是根据《会计法》的要求制定的,是对会计法律的具体化或某个方面的补充。目前,属于会计行政法规的主要有《企业财务会计报告条例》和《总会计师条例》。

1.《企业财务会计报告条例》

《企业财务会计报告条例》是为了规范企业财务会计报告,保证财务会计信息资料的真实、完整,由国务院颁布的规定。它明确规定了会计要素项目,正确编制、依法对外提供财务会计报告的要求及应承担的法律责任。

2.《总会计师条例》

总会计师是一个行政职务,而不是会计人员专业技术职务。但是,总会计师必须是取得会计师任职资格后,主管一个单位或者单位内一个重要方面的财务会计工作时间不少于 3 年的会计人员。《总会计师条例》是《会计法》的重要配套法规,它明确了总会计师的地位和职责权限,对保障总会计师依法履行职权,加强会计工作,强化经济管理,推进治理整顿和改革开放,促进国民经济持续、稳定、协同发展具有重要意义。

（三）国家统一的会计制度

国家统一的会计制度,是指国务院财政部门根据《会计法》制定的关于会计核算、会计监督、会计机构和会计人员以及会计工作管理的制度。国务院其他有关部门根据其职责制定的会计方面的规范性文件,如实施国家统一的会计制度的具体办法等也属于会计规章,但必须报财政部审核批准。会计规章依据会计法律和会计行政法规制定,它主要包括部门规章和规范性文件,如财政部发布的《企业会计制度》、企业会计准则、《会计基础工作规范》,财政部与国家档案局联合发布的《会计档案管理办法》等。

1.会计部门规章

会计部门规章是由财政部制定,并由部门首长签署命令予以公布的制度办法,如 2012 年财政部颁布的《会计从业资格管理办法》和 2006 年财政部颁布的《企业会计准则——基本准则》等。

2.会计方面的规范性文件

会计方面的规范性文件,是指主管全国会计工作的财政部门制定并发布的会计方面的制度办法,如 1996 年 6 月财政部发布的《会计基础工作规范》,2006 年财政部发布的企业会计准则体系中的 38 项具体准则及应用指南等。

(1)《会计基础工作规范》是由财政部于 1996 年 6 月 17 日制定的,此规范性文件的制定是为了加强会计基础工作,建立规范的会计工作秩序,不断提高会计工作水平。它一直以来是各单位和广大会计人员开展会计基础工作的基本标准,也是各级财政部门、业务主管部门检查会计基础工作情况的重要依据。

(2)《企业会计制度》是财政部于 2000 年 12 月发布的,其最大特点就是扩大了对资产减值准备的提取范围与提取比例,充分体现了企业会计政策的可比性和谨慎性原则,有利于企业真实反映资产质量、财务状况和经营成果,促进企业提高会计信息质量,也有利于企业消化历史包袱,强化内部管理,提高市场竞争力。

(3)会计准则是为了规范会计确认、计量和报告行为,保证会计信息质量,依据会计法律和会计条例,一般由权威机构制定,为市场经济国家所普遍采用的文件。在我国一般由财政部制定,有企业会计准则、事业单位会计准则和中国注册会计师执业准则。会计准则是约束会计工作的原则性规范,是制定会计制度的依据。

会计准则按规范层次可分为基本准则和具体准则。基本准则为第一层次,在整个准则体系中起统驭作用,主要规范会计目标、会计假设、会计信息质量要求、会计要素、会计计量和财务报告。具体准则为第二层次,根据基本准则制定,按适用范围又进一步划分为一般业务准则、特定业务准则和财务报告准则三类。

一般业务准则主要用来规范各企业普遍适用的一般业务的确认和计量,这类具体准则较多,主要有存货、无形资产、收入和外币折算等准则。特定业务准则主要是规范特殊行业中特定业务的确认和计量,如保险合同、金融工作等准则。财务报告准则主要是用来规范普遍适用于企业的财务报告,这类准则主要有现金流量表、中期财务报告等准则。

（四）地方性会计法律制度

地方性会计法律制度,是指各省、自治区、直辖市人民代表大会及其常委会在同宪法和会计法律、行政法规不相抵触的前提下制定并发布的会计规范性文件,也是我国会计法律制度的重要组成部分。这类制度一般具有应用性强、规范具体、可操作性高的特点,如《湖北省会计从业资格管理实施办法》。

第四节 会计职业道德

一、会计职业道德的含义

道德是一定社会形态中调节人际关系行为规范的总称,属于上层建筑的范畴。职业道德是调整一定职业的从业人员与服务对象、职业与员工、职业与职业等之间各种关系的职业行为准则和规范,它不是人们主观自生的,也不是天生的意志,因为不同职业的职业活动内容和职业特征不同,所以不同职业的职业道德也各不相同。

会计职业道德是社会道德在会计职业工作中的具体体现,是指在会计职业活动中应当遵循的、体现会计职业特征的、调整会计职业关系的职业行为准则和规范。会计职业道德是对会计法律制度的重要补充,是规范会计行为的基础,是实现会计目标的重要保证,也是会计人员提高素质的内在要求。财政部于20世纪80年代颁布的《会计人员工作规则》中就已经体现了对会计人员职业道德的要求;1996年6月,财政部颁布的《会计基础工作规范》首次较系统地提出了会计职业道德的具体要求;2000年财政部颁布的《会计从业资格管理办法》将会计职业道德作为会计从业资格考试的一项重要内容。

二、会计职业道德规范的主要内容

（一）爱岗敬业

1.爱岗敬业的含义

爱岗就是会计人员要热爱自己的会计岗位,安心工作。敬业就是要求会计人员应该以从事会计工作为荣,敬重会计工作,认真对待会计工作,为做好本职工作尽心尽力、尽职尽责。爱岗敬业是做好一切工作的出发点,是做好本职工作的基本前提,只有爱岗敬业,才能努力钻研业务,提高素质,搞好服务。

2.爱岗敬业的基本要求

(1)正确认识会计职业,树立职业荣誉感。

(2)热爱会计工作,敬重会计职业。

(3)安心工作,任劳任怨。

(4)严肃认真,一丝不苟。

(5)忠于职守,尽职尽责。

（二）诚实守信

1.诚实守信的含义

诚实是指言行和内心思想一致,不弄虚作假,不欺上瞒下,做老实人,说老实话,办老实事。守信就是遵守自己所做出的承诺,讲信用、重信用,信守诺言,保守秘密。诚实与守信为会计职业道德的不同表现形式,二者相互补充,是会计人员的立身之本。

2.诚实守信的基本要求

(1)做老实人,说老实话,办老实事,不搞虚假。

(2)保密守信,不为利益所诱惑。所谓保守秘密就是指会计人员在履行自己的职责时,应树立保密观念,做到保守商业秘密,对机密资料不外传、不外泄,守口如瓶。

（三）廉洁自律

1.廉洁自律的含义

廉洁就是不贪污钱财,不收受贿赂,保持清白。自律是指会计人员按照一定的标准,自己约束自己、自己控制自己的言行和思想的过程。会计工作的特点决定了廉洁自律是会计职业道德的内在要求,是会计人员的行为准则。在市场经济条件下,要求会计人员能经得起权力、金钱、美色的考验,做到自我约束。

2.廉洁自律的基本要求

(1)树立正确的人生观和价值观。

(2)公私分明,不贪不占。

(3)遵纪守法,尽职尽责。会计人员不仅要遵纪守法,不违法乱纪、以权谋私,做到廉洁自律;而且要敢于、善于运用法律所赋予的权利,尽职尽责,勇于承担职业责任,履行职业义务,保证廉洁自律。

（四）客观公正

1.客观公正的含义

对于会计职业活动而言,客观主要包括两层含义:一是真实性,即以实际发生的经济活动为依据,对会计事项进行确认、计量、记录和报告;二是可靠性,即会计核算要准确,记录要可靠,凭证要合法。公正就是要求各企事业单位管理层和会计人员不仅应当具备诚实的品质,而且应公正地开展会计核算和会计监督工作,即在履行会计职能时,公平公正、不偏不倚地对待相关利益各方。注册会计师在进行审计鉴证时,更应该以超然独立的姿态进行公平公正的判断和评价,出具客观、适当的审计意见。

2.客观公正的基本要求

(1)端正态度。端正态度是坚持客观公正的基础,没有客观公正的态度,就没有客观公正的动机,就不可能尊重事实。

(2)依法办事。依法办事是客观公正的前提。

(3)实事求是,不偏不倚。

(4)保持独立性。保持独立性,对于注册会计师行业尤为重要。

(五)坚持准则

1.坚持准则的含义

坚持准则是指会计人员在处理业务过程中要严格按照会计法律制度办事,不为主观或他人意志所左右。这里所说的准则不仅指会计准则,而且包括会计法律法规、国家统一的会计制度以及与会计工作相关的法律制度。

2.坚持准则的基本要求

(1)熟悉准则。熟悉准则是指会计人员应了解和掌握《会计法》、国家统一的会计制度及与会计相关的法律制度,这是遵循准则、坚持准则的前提。

(2)遵循准则。遵循准则即执行准则。

(3)坚持准则。敢于、善于和违法行为做斗争。

(六)提高技能

1.提高技能的含义

会计工作是专业性和技术性很强的工作,只有具有一定的专业知识和技能,才能胜任会计工作。提高技能就是指会计人员通过学习、培训和实践等途径,持续提高职业技能,以达到和维持足够的专业胜任能力的活动。

2.提高技能的基本要求

(1)具有不断提高会计专业技能的意识和愿望。

(2)具有勤学苦练的精神和科学的学习方法。

(七)参与管理

1.参与管理的含义

参与管理简单地讲就是参加管理活动,为管理者当参谋,为管理活动服务。会计工作人员与管理决策者在管理活动中分别扮演着参谋人员和决策者的角色,承担不同的职责和义务。会计人员在参与管理过程中,并不直接从事管理活动,只是尽职尽责地履行会计职责,间接地从事管理活动,为管理活动服务。会计人员应该树立参与管理的意识,在做好本职工作的同时,积极主动地经常向上级领导反映经营活动情况和存在的问题,提出合理化建议,协助领导决策。

2.参与管理的基本要求

(1)努力钻研业务,熟悉财经法规和相关制度,提高业务技能,为参与管理打下坚实的基础。

(2)熟悉服务对象的经营活动和业务流程,使管理活动更具针对性和有效性。

(八)强化服务

1.强化服务的含义

强化服务就是要求会计人员具有文明的服务态度、强烈的服务意识和优良的服务质量。会计职业道德水平的高低并不是虚无的、观念性的东西，也不是看不见、摸不着的，而是可以通过一定的形式体现出来的，这就是会计职业的服务。通过强化会计人员的服务，提高会计人员的服务质量、服务效果和服务水平，可以体现出会计职业道德的精神风貌和职业道德水平。

2.强化服务的基本要求

(1)强化服务意识。会计人员要树立强烈的服务意识，为管理者服务，为所有者服务，为社会公众服务，为人民服务。

(2)提高服务质量。会计人员的服务质量表现在能够真实地反映单位的经济活动，向有关方面提供可靠的完整的会计信息，强化服务要求积极主动地向单位领导反映经营活动情况，提出合理化建议，协助领导决策，参与企业经营管理等。

第五节 会计档案

一、会计档案的含义与内容

会计档案是指会计凭证、会计账簿和财务报告等会计核算专业材料，是记录和反映单位经济业务的重要史料和证据。具体包括四大类。

第一类，会计凭证类：原始凭证、记账凭证、汇总凭证、其他会计凭证。

第二类，会计账簿类：总账、明细账、日记账、固定资产卡片、辅助账簿、其他会计账簿。

第三类，财务报告类：月度、季度、年度财务报告，其他财务报告。包括会计报表、附表、附注及文字说明。

第四类，其他类：银行存款余额调节表、银行对账单、其他应当保存的会计核算专业资料、会计档案移交清册、会计档案保管清册、会计档案销毁清册。

二、会计档案的保管

（一）会计档案的保管办法

为了加强会计档案管理，统一会计档案管理制度，更好地为发展社会主义市场经济服务，根据《会计法》和《中华人民共和国档案法》的规定，财政部、国家档案局制定了《会计档案管理办法》。其主要规定包括如下几条。

单位应当加强会计档案管理工作，建立和完善会计档案的收集、整理、保管、利用和鉴定销毁等管理制度，采取可靠的安全防护技术和措施，保证会计档案的真实、完整、可用、安全。

单位的会计机构或会计人员所属机构按照归档范围和归档要求，负责定期将应当归档的会计资料整理立卷，编制会计档案保管清册。

当年形成的会计档案，在会计年度终了后，可由单位会计管理机构临时保管一年，再移交单位档案管理机构保管。因工作需要确需推迟移交的，应当经单位档案管理机构同意。单位会计管理机构临时保管会计档案最长不超过三年。临时保管期间,会计档案的保管应当符合国家档案管理的有关规定,且出纳人员不得兼管会计档案。

纸质会计档案移交时应当保持原卷的封装。电子会计档案移交时应当将电子会计档案及其元数据一并移交,且文件格式应当符合国家档案管理的有关规定。特殊格式的电子会计档案应当与其读取平台一并移交。单位保存的会计档案一般不得对外借出。确因工作需要且根据国家有关规定必须借出的,应当严格按照规定办理相关手续。会计档案借用单位应当妥善保管和利用借入的会计档案,确保借入会计档案的安全完整,并在规定时间内归还。

(二)会计档案的保管期限

《会计档案管理办法》第十四条规定:会计档案的保管期限分为永久、定期两类。定期保管期限一般分为 10 年和 30 年(会计档案的保管期限,从会计年度终了后的第一天算起)。

三、会计档案的销毁

(一)销毁程序

经鉴定可以销毁的会计档案,应当按照以下程序销毁:

(1)单位档案管理机构编制会计档案销毁清册,列明拟销毁会计档案的名称、卷号、册数、起止年度、档案编号、应保管期限、已保管期限和销毁时间等内容。

(2)单位负责人、档案管理机构负责人、会计管理机构负责人、档案管理机构经办人、会计管理机构经办人在会计档案销毁清册上签署意见。

(3)单位档案管理机构负责组织会计档案销毁工作,并与会计管理机构共同派员监销。监销人在会计档案销毁前,应当按照会计档案销毁清册所列内容进行清点核对;在会计档案销毁后,应当在会计档案销毁清册上签名或盖章。

电子会计档案的销毁还应当符合国家有关电子档案的规定,并由单位档案管理机构、会计管理机构和信息系统管理机构共同派员监销。

(二)特殊规定

保管期满但未结清的债权债务会计凭证和涉及其他未了事项的会计凭证不得销毁,纸质会计档案应当单独抽出立卷,电子会计档案应当单独转存,保管到未了事项完结时为止。单独抽出立卷或转存的会计档案,应当在会计档案鉴定意见书、会计档案销毁清册和会计档案保管清册中列明。

第六节　会计电算化

一、会计电算化的含义

会计电算化是以电子计算机为主的当代电子技术和信息技术应用到会计实务中的简称,是一个应用电子计算机实现的会计信息系统。它实现了数据处理的自动化,使传统的手工会计信息系统发展演变为会计电算化信息系统。会计电算化是会计发展史上的一次重大革命,它不仅是会计发展的需要,而且是经济和科技对会计工作提出的要求。

二、会计电算化的意义

（一）降低会计人员劳动强度

计算机程序一旦设计成功,就具有计算速度快、准确性高的特点,所以利用会计电算化可以将大量烦琐的数据处理让计算机自动完成,从而大大减轻会计人员的劳动强度,提高了会计人员的工作效率。

（二）客观准确性强

计算机只要程序正确,安全措施到位,自动计算,自动处理,就可以大量减少人为因素的影响,计算结果较为客观准确。

（三）实现会计职能的转变

在手工会计条件下,会计人员大量的时间与精力都放在烦琐的记账与结账、报账与数据计算上,实现会计电算化后就可以将会计人员从中解放出来,让会计人员有更多时间参与企业经营管理。

（四）提高企业经济效益

会计电算化是企业管理信息电算化的重要组成部分。管理信息电算化的目标及任务,就是要以现代化的方法去管理企业,提高企业经济效益。因而,会计电算化能促进企业管理现代化,进而提高企业的经济效益。

【本章小结】

本章主要讲述会计工作的组织与管理问题,具体包括会计工作组织形式、会计机构与会计人员、会计法律制度、会计人员职业道德、会计档案与会计电算化。

会计工作组织是指安排、协调和管理企业的会计工作的方式,会计工作组织的好坏直接影响到单位会计工作的效率与效果。

会计机构是直接从事和组织会计工作的职能部门,可以采取集中式或非集中式管理,具体取决于企业的自身特点与规模。会计人员是从事会计工作的具体人员。会计专业技术职务有高级会计师、会计师、助理会计师与会计员四种,总会计师是单位行政职务,而不是专业技术职务。

会计法律制度是管理会计工作的各种法律、条例、规章制度的总称,它又分为会计法律、行政法规、国家统一的会计制度与地方性制度等四个层次。

会计职业道德是社会道德在会计职业工作中的具体体现,是指在会计职业活动中应当遵循的、体现会计职业特征的、调整会计职业关系的职业行为准则和规范。会计职业道德是对会计法律制度的重要补充,是规范会计行为的基础,是实现会计目标的重要保证,也是会计人员提高素质的内在要求,具体包括爱岗敬业、诚实守信、廉洁自律、客观公正、坚持准则、提高技能、参与管理及强化服务等八大内容。

会计档案是指会计凭证、会计账簿和财务报告等会计核算专业材料,是记录和反映单位经济业务的重要史料和证据。会计档案是会计部门的重要资料,必须依法保管、依法销毁。

会计电算化是以电子计算机为主的当代电子技术和信息技术应用到会计实务中的简称,是一个应用电子计算机实现的会计信息系统。它实现了数据处理的自动化,使传统的手工会计信息系统发展演变为电算化会计信息系统。它代表了社会生产力的发展方向,具有广阔的发展前景。

【思考题】

1. 会计机构的设置有哪些方式? 各有什么优缺点?

2. 会计法规与会计职业道德间有什么关系?

3. 会计职业道德包括哪些内容?

4. 会计档案包含哪些内容? 应如何保管与销毁?

5. 推行会计电算化有什么意义?

6. 会计人员有哪些职责权限?

【练习题】

一、判断题

1. 任何单位都必须设置独立的会计机构。(　　)

2. 会计职业道德的要求比会计法规要低。(　　)

3. 会计专业技术职务有总会计师、高级会计师、中级会计师、助理会计师与会计员五种。(　　)

4. 会计档案属于企业自己所有,企业有权自行处理。(　　)

5. 会计人员的任用只要领导认可就行,不受国家法律约束。(　　)

6. 会计基本准则属于会计法规的最高层次。(　　)

7. 会计人员"站得住的顶不住,顶得住的站不住",领导怎么说就怎么做,只要领导高兴,"原则"可以变成"圆则"。(　　)

8. 会计电算化会减少会计人员数量,但比较机械,所以实施意义不大。(　　)

9. 会计法规就是调整经济活动中各种特定会计关系的法律规范。(　　)

10. 所有会计档案过了30年,都可以自行销毁。(　　)

二、单项选择题

1. 《会计档案管理办法》规定,企业年度会计报表的保存期是(　　)。

A. 3年　　　　　　　　　　　　　　B. 5年

C. 15年　　　　　　　　　　　　　　D. 永久保存

2. 当年的会计档案在会计年度终了后,可由财务部门保管的期限是(　　)。

A. 1年　　　　　　　　　　　　　　B. 2年

C. 3年　　　　　　　　　　　　　　D. 5年

3. 下列各项中,属于会计法规最高层次的是(　　)。

A. 会计法律　　　　　　　　　　　B. 会计条例

C. 企业会计准则　　　　　　　　　D. 地方性会计制度

4. 会计人员在审核原始凭证时发现不真实、不合法的原始凭证时,正确的处理方法是(　　)。

A. 不予受理　　　　　　　　　　　B. 无权自行处理

C. 更正补充　　　　　　　　　　　D. 予以退回

5. 下列属于会计人员违反刑法的行为是(　　)。

A. 随意变更会计处理方法　　　　　B. 仿造、变造会计凭证

C. 指使会计人员造假　　　　　　　D. 故意销毁应当依法保存的财务会计报告

6. 实行会计电算化后,会计活动日常工作量主要集中在(　　)上。

A. 凭证输入　　　　　　　　　　　B. 凭证审核

C. 过账　　　　　　　　　　　　　D. 凭证记账

7. 注册会计师行业存在的基础是(　　)。

A. 客观　　　　　　　　　　　　　B. 公正

C. 独立　　　　　　　　　　　　　D. 平等

8.(　　)是会计职业道德的基础,是社会主义职业道德所倡导的首要规范。

A. 诚实守信　　　　　　　　　　　B. 爱岗敬业

C. 办事公道　　　　　　　　　　　D. 服务群众

9.“常在河边走,就是不湿脚”,这句话体现的会计职业道德是(　　)。

A. 参与管理　　　　　　　　　　　B. 廉洁自律

C. 强化服务　　　　　　　　　　　D. 提高技能

10. 在下列账目中,出纳人员可以登记的是(　　)。

A. 收入　　　　　　　　　　　　　B. 费用

C. 固定资产明细账　　　　　　　　D. 债权债务明细账

三、多项选择题

1. 下列属于会计人员职业道德的有(　　)。

A. 客观公正　　　　　　　　　　　B. 诚实守信

C. 爱岗敬业　　　　　　　　　　　D. 对领导绝对服从

2.《会计法》中规定的会计人员职责有(　　)。

A. 会计核算　　　　　　　　　　　B. 会计监督

C. 参与管理　　　　　　　　　　　D. 设置会计机构

3. 下列属于违反《会计法》的行为有(　　)。

A. 伪造会计凭证　　　　　　　　　B. 不按规定期限保管会计档案

C. 随意变更会计处理方法　　　　　D. 不依法设置会计账簿

4. 会计监督体系包括(　　)。

A. 单位内部监督

B. 财政部门的外部监督

C. 注册会计师的社会监督

D. 政府审计的外部监督

5. 下列会计档案应当永久保存的有(　　)。

A. 会计移交清册

B. 会计凭证

C. 涉外事务的会计账簿

D. 会计档案保管清册

6. 下列关于会计电算化的说法正确的有(　　)。

A. 可以减轻会计人员劳动强度

B. 可以转变会计人员职能

C. 可以提高企业经济效益

D. 可以为会计人员操纵事务提供方便

7. 有权制定地方性会计法规的是(　　)。

A. 省人大及其常委会

B. 省级人民政府

C. 计划单列市的人民政府

D. 经济特区的人大及常委会

8.《会计法》的立法宗旨包括(　　)。

A. 规范会计行为

B. 保证会计资料真实、完整

C. 加强经济管理和财务管理

D. 维护社会主义市场经济秩序

9. 一般的企业销毁会计档案的,应当由下列主体进行监督:(　　)。

A. 本企业的会计部门派出的人员

B. 本企业的档案部门派出的人员

C. 当地县级财政部门派出的人员

D. 同级的审计部门派出的人员

四、案例分析题

资料:某公司会计人员张迪在办理报销工作中发现两张乙公司开具的销货发票均有更改现象,其中一张发票更改了数量和用途,另一张更改了金额。两张发票均有乙公司的单位印章。张迪全部予以报销。

要求:请回答会计人员张迪将原始凭证均予以报销的做法是否正确,简要说明理由。

参考文献

[1] 陈国辉,迟旭升.基础会计 [M].7 版.大连:东北财经大学出版社,2021.

[2] 陈信元.会计学 [M].6 版.上海:上海财经大学出版社,2021.

[3] 胡兵.会计学基础 [M].重庆:重庆大学出版社,2015.

[4] 黄海燕,彭浪.会计学原理 [M].3 版.上海:立信会计出版社,2020.

[5] 李占国,王子军.基础会计学 [M].5 版.北京:高等教育出版社,2023.

[6] 潘莹,刘旺霞.会计学原理 [M].杭州:浙江大学出版社,2016.

[7] 王艳茹.会计学原理 [M].3 版.北京:中国人民大学出版社,2015.

[8] 吴有庆.会计学原理 [M].2 版.西安:西安交通大学出版社,2015.

[9] 中华人民共和国财政部.企业会计准则(2024 年版)[M].上海:立信会计出版社,2024.

[10] 中华人民共和国财政部.企业会计准则应用指南(2024 年版)[M].上海:立信会计出版社,2024.